KNAUR

Diane Hielscher

LIEBE NEU DENKEN

Dem Geheimnis glücklicher Beziehungen auf der Spur

KNAUR

Die in diesem Buch vorgestellten Übungen und Erkenntnisse beruhen auf der persönlichen Erfahrung und gründlichen Recherche der Autorin. Sie können aber weder eine ärztliche Diagnose noch die Therapie von Erkrankungen oder deren Betreuung ersetzen. Der Verlag und die Autorin schließen daher jegliche Haftung für Gesundheits- und Personenschäden aus.

Besuchen Sie uns im Internet:
www.knaur.de

Aus Verantwortung für die Umwelt hat sich die Verlagsgruppe Droemer Knaur zu einer nachhaltigen Buchproduktion verpflichtet. Der bewusste Umgang mit unseren Ressourcen, der Schutz unseres Klimas und der Natur gehören zu unseren obersten Unternehmenszielen. Gemeinsam mit unseren Partnern und Lieferanten setzen wir uns für eine klimaneutrale Buchproduktion ein, die den Erwerb von Klimazertifikaten zur Kompensation des CO_2-Ausstoßes einschließt. Weitere Informationen finden Sie unter: www.klimaneutralerverlag.de

FSC www.fsc.org MIX Papier aus verantwortungsvollen Quellen FSC® C083411

Originalausgabe Mai 2022

Ein Imprint der Verlagsgruppe
Droemer Knaur GmbH & Co. KG, München

Lektorat: Antje Nissen
Covergestaltung: Isabella Materne, München
Coverabbildung: La Cassette Bleue/AdobeStock.com
Illustrationen im Innenteil von Patrick Widmer nach Diane Hielscher
Satz: Adobe InDesign im Verlag
Druck und Bindung: CPI books GmbH, Leck
ISBN 978-3-426-28608-1

2 4 5 3 1

Für Chris

INHALT

VORWORT

Was hat Liebe denn mit denken zu tun? Ich will doch fühlen!

»Ich liebe mein Leben« – kurz nachdem ich ein Foto von diesem Sticker bei Facebook gepostet hatte, brach mein Leben zusammen. Ich hatte erfahren, dass mein Freund zweieinhalb Jahre lang eine Affäre hatte und eigentlich gerade dabei war, eine neue zu beginnen.

Nach ein paar Nächten mit sehr viel Bier, Schnaps und Tränen haben wir eine Paartherapeutin aufgesucht. Zwei Kinder, Wohnung, Pipapo, nach elf Jahren steht ja niemand auf und geht so einfach. Die Therapeutin hielt immer den Kopf schräg und sprach mit einer extramilden Stimme, als wären wir bewaffnete Psychopathen. Genau während dieser Zeit eröffnete ihm dann eine gemeinsame Freundin von uns, dass sie in meinen Mann verliebt war. Diese Freundin war die Liebe seines Lebens, dachte er. Nach drei weiteren Wochen voller Lügen hab ich ihn dann rausgeschmissen. Das ist meine Seite der Geschichte. Die gesamte Realität der Situation war natürlich komplizierter und komplexer, und mein Ex-Partner hatte seine eigenen Beweggründe, über die wir nur leider nie gelernt hatten zu sprechen. Das war mir damals aber logischerweise egal, denn ich war noch im Weltuntergangsmodus. Hier beginnt normalerweise die Sitcom.

In meinem Fall allerdings der Weg zu diesem Buch, das ihr in den Händen haltet. Nach diversen Nervenzusammenbrüchen, Panikattacken, Heulkrämpfen und An-die-Decke-starr-Sessions habe ich mich nämlich gefragt, was eigentlich das Problem ist. Nicht nur meins. In meinem Freundes- und Bekanntenkreis gibt es unglückliche Singles, sexlose Eltern, Menschen in kräftezehrenden Beziehungen mit Streit und Machtkämpfen, Affären, Trennungen und Rosenkrieg danach. Für euch alle ist dieses Buch! Entstanden aus meinem Schmerz.

Ich habe angefangen zu lesen, über Selbstliebe, Neurologie, Bewusstsein, Philosophie, Meditation, die Lehre der kleinsten Teilchen und Linguistik. Und wusste, dass ich auf Gold gestoßen war. All dieses Wissen, das schon lange da ist, können wir nutzen. Nicht nur, um danach einfach schlauer zu sein als vorher und wunderbar klugen Small Talk auf Partys zu machen, sondern um ein glücklicheres Leben zu führen, freier und besser zu lieben. Sich selbst und andere. Da waren plötzlich überall Antworten.

Jetzt habe ich ein sehr volles Bücherregal und liebe so glücklich wie noch nie in meinem Leben. Später habe ich mit Wissenschaftlerinnen und Wissenschaftlern gesprochen und aus erster Hand erfahren, auf welchem Stand ihre Forschung ist. Ich behaupte nicht, dass man sich nur mit einer Lizenz in eine Beziehung begeben darf, so, wie man einen Führerschein macht, um Auto zu fahren. Leute, die Lizenzen für Beziehungen ausgeben wollen, sind meiner Meinung nach gefährlich – genau wie Krokodile und Straßenbahnen. Es geht hier nicht um eine Antwort oder ein Rezept für die perfekte Beziehung, so etwas gibt es nicht. Aber es gibt sehr viel Wissen auf dieser Welt, das uns dazu inspirieren kann, anders zu denken, um glücklicher zu lieben. Wenn ihr also rundum glücklich, zufrieden und mopsfidel seid, ändert bitte nicht euer Denken! Dann könnt ihr jetzt zum schwedischen Krimi greifen.

Wenn ihr noch da seid, let's go! Das Denken und das Handeln müssen – oder vielmehr dürfen! – wir dann selbst erledigen, also ihr selbst. Denn bei dieser Reise geht es vor allem auch um Verantwortung. So öde und schwer dieses Wort auch ist, ich kann euch sagen, diese Reise macht wahnsinnigen Spaß. Unser Gehirn ist nämlich dafür da, Probleme zu lösen und Neues zu lernen. Was beim Fahrradfahren, Ikeamöbelaufbauen und bei Instagram geklappt hat, wird auch beim Beziehungenführen gut laufen.

Aber ich will ja gar nicht denken, ich will ja fühlen!

Es gibt da immer noch den Glauben an DEN Moment, in dem man sich verliebt. Jack sieht Rose, Arielle den Prinzen, und Meg Ryan sieht Tom Hanks, damit ist alles klar. Keine Eifersucht, keine Langeweile, keine Paartherapie. Vor dem großen Gefühl steht aber oft ein Gedanke, eine Verletzung, ein Ziel oder ein Schmerz. Irgendwo im Gehirn wohnt ein Grund, warum wir uns ausgerechnet in diese Person verlieben. Gefühle kommen nicht einfach aus dem Nichts. Wahrscheinlich wollte Arielle nur ihrem autoritären Vater entfliehen und auf dem Land mit Beinen ihre Unabhängigkeit zelebrieren, da kam ihr Prinz Eric, als Exit-Strategie, gerade recht. Dass Rose sich an Bord der *Titanic* unglaublich langweilt in ihrem Luxus und sich deswegen in Jack verliebt, um mal wieder was zu spüren, ist ja offensichtlich. Und Meg Ryan und Tom Hanks sahen einfach verdammt gut aus zusammen beim Casting.

Aber wir sind unseren Gedanken und unseren Gefühlen nicht hilflos ausgeliefert. Sie kommen nicht einfach über uns, sie haben Ursachen und Wirkungen. Gefühle und Gedanken können wir mittlerweile im MRT sehen, wir wissen, wie unser Gehirn funktioniert. Wir können Zusammenhänge herstellen mit Ereignissen aus unserer Kindheit und Jugend. Die meisten Partner sind lediglich Reaktionen auf irgendein Defizit, das wir mit uns rumschleppen. Genau wie die Beziehungsprobleme, die daraus resultieren. Aber wir können unser Denken und unser Gehirn auf Glück trainieren, lieben ist lernbar. Das heißt nicht, dass nicht immer mal wieder Sachen passieren, die uns nicht in den Kram passen. Die Frage ist nur, wie wir sie wahrnehmen und dann damit umgehen. Wir werden zusammen die faszinierende Welt unseres Gehirns kennenlernen, wie sich zum Beispiel unsere Synapsen bilden. Wir werden über Sprache nachdenken, weil sie unser Denken und damit unser Leben formt, es wird Ausflüge in die Philosophie geben, und – ja – wir werden über Geld und Sport sprechen. Über Physik und über unsere Gefühle.

Es gibt so viel Wissen, das wir als Menschheit schon gesammelt haben, das jede*r von uns nutzen kann, um das Leben und damit auch die Beziehung zu gestalten, die wir haben wollen. In diesem Buch findet sich natürlich nicht alles Wissen dieser Welt wieder. Weder habe ich die Zeit, alles aufzuschreiben, noch habt ihr Lust, alles zu lesen. Wir wollen ja auch noch Zeit für unsere Beziehungen haben. Ich habe lediglich das zusammengetragen, was mir am meisten geholfen hat und noch immer jeden Tag hilft. Genau dafür ist dieses Buch da: Es soll helfen, die richtigen Fragen zu stellen. Es soll euch auf Ideen bringen, selbst euer Leben zu bauen, euch um euch selbst zu kümmern und euch besser kennenzulernen. Niemand außer euch weiß, was euch wichtig ist, wie ihr leben wollt und wie sich eure Beziehung anfühlen soll.

Dieses Buch ist eine Inspiration, keine Promotion, es ist keine wissenschaftliche Arbeit und erhebt keinerlei Anspruch auf Vollständigkeit. Dieses Buch ersetzt auch keine Therapie. Wenn ihr Traumata mit euch rumschleppt, sucht bitte professionelle Hilfe auf, das ist nicht peinlich und keine Schande. Holt euch Hilfe! Wir sind keine Insel, wir alle brauchen andere Menschen, um den Kopf über Wasser zu halten.

Ich habe mich lediglich nach meinem eigenen Liebeskummer gefragt: Wie kann mir die Wissenschaft dabei helfen, eine glückliche Liebende zu werden und nicht mehr eine verzweifelt Brauchende zu sein? Was können wir jeden Tag dafür tun, damit unser Gehirn und unser Körper glücklich sind? Wie bekommen wir Schmetterlinge in den Bauch, obwohl die Dates alle blöd sind da draußen, und warum stehen manche Menschen morgens gut gelaunt auf, obwohl niemand ihr Katzenvideo geliked hat?

Ich hoffe, es macht euch genauso viel Spaß wie mir, all das zu entdecken, anzuwenden und zu leben.

Bevor es losgeht, noch ein Tipp von mir: Besorgt euch ein schönes Notizbuch, ein hübsches Heft oder einen Block, und schreibt euch während des Lesens Dinge auf, das macht glücklich. Das könnte auch für den dritten Teil hilfreich sein, wenn es um die (Schreib-)Übungen geht.

Teil 1

WAS IST EIGENTLICH UNSER PROBLEM ?

Kapitel 1

DENKT NICHT AN EINEN ROSA HASEN – DIE GEDANKEN SIND NICHT FREI

Ob du denkst, du kannst es oder du kannst es nicht:
Du wirst auf jeden Fall recht behalten.
– Henry Ford

Da musste ich also 38 Jahre alt werden, um mir mal Gedanken darüber zu machen, womit sich mein Gehirn eigentlich den ganzen Tag beschäftigt. Und dabei ist mir aufgefallen, dass wir die meiste Zeit des Tages Schrott denken, durchschnittlich 60 000 bis 80 000 Gedanken. So etwas wie Brot kaufen, die Verkäuferin hat einen blöden Pulli an, und ich hab echt Falten auf der Stirn bekommen, sind nur drei davon. Woher kommen diese Gedanken? Denken wir all das bewusst und weil wir es wirklich wollen? Sind wir unsere Gedanken? Ist mein Gehirn mein ICH? Das würde dann heißen, dass ich die Brot essende Modekritikerin mit schlaffem Bindegewebe bin. Das kommt dabei raus, wenn man sich eine Weile selbst beim Denken zuhört. Eigentlich ist der Denkvorgang ein einziger Strom von dem Augenblick an, in dem wir aufwachen, bis zu dem Augenblick, in dem wir einschlafen. Das kann uns schon mal auf den Zeiger gehen, dieses ganze Gedenke. Aber wie können wir den Wahnsinn in aushaltbare Bahnen lenken? Können wir sagen »Ruhe da oben!«? Leider nicht. Wenn jemand sagt: »Denk auf keinen Fall an einen rosa Hasen!«, dann machen wir was? Richtig, wir denken an einen rosa Hasen.

Genau das ist wissenschaftlich getestet worden. Der Psychologe Daniel Wegner hat in den 1980ern nachgewiesen, dass unsere Gedanken nur noch stärker werden, wenn wir sie unterdrücken. Eine seiner Probandengruppen sollte nicht an einen Eisbären denken, die andere sollte intensiv an einen Eisbären denken. Beide Gruppen hatten die Aufgabe, ihre Gedanken laut auszusprechen und jedes Mal eine Glocke zu läuten, wenn sie an einen Eisbären dachten. In der ersten Runde war alles wie erwartet: Diejenigen, die an einen Eisbären denken sollten, taten dies auch öfter. So weit, so normal.

In der zweiten Runde allerdings wurden die Aufgaben der Gruppen getauscht. Die Gruppe, die in der ersten Runde ausgiebig an einen Eisbären gedacht hatte, war jetzt wesentlich besser darin, diesen Gedanken zu verdrängen. Die Gruppe, die zunächst versucht hatte zu verdrängen, wurde von Eisbären-Gedanken quasi erschlagen, so viele waren es.

Je mehr wir versuchen, einen Gedanken zu ignorieren, wegzuwünschen oder zu verdrängen, desto heftiger wird er sich rächen und mit voller Breitseite erst recht alles zu Klump hauen in unserem Kopf. Gedanken zu unterdrücken klappt also schon mal nicht, aber Geduld, es gibt andere Lösungen.

Wir sind natürlich trotzdem mehr als das neuronale Dauerfeuer in unserem Gehirn. Wir haben einen derart komplexen Neocortex (so heißt unser analytisch denkendes Gehirn), dass wir, während wir denken, denken können, dass wir denken. Das wiederum heißt Metakognition. Nur leider benutzen wir unser Gehirn eher wie eine Schrotflinte, mit der wir wild in der Gegend rumballern, statt als Präzisionswaffe. Wenn wir aber ein bisschen was über unser Gehirn wissen, dann können wir es auch besser bedienen, ist ja bei Computern auch so.

Wir machen unsere Realität selbst. Das ist jetzt kein Pep-Talk à la »Kaufen Sie sich mal schöne Unterwäsche«, sondern eine wissenschaftliche Erkenntnis, der Neurologen den schönen Namen »Neuroplastizität« gegeben haben. Neuroplastizität bedeutet, dass unsere Gedanken, unsere Erfahrungen, unsere Gefühle und unsere Handlungen unserem Gehirn seine physische Form geben. Jedes Gehirn sieht also anders aus, es ist so individuell wie ein Fingerabdruck, nur dass wir die Linien auf unseren Fingerkuppen nicht selbst gemacht haben. Die auf unserem Gehirn schon. Wir formen die graue Masse unter unserer Schädeldecke also selbst, jeden Tag, ob wir wollen oder nicht. Alles, was wir tun, denken und fühlen, ist das Ergebnis der Arbeit von 100 Milliarden Nervenzellen. Jedes Mal, wenn wir etwas lernen oder eine schmerzhafte oder schöne Erfahrung machen, stellen wir synaptische Verbindungen her. Neurologen haben ja durchaus Humor und erfanden den Spruch »What fires together, wires together«. Wenn wir etwas sehen, denken und fühlen, dann kommt all das bei verschiedenen Nervenzellen im Gehirn an, und sie reagieren aufeinander. Die Neuronen feuern zusammen und bilden so Synapsen, neue Verbindungen, die es vorher noch nicht gab. Jedes Mal, wenn wir eine neue Erkenntnis haben, uns darüber freuen und sie beim nächsten Mal anwenden, ist genau das passiert. Das gilt aber vor allem auch, wenn wir etwas Neues lernen, eine Sprache, eine Fertigkeit, wenn wir neue Gedanken denken. Der Neurobiologe und Bestsellerautor Gerald Hüther hat mir erzählt, dass unser Gehirn von klein an so aufgebaut wird. Ein Kind, das in Berlin groß wird, hat ein anders geformtes Gehirn als ein Kind, das in der Mongolei aufwächst. Die beiden lernen verschiedene Dinge, die für sie wichtig sind, um in ihrer jeweiligen Umgebung und Gesellschaft klarzukommen. Das passiert in den ersten Jahren unseres Lebens einfach so und ohne dass wir es merken. Aber ob wir es merken oder nicht, Neuroplastizität findet statt.

In einer Studie von 2011 wurde festgestellt, dass Londoner Taxifahrer mehr graue Zellen hatten, weil sie für ihre Prüfung 25 000 Straßennamen und 20 000 Sehenswürdigkeiten auswendig lernen mussten. Sie haben also so viele neue Verbindungen in ihrem Gehirn aufgebaut, dass sie ihre Gehirnmasse damit vergrößert haben. Das war damals spektakulär, weil man vorher immer dachte, dass sich im Erwachsenenalter nicht mehr so viel tut da oben. Wer kennt ihn nicht, den alten Spruch: »Was Hänschen nicht lernt, lernt Hans nimmermehr.« Deswegen haben Mütter in Englisch auf ihre Kleinkinder eingeredet und ihnen schon im Bauch Mozart vorgespielt. Wir dachten, das Gehirn sei irgendwann fertig und nicht mehr veränderbar, dem ist aber nicht so. Es geht zwar später langsamer mit den Synapsen, aber es geht. Jetzt können wir uns also alle entspannen und unsere Englischkenntnisse Jahre später mit Netflix-Serien im Original verbessern.

Was hat das alles aber jetzt mit meinem Liebesleben zu tun?

Beim Neuroplastizität-Betreiben geht immer auch einiges schief im Leben, das gehört dazu. Mal abgesehen von Traumata, die ihr auf jeden Fall mit einem Therapeuten besprechen solltet, machen wir aber auch selbst jeden Tag viel, um hinderliche Synapsen in unserem Gehirn zu installieren. Wenn wir verinnerlichen, dass wir selbst für das verantwortlich sind, was da so in unserem Gehirn los ist, und damit auch, wie wir auf Situationen reagieren und allgemein, wie wir leben, dann gehen wir vielleicht nicht mehr so sorglos mit unseren Gedanken um. Unsere Gehirne sind Bündel von Leitungen, und durch Botenstoffe wie sogenannte Neurotransmitter werden die Synapsen in unserem Gehirn vernetzt. Alles, was wir denken und fühlen, erschafft eine neuronale Struktur in unserer Gehirnmasse.

Besonders viele Neurotransmitter werden in unserem Gehirn ausgeschüttet, wenn wir starke Emotionen haben. Das heißt, je mehr wir in einer Situation fühlen, desto stärker brennt sich die Erinnerung in unser Hirn. Dies gilt für Positives genauso wie für Schmerz und Enttäuschung, Wut oder Trauer. Wir erinnern uns sehr wahrscheinlich an unseren ersten Kuss und an die Terroranschläge vom 11. September 2001. Aber wie die zweite binomische Formel lautet, wissen wir wahrscheinlich nicht mehr. Es sei denn, wir sind Mathelehrer aus Passion. Jedes Mal, wenn wir extreme Gefühle haben, werden Leitungen verlegt oder eben »Gedanken-Autobahnen gebaut«. Daran beteiligt ist vor allem das limbische System in der Mitte unseres Gehirns, das für unsere Emotionen zuständig ist. Es wird auch »das Säugerhirn« genannt, weil alle Säugetiere eines haben. Wir freuen uns also mit der gleichen Hardware wie Delfine und Rehe. Das limbische System ist außerdem fürs Lernen zuständig und für Erinnerungen.

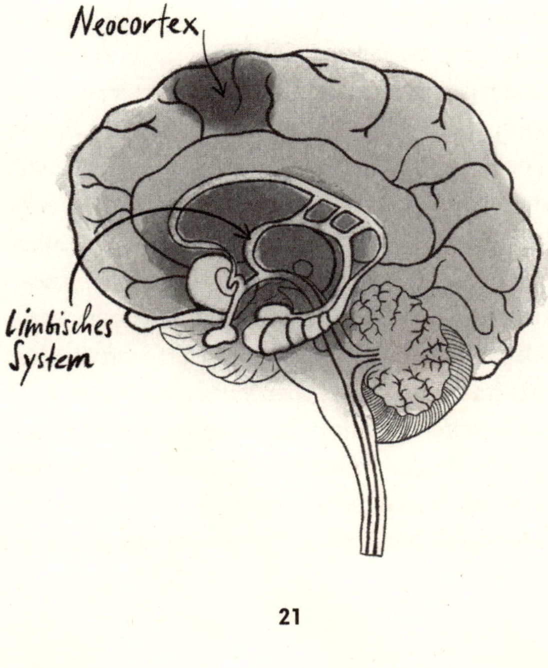

Nur, wie kommen die Emotionen überhaupt dahin? Also erst mal logischerweise durch unsere Sinnesorgane, wir sehen, wir hören, wir schmecken, wir riechen und wir fühlen. Und diese Informationen werden in der grauen wabbeligen Walnuss-Masse verarbeitet, die das limbische System umschließt: in der Großhirnrinde oder auch Neocortex – dort wird das Ganze dann wie ein Puzzle zu einem zusammenhängenden Eindruck der Umwelt zusammengesetzt. Das limbische System signalisiert dem Körper: Hier sind große Emotionen, dieses Ereignis bitte abspeichern! Dafür setzt es einen chemischen Cocktail frei. Wir beginnen, diese Emotionen zu verkörpern – das heißt: Wir haben unsere emotionale Vergangenheit ständig wie einen Bauplan für die Zukunft im Gehirn und verhalten uns entsprechend. Angst, Glück, Sorge, Erfolg oder Scham. Wir können uns an Erfahrungen besser erinnern, weil wir uns an die damit zusammenhängenden Emotionen erinnern. Unser emotionales Zentrum im Gehirn speichert also Erfahrungen ab und macht daraus Erinnerungen, die unser Denken und Handeln bestimmen, unsere Zukunft. Alles, was wir denken und fühlen, erschafft eine neuronale Struktur in unserer Gehirnmasse. Da das so ist, *sind* wir nicht automatisch das, was wir denken, sondern wir *werden* das, was wir denken.

Die Frage ist: Wollen wir das werden, was wir denken? Und entspricht das auch der Wahrheit? Meistens eben genau nicht. Wir lernen nämlich das abstrakte Denken. Wir lernen zu abstrahieren, uns Dinge vorzustellen und Schlüsse aus verschiedenen Denkaufgaben zu ziehen.

Wenn alle Schafe rot sind, die Anneliese heißen, und alle restlichen Schafe blau, welche Farbe hat dann das Schaf Tim?

»Willst du mich verarschen, Diane?«, werdet ihr jetzt denken. »Blau natürlich.« Ja, aber wir wissen das nur, weil unser

Denken auf diese Art trainiert ist. Auf diese Weise haben wir uns auch zum kontrafaktischen Denken konditioniert. Wir können alle möglichen Gedanken denken, die überhaupt nichts mit den realen Gegebenheiten zu tun haben. Wir können uns arbeitslos denken, pleite, hungrig, obdachlos, einsam, gehasst und geschasst. Wir können fühlen, wie es ist, wenn alle gemein zu uns sind, uns verlassen und uns Böses wollen, und das, obwohl wir gerade mit unserer Familie einen Film gucken und Chips futtern. Wir sind dazu in der Lage, uns jederzeit in unsere persönliche Apokalypse zu denken. Was dort allerdings nicht vorkommt, sind reale Bedrohungen wie das Schmelzen der Polkappen, das Sterben der meisten Tierarten und die Hitzewellen und Überschwemmungen, die demnächst noch häufiger auf uns zukommen werden. Das ist uns zu abstrakt.

So viel zur akademischen Theorie, kommen wir zur Praxis. Was genau heißt das eigentlich? Nehmen wir mal Paul und Anna. Die beiden sind jung und verliebt. Sie halten Händchen, essen Eis und erfreuen sich gegenseitig an ihren Genitalien. Irgendwann trennt sich Anna von Paul. Was Paul jetzt macht, ist Neuroplastizität und wird den weiteren Verlauf seines Lebens mitbestimmen. Paul hat Liebeskummer. Er weint, betrinkt sich, ist wütend, enttäuscht und traurig – wir alle waren mal Paul. Wie er die Situation jetzt bewertet, hängt davon ab, wie er sein Gehirn bis hierhin benutzt hat. Welche Überzeugungen hat er, welche Haltungen, Einstellungen und Ideale? Was haben ihm seine Eltern gesagt, was seine Freunde? Was denkt die Gesellschaft, in der Paul lebt, und welche Serien und Filme hat Paul geguckt?

Angenommen, Paul hat ein großes Selbstbewusstsein, dann könnte eine Schlussfolgerung aus der Trennung sein: »Mädchen sind einfach doof, wenn man sich mit denen einlässt, wird man verletzt. Mir passiert das nicht noch mal!« Wenn sich dieser Gedanke in seinem Weltbild schlüssig anfühlt und sich mit seinen Haltungen deckt, werden entsprechende Synapsen in seinem Gehirn entstehen. Eine neue Erfahrung, befeuert mit starken Gefühlen, ist gemacht, eine neue Autobahn im Gehirn ist angelegt. Und diese neue Erfahrung wird zu einer weiteren Einstellung, nach der er sein Leben gestaltet. Seine Wahrnehmung ist von jetzt an darauf gerichtet, Beweise für seine Einstellung zu finden. Egal, was ein Mädchen tut, sie tut es, aus seiner Sicht, weil sie eben einfach doof oder gemein ist.

Paul trägt seine Einstellung in den Klub, ins Kino, auf Partys. Überall, wo nette Mädchen sind – seine Einstellung ist schon da. Gibt ihm ein Mädchen einen Korb: »Wusste ich's doch!« Will sie ihn nicht küssen: »Weil sie doof ist!« Und selbst wenn sich etwas Wunderbares anbahnt: »Da kann doch was nicht stimmen, ich muss aufpassen, Mädchen verletzen einen nämlich immer!« Dementsprechend verhält sich Paul und sorgt selbst dafür, dass das passiert, wovor er Angst hat. Seine Autobahn im Gehirn wird zur Selffulfilling Prophecy, zur sich selbst erfüllenden Prophezeiung. Das weiß Paul natürlich nicht, er macht es nicht mit Absicht. Sein logisch denkender Neocortex sagt: Ich will eine Freundin! Ich will endlich wieder mit jemandem Eis essen, Serien gucken, und das mit den Genitalien hat mir auch gut gefallen. Aber gleichzeitig sind da diese alten Autobahnen, die keinen guten Einfluss auf Paul haben. Er fühlt sich oft unverstanden, reagiert über, ist schnell unsicher oder aggressiv. Er kann nicht offen und entspannt mit Mädchen reden, lachen oder sie einfach als Menschen kennenlernen, weil ständig irgendwas in ihm sagt: »Mädchen sind doof und gemein, pass auf! Trau ihnen nicht!«

Wir können aber auch annehmen, dass Paul ein instabiles

Selbstbewusstsein hat, dann geht die Geschichte ein bisschen anders aus – allerdings nicht unbedingt besser. Paul könnte zu dem Schluss kommen, dass Anna einfach die wundervollste Frau der Welt ist und er so ein zauberhaftes Wesen nicht verdient hat. Dass er es schlichtweg nicht wert ist, mit einem solchen Engel zusammen zu sein. Paul baut die Ich-bin-wertlos-Autobahn in seinem Hirn aus. Ab jetzt werden Beweise für diese gedankliche Konstruktion gesucht: Ich komme oft zu spät, ich kriege nichts gebacken, keine Frau will mich, ich bin ein Verlierer.

Alles, was von jetzt an schiefgeht, wird Paul zur Beweisführung nutzen, dass er nichts wert ist, denn sein Fokus liegt jetzt auf seiner Wertlosigkeit. All die kleinen Siege, die schönen Momente und die Erfolge des Alltags werden langsam und Schritt für Schritt aus seinem Blickfeld verschwinden, er wird sie einfach nicht mehr wahrnehmen. Anna hat ihn verlassen – zu Recht, weil er ja sowieso zu nichts zu gebrauchen ist. Und jeder einzelne Beweis, der ja de facto keiner ist, wird dafür sorgen, dass Paul die Ich-bin-wertlos-Autobahn weiter ausbaut. Jede peinliche Situation ist eine Katastrophe, jeder Fehler im Alltag ist existenzbedrohend und jeder Rückschlag der ultimative Beweis. Als Anna ging, haben Pauls emotionale Zentren in seinem Gehirn so viele neuroplastische Botenstoffe freigesetzt, dass die Sache klar für ihn ist. Sein Gehirn, seine Wahrnehmung und seine neue Lebenseinstellung »lernen« jetzt für ihn und sorgen dafür, dass sich sein Leben in eine bestimmte Richtung entwickelt.

Der Tiefenpsychologe Alfred Adler hat das »private Logik« genannt, also eine Logik, die wir uns selbst erschaffen haben, die wirklich nur für uns gilt. Er sprach von einer Leitidee, einem Leitbild oder einer Fiktion. Also ist unsere private Logik etwas, das ausschließlich in unserer Vorstellung existiert, etwas, das wir uns erdenken, ohne dass es einen Bezug zur Wirklichkeit hat. Ach, über Wirklichkeit müssen wir in den kommenden Kapiteln auch noch mal sprechen. Ich glaube ja nicht, dass es sie gibt.

Paul hätte jedoch genauso gut denken können: Wir sind sehr jung, wahrscheinlich werde ich noch viele Trennungen erleben. Oder: Wir haben sowieso nicht so richtig zusammengepasst. Oder: Toll, mit jeder Beziehung und Trennung lerne ich mehr über die menschliche Existenz. Oder: Vielleicht bin ich schwul!

Er hätte zu jedem Zeitpunkt eine völlig andere private Logik erschaffen können, andere Neuronen hätten zusammen gefeuert und hätten andere Synapsen gebildet. Sein Blick auf die Welt wäre anders, er wäre offener, fröhlicher, »durchlässiger«. Wenn Paul wüsste, dass er selbst dafür verantwortlich ist, wie er mit der Situation umgeht, dann hätte er sich vielleicht für einen anderen Weg entschieden. Er hätte noch mal mit Anna sprechen können und gemerkt: Sie ist weder der perfekte Engel noch eine böse Hexe. Sie ist einfach Anna, die vielleicht noch nicht bereit für eine Beziehung war, die sich vielleicht in Tom verliebt hat – ohne böse Absicht. Oder Anna ist lesbisch. Anna wäre dann kein Bild in Pauls Kopf mehr, das er selbst aufgrund seiner Weltsicht konstruiert hätte, sondern ein ganz normaler Mensch wie er auch. Dann wären da keine Konstrukte mehr in seinem Hirn, die ihn davon abhalten, glücklich zu sein. Dann wäre da womöglich etwas, das ein bisschen mehr an die Realität herankommt als das, was Paul gemacht hat.

Wir alle haben oft solche privaten Logiken in uns: Mein Vater hat mich verlassen, er ist ein böser Mensch, und deswegen kann ich nicht vertrauen. Ich hasse den Mann, der mir die Frau ausgespannt hat, und ich werde den beiden nie verzeihen. Meine Deutschlehrerin hat gesagt, ich könne schlecht lesen, deswegen werde ich nie einen Roman schreiben. Ich war ein Frühchen und werde deswegen immer untergebuttert. Ich bin eben zur Ehrlichkeit erzogen worden und werde deswegen nie reich sein. Weil meine Eltern mir kein Studium finanzieren konnten, ist aus mir nichts geworden. Mein erster Freund hat mich belogen, deswegen bleibe ich für immer Single. Alle Frauen sind uninteressant. Ich verliebe mich immer in die Falschen.

Doch diese Glaubensweisheiten bilden nicht die Wirklichkeit ab – sie sind das, was wir selbst aus einer Situation gemacht haben. Nicht mit Absicht, nicht weil wir Idioten sind, sondern weil wir einfach dachten, das wäre wahr. Oder weil wir immer noch so denken. Und da sitzen wir nun mit unserem selbst gebastelten Gehirn tief in der Bredouille und wissen gar nicht, was genau eigentlich unser Problem ist. Dann sind es immer die anderen, die die Arschlöcher und die dummen Zicken sind. Dabei haben wir unser Leben lang dafür gesorgt, dass wir jetzt so denken, wie wir denken, dass wir diese Einstellungen und Vorstellungen haben. Wir versuchen dann, die Welt um uns herum nach unserer privaten Logik zu formen. Wir versuchen, unseren Partner oder unsere Partnerin nach unserer privaten Logik zu formen. Wir kämpfen, damit alle in unsere Schablonen passen, wir streiten und mühen uns ab. Dass das mühsam und sinnlos ist, sehen wir dann jeden Tag aufs Neue. Wenn wir uns dessen aber bewusst werden, können wir unser Leben komplett neu denken!

Mir hat diese Erkenntnis extrem weitergeholfen. Ich habe nach der Trennung überlegt, wie ich denn all das, was passiert ist, jetzt bewerten will. Will ich mich selbst als Opfer der anderen sehen? Oder ist nicht vielleicht eine Interpretationsmöglichkeit, dass mein Mann damals sehr unglücklich mit sich und seinem Leben war und deshalb Wege gesucht hat, um sich selbst wieder zu spüren? Die Aufregung einer oder sogar mehrerer Affären ist eine Möglichkeit, um Kohärenz im Gehirn herzustellen. Vielleicht ist das so, vielleicht nicht. Ich weiß es nicht.

Es ist eine Art der Bewertung. Ich sage nicht, dass es die richtige ist. Aber macht es mich zu einem schlechteren oder wertloseren Menschen, weil ich betrogen und verlassen wurde? Will ich mir das erzählen oder nicht? Es liegt an mir, wie verbittert ich in den nächsten Jahren leben will. Ich wollte es nicht sein. Ich wollte lesen, lernen und darüber nachdenken, meditieren, Sport machen und ein Buch schreiben. Auf diese Punkte werde ich in Teil 3 noch genauer eingehen.

Wir können jedes Mal einen Schritt zurücktreten aus unserem Leben und gucken: Warum denke und fühle ich das? Was genau in mir sorgt jetzt für genau diese Reaktion? Und wäre es nicht viel besser, jetzt etwas anderes zu denken und zu fühlen? Natürlich klappt das nicht immer, und es ist auch nicht einfach. Aber das Wissen um Neuroplastizität gibt uns ein Gefühl der Kontrolle über unser Leben zurück, das wir oft verlieren, zum Beispiel nach einer Trennung. Gerade wenn uns ein geliebter Mensch verlassen hat, fühlen wir uns hilflos und als Opfer. Aber vielleicht ist alles ganz anders.

Natürlich tut es weh, manchmal so sehr, dass wir brechen müssen, Panikattacken bekommen oder in eine Depression stürzen. Schmerz gehört aber zum Leben dazu, und wenn wir ihn mal so richtig fühlen, dann können wir danach wieder entspannt weiterleben. Wir sind allerdings darauf gepolt, Schmerz und Trauer zu vermeiden, was dann Neurodermitis und Bandscheibenvorfälle verursachen kann, darum geht es später auch noch ausführlicher.

Kapitel 2

WAS NACH DEM SCHMERZ PASSIERT, BESTIMMEN WIR

Pain is inevitable, suffering is optional –
Schmerz ist unvermeidlich, Leiden ist eine Option.
– buddhistisches Sprichwort

Manche Dinge im Leben tun einfach scheiße weh, und das ist auch okay so. Daran merken wir, dass sie uns wichtig sind. Aber ob wir Jahre später noch darunter leiden, ist unsere Wahl – unter anderem auch dank Neuroplastizität. Je länger und häufiger wir über unseren Schmerz reden und darüber nachdenken, desto lebendiger und wacher halten wir ihn. Es ist wie Vokabeln lernen, nur wesentlich effektiver. Die Demütigungs-Synapsen feuern, unterstützt von den Schmerz-Botenstoffen, und wir bauen die Autobahn vierspurig aus. Die heißt dann zum Beispiel: »Er hat mich verlassen, ich bin das Opfer, eine andere Frau war besser, ich bin nichts wert.«

Um nur eine sehr häufig erzählte Fabel zu bemühen, die allerdings nicht besser wird, je öfter wir sie uns erzählen. Inspiriert von Alfred Adler und seiner privaten Logik, habe ich mit Absicht »Fabel« gesagt. Wenn wir unsere private Logik (und damit auch unsere Gedanken) mal ein bisschen weniger ernst nehmen würden, wäre vieles einfacher. Unsere Gedanken und unsere private Logik können uns, wenn wir es nicht verhindern, sogar umbringen.

Der Autor Roland Paulsen hat in seinem Buch *Die große*

Angst die Abschiedsbriefe von Menschen analysiert, die sich das Leben nahmen. Viele von ihnen hielten ihre Gedanken, mit denen sie sich das Leben schwer machten, einfach nicht mehr aus und sahen den Suizid als einzigen Ausweg aus dem Gedankenwahnsinn. Ein Mann schrieb: »Ich bin nicht in der Lage, meinen unerträglichen Gedanken zu entfliehen, die unablässig in meinem Kopf hin und her springen. Ich bin nicht in der Lage, mein Gedankenkarussell in den Griff zu bekommen.« Das sind natürlich Extrembeispiele, aber es bringen sich rund eine Million Menschen auf der Welt jährlich um. Auch deswegen soll es in diesem Buch darum gehen, wie wir der Boss in unserem Kopf werden.

Dass wir irgendwann in der Lebensmitte unglücklich sind (die sogenannte Midlife-Crisis), liegt vor allem daran, dass wir uns selbst unser ganzes Leben lang verwickelt haben, sagt der Neurobiologe Gerald Hüther. Ich mag das Bild, das er dafür benutzt: Ver-wickelt. Ich sehe uns als Kinder, Jugendliche und junge Erwachsene, wie wir uns mit einem Faden selbst umwickeln, um in der Gesellschaft klarzukommen. Zuerst in der Familie: Nein, wir sollen unsere Kreativität nicht ausleben und an die frisch gestrichenen Wände malen. Dann in der Schule: Wir sollen leise sein und Formeln auswendig lernen. Sei ein lieber Junge! Sei ein braves Mädchen! Bei unseren Freunden: Wir müssen cool sein, um dazuzugehören. Im Job: fleißig sein, nicht zu sehr kreativ und nicht zu wenig. In der Beziehung: treu und nett und romantisch und bindungsfähig. Irgendwann sind wir so verwickelt, dass wir uns gar nicht mehr bewegen können, weil wir – logischerweise – immer alles getan haben, um dazuzugehören, um Geld zu verdienen, um geliebt zu werden. Das alles ist auch überhaupt nicht schlimm oder falsch, sondern absolut menschlich. So leben wir alle. (Ich will auch nicht, dass meine Kinder die Wände bemalen!)

Aber irgendwann geht's dann halt nicht mehr. Wir gehen fremd, weinen uns in den Schlaf, kündigen, werden krank, arbeiten uns in den Burn-out, überziehen unseren Dispo, werden spielsüchtig, trinken zu viel Alkohol und verlassen unsere Partner. Wir schlagen um uns, weil wir diesen fest gebundenen Faden loswerden wollen. Wir wollen endlich mal wieder etwas spüren, uns lebendig fühlen – selbst Schmerz ist in dieser Situation besser, als nur zu funktionieren. Lieber weinen, als immer nur putzen, arbeiten, kochen, Kinder ins Bett bringen, studieren.

Die einfachsten Wege, sich lebendig zu fühlen (oder, wie Neurologen sagen: Kohärenz im Gehirn herzustellen), sind, Alkohol, Drogen, Shoppen, viel Essen oder Sex. Wir können uns beispielsweise schnell jemanden in der Außenwelt suchen, der uns wieder Schmetterlinge im Bauch beschert, weil wir es selbst nicht schaffen. Irgendwer, schnell. Dank Tinder, OkCupid, Parship und wie die Datingplattformen alle heißen, ist das nicht mal schwer. Beim nächsten Date könnten die Schmetterlinge wieder da sein, hinter jeder Ecke könnte das Gefühl wieder lauern: das Sich-lebendig-Fühlen. Endlich wieder den ganzen Tag lang grinsen, das Kribbeln zwischen den Beinen, wenn man an den anderen denkt, sich kennenlernen, ganz große Gefühle spüren, tolle Gespräche führen. Wo ist diese Person, die dafür sorgt, dass ich mich endlich wieder gut fühle?

Wenn dann keine*r kommt, geht der ganze Schmerz wieder von vorne los. Und wieder basteln wir an unserem Gehirn herum. Wir bauen Autobahnen in unseren Kopf, die sagen, dass wir jemanden brauchen, um uns lebendig zu fühlen. Autobahnen, die sagen: »Ich verliebe mich immer in die Falschen.« Autobahnen, die sagen: »Wenn ich nicht die richtige Partnerin finde, bin ich einsam.«

Oder: »Meine Ehe ist furchtbar – so ist das eben, ich sitze das einfach aus, bis ich sterbe.«

All diese Sätze habe ich so oder ähnlich schon von Freunden und Bekannten gehört. Ich kenne sogar mehrere Menschen, die mehrfach die Woche »Ich hasse mein Leben!« sagen.

Mir geht es hier nicht um das viel zitierte »positive Denken«. Das hat einen schlechten Ruf, weil es für viele das Gleiche ist, wie sich selbst zu belügen. Ich laufe auch nicht den ganzen Tag rum und sage: »Mein Leben ist toll!«, obwohl ich es eigentlich hasse. Ich fühle vielmehr tatsächlich, dass mein Leben toll ist. Ich habe mein Gehirn dazu trainiert, glücklich zu sein, genauso wie meine Oberarme im Fitnessstudio. Dass wir Muskeln regelmäßig trainieren müssen, ist Allgemeinwissen. Wenn wir damit aufhören, gehen die Muskeln wieder weg. Exakt so ist es auch mit unseren Synapsen. Ich konnte in der Schule die ganze Loreley von Heine auswendig, jetzt scheitere ich bei »Ich weiß nicht, was soll es bedeuten, dass ich so traurig bin …«. Ich habe aufgehört, dieses Areal in meinem Gehirn zu trainieren. Dafür trainiere ich jetzt andere Teile meines Gehirns, von denen ich glaube, dass sie mir mehr bringen. Heine in allen Ehren, aber so richtig glücklich gemacht hat mich sein Gedicht eigentlich nie.

Begeisterung ist Dünger fürs Gehirn! Dieser großartige Satz von Gerald Hüther hat sich in mein Gehirn gebrannt. Jeden Tag ist dieser Satz bei mir, bei allem, was ich tue. Wundervolle Begeisterungs-Botenstoffe bilden jetzt gerade, während ich das hier schreibe, neue Begeisterungs-Synapsen in meiner grauen Masse und machen mein Leben schön.

Der Neurobiologe Gerald Hüther sagt auch: Wir müssen

etwas finden, das uns wirklich berührt. Etwas, das uns wichtig ist, das uns das Gefühl gibt, lebendig zu sein. Das kann keine andere Person für uns übernehmen, dafür sind wir ganz allein verantwortlich. Vor allem kann das aber auch keine andere Person SEIN.

Jede*r, der schon mal den Satz »Ohne dich kann ich nicht leben« gehört hat, weiß, dass man den Job eigentlich nicht will. Ich persönlich finde das auch eher bedrohlich als romantisch. Um herauszufinden, was uns wirklich begeistert, bewegt und glücklich macht, können wir aktiv unser Gehirn nutzen und all die wunderbaren Features, die es hat.

Wissen macht glücklich und kann dafür sorgen, dass wir jeden Tag darüber nachdenken, was wir eigentlich brauchen, was uns glücklich macht, was wir wollen und wer wir sind. Oder, wie es die Aufräum-Queen Marie Kondo formuliert: »Does it spark joy?« – Entzündet es Freude? Wenn nicht, kann es weg. Das gilt für Handtaschen und altes Werkzeug genauso wie für Jobs, Beziehungen und Gedanken-Autobahnen.

Oder wie der Philosoph und Existenzialist Jean-Paul Sartre gesagt hat: »Wir sind zur Freiheit verdammt.«

Unser Gehirn hat nur leider kein gesteigertes Interesse daran, dass wir glücklich sind. Da sind also 100 Milliarden Nervenzellen in unserem Gehirn – das sind etwa so viele, wie es Sterne in der Milchstraße gibt –, und manchmal hat man den Eindruck, dass die alle gegen uns sind. Warum bin ich unglücklich? Warum mache ich seit fünfzehn Jahren einen Job, der mich langweilt? Warum verharre ich in einer toxischen Beziehung oder habe ungesund viel Übergewicht? Weil unser Gehirn überleben will. Und um zu überleben, muss es uns beschützen. Zunächst einmal ist alles, was bereits da ist, besser als alles, was (noch) nicht da ist. Wir kennen den langweiligen Job, wir wissen ja, wie er geht. Alles andere da draußen ist nicht vorhanden und damit bedrohlich. Die Angst vor dem Neuen ist größer als die Hoffnung auf etwas Besseres. Wir können uns das Bessere nämlich nicht vorstellen. Wir sehen es nicht, schmecken, fühlen und hören es nicht. Wir stehen vor der Wahl: Will ich das, was ich kenne (»Na ja, der Kaffee im Büro ist auch echt okay.«), oder will ich …? Ja, was eigentlich? Und so vergehen Jahre, Jahrzehnte, und wir gucken im Fernsehen und bei Instagram anderen dabei zu, wie sie ihre Träume verwirklichen, ihre Berufung finden, Spaß bei der Arbeit haben und offenbar glücklich in ihrer Beziehung sind.

Nach meiner Drama-Trennung habe ich irgendwo den Satz gelesen: »Stell dir vor, dass das, was vor dir liegt, noch viel besser ist als das, was du verloren hast.«

Das konnte ich nicht. Es war tatsächlich zu diesem Zeitpunkt absolut unmöglich für mich. Da waren nur Rotz und Wasser und Schmerz. Mittlerweile lebe ich in dieser damals unvorstellbaren Zukunft, und was soll ich sagen? Richtig! Das, was ich jetzt habe, ist noch viel besser als das, was ich damals verloren habe. Ihr werdet mir wahrscheinlich auch nicht glauben, wenn ich sage: Ihr könnt wesentlich glücklicher/zufriedener/erfüllter werden, als ihr es jetzt seid. Denn unser Gehirn will uns vor der Ungewissheit beschützen. Vielleicht ist der neue Job ja noch viel schlimmer, die neue Partnerin noch viel unentspannter und eine andere Ernährung nicht so lecker. Niemand kann es unserem Gehirn verdenken, denn die Logik dahinter ist ja bestechend: Wenn ich es bis hierher geschafft habe, scheint ja alles ganz gut gelaufen zu sein. Ich lebe! Never change a running system. Außerdem passt Glücklichsein oft auch gar nicht so richtig in unser Konzept von uns selbst. Wir haben uns über die Jahre – wie oben bereits beschrieben – vielleicht eine Art Unglücksidentität zurechtgezimmert. Wir sind es nicht wert, wir sind zu dick, zu dünn, zu groß, zu klein, zu laut, zu leise, zu dumm, zu klug. Wir sollen mal froh sein, dass wir nicht verhungern, anderen geht's noch schlechter. Unglücklichsein in Deutschland ist ja ein Luxusproblem, und Glück muss man sich eben hart erarbeiten. Genährt wurde das auch noch zusätzlich durch Sprüche aus der Kindheit:

- Was glaubst du eigentlich, wer du bist!?
- Eigenlob stinkt.
- Na, wenn das so einfach wäre, hätten es schon andere gemacht.
- Das musst du dir aber verdienen.
- Dafür hast du kein Talent.
- Das Leben ist hart.
- Das kann man nicht ändern.
- Du bist nur ein kleines Rädchen im großen Ganzen.

Unser Gehirn signalisiert deshalb, dass Neues nicht geht, was auch immer es ist: Eine erfüllte Beziehung führen, ein Unternehmen aufbauen, einen Job finden, der wirklich Spaß macht, tiefe Freundschaften.

Die synaptischen Autobahnen lassen ja gar keinen Spielraum mehr für »Vielleicht geht es ja doch!«. Diese Straße gibt es nicht, deswegen können wir sie auch nicht benutzen.

Welche man dagegen ganz wunderbar befahren kann, ist die Zeter-und-Mordio-Allee, wir kennen sie alle. Es gibt immer etwas zu beklagen, am besten eignet sich das Verhalten des Partners oder der Partnerin. Gleich danach kommt der langweilige oder stressige Job, die Chefs, das Wetter, die Politik, die Wirtschaft, das System – nur das Fernsehprogramm fällt, seit es Mediatheken und Streaming-Dienste gibt, aus.

Es ist also nicht nur, dass unser Gehirn Angst davor hat, Neues auszuprobieren. Selbst wenn wir es dann doch mal versuchen, widerstrebt das oft dem Bild, das wir von uns haben. Oder das andere von uns haben. Eine Mischung aus beidem nennt man dann Identität. Darauf kommen wir noch ausführlicher zu sprechen. Wir können nämlich ganz wunderbar viel an unserer Identität mitwirken, die ist auch nirgends in Stein gemeißelt. Wir rutschen oft in eine Identität hinein, die eigentlich gar nicht so viel mit dem zu tun hat, wer wir eigentlich sind. Und plötzlich haben wir uns dreißig Jahre lang nicht einmal gefragt, was wir eigentlich wollen, wer wir sind und wie es uns geht. Auf die Frage »Wie geht's?« antwortet man in Deutschland am besten mit: »Muss ja«, »Hilft ja nix« und »Kann nicht klagen«. Dann fällt man nicht weiter auf. Stellt euch mal vor, ihr sagt plötzlich: »Ich versuche jetzt jeden Tag, mich selbst glücklich zu machen!« Da denken die meisten eher an Masturbation als daran, das eigene Gehirn auszutricksen, sich zu entwickeln oder ihre wahren Bedürfnisse zu entdecken.

Glücklich, erfüllt oder zufrieden zu sein ist nicht vorgesehen. Vor allem natürlich wirtschaftlich nicht. Denn wir sollen kaufen, um glücklich zu sein. Wir brauchen Nike, Apple, Puma, Gucci, Caterpillar und Tesla, um jemand zu sein. Wenn wir uns nicht durch die Produkte, die wir kaufen, individuell ausdrücken, wie denn dann? Woher wissen wir denn, wer wir sind, wenn wir nicht kaufen? Ich übertreibe natürlich und tippe diese Zeilen auf einem MacBook Air. Aber Marketingagenturen wissen, dass unser Gehirn nicht glücklich sein will, dass wir Glaubenssätze haben, die uns begrenzen, einengen und dafür sorgen, dass wir unzufrieden sind. Sie wissen, dass Einkaufen Dopamin ausstößt, einen Botenstoff im Gehirn, der dafür sorgt, dass wir uns stark und glücklich und aufgeregt fühlen. Dopamin sorgt dafür, dass sich neue Synapsen bilden, und ist für die Belohnung zuständig. Unser Gehirn will dieses Dopamin, am besten jeden Tag, und da sind wir wieder bei Sex, shoppen, zocken, Affären haben, sich verlieben, Alkohol trinken, Drogen nehmen. Der Ausstoß von Dopamin sorgt dafür, dass wir mehr davon wollen. Das kann eine gute Sache sein, weil es uns motiviert. Zu wenig Dopamin macht antriebslos, traurig, und wir fühlen uns enttäuscht. Dopamin wird also auch ausgestoßen, wenn wir wirklich joggen waren, einen Kunden zufrieden gemacht haben, einen neuen Job haben, ein tolles Date hatten und ein gutes Buch gelesen haben. Dass das Gehirn Dopamin braucht, ist also völlig normal. Nur WIE wir es unserem Gehirn geben, liegt komplett in unserer Hand. Später auch noch mehr dazu.

Wir wissen jetzt also, dass unser Gehirn eigentlich nicht dafür konzipiert ist, glücklich zu sein, sondern vor allem, um uns zu schützen. Kein Risiko! Bleib da, wo du bist!

Außerdem haben wir selbst – mithilfe von Neuroplastizität – dafür gesorgt, dass wir ver-wickelt sind.

Verwickelt in Erwartungen der anderen Menschen, mit denen wir aufgewachsen sind.

Verwickelt in Glaubenssätze, die wir gelernt und verinnerlicht haben.

Verwickelt in unsere eigenen, privaten Interpretationen der Realität, die es so ganz sicher nie gegeben hat.

Verwickelt in die Spuren, die unsere Emotionen der Vergangenheit in uns hinterlassen haben.

All die traurigen Autobahnen der Enttäuschung, die Straßen der Angst und die Pfade der Demütigung machen uns jeden einzelnen Tag das Leben schwer. Wenn wir über Jahre unser Gehirn in eine bestimmte Richtung füttern, also mittels Neuroplastizität formen und mit unserer Variante von Realität eine private Logik bauen, ist unser Wille dann frei?

Bin ich frei, jede wunderbare Partnerin dieser Welt kennenzulernen, wenn ich denke, ich bin zu nichts nütze? Kann ich frei darüber entscheiden, wie ich mit dem netten Mann an der Bar spreche, wenn ich mich selbst zutiefst ablehne? Kann ich eine harmonische und fröhliche Beziehung führen, wenn die Interpretation meiner Kindheit beinhaltet, dass ich genauso aggressiv agiere wie mein Vater?

Wie frei ist unser Wille eigentlich, wenn wir bedenken, was wir in unserem Leben schon für Autobahnen in unser Gehirn gebaut haben, aus Mangel, Unsicherheit, Scham und Angst? Ich sage: Nicht so richtig frei. Und zwar nicht, weil die Chemie in unserem Kopf uns sagt, wie wir jetzt in diesem Moment leben sollen, sondern weil unsere eigene Interpretation der Vergangenheit dafür sorgt, dass wir denken, unsere Zukunft wäre bereits besiegelt. Wenn gestern ein langweiliger Bürotag war, wird es morgen auch so sein. Wenn mich mein Freund gestern gelangweilt hat, wird es morgen auch so sein, und wenn meine Freundin mich gestern rumkommandiert hat … ihr wisst schon. Das nennt man deterministisches Denken, also festgelegtes, begrenztes Denken.

Halten wir also fest: Wir leben in unserer eigenen Welt, wir haben alles irgendwie interpretiert und sind deswegen jetzt da im Leben, wo uns diese ganze Interpretiererei hingebracht hat. Wir sind sehr wahrscheinlich in diesem Job, in dieser Beziehung, alleine, kinderlos, Mutter oder Vater, geschieden oder arbeitslos, unglücklich oder gelangweilt, weil wir selbst – ohne es zu wollen – in den letzten Jahren eine Menge dafür getan haben, dass alles so ist, wie es ist. Weil wir anderen gefallen, geliebt werden und dazugehören wollten. Fair enough. Das gehört dazu, das wollen wir alle. Schmerz,

Angst und Unsicherheit gehören zum Leben dazu, ebenso wie Tod und Verlust. Das lässt uns menschlich sein. Doch das Leben auszuhalten, zu ertragen, es abzusitzen und sich taub und dumpf zu fühlen – das sind Strategien, um dem Leben aus dem Weg zu gehen, sich einfach zu weigern, es zu leben.

Wir haben uns also verwickelt – und ich sage mit Absicht nicht »verwickeln lassen«. Denn ja, die Gesellschaft, das Schulsystem, unsere Eltern und die Lehrer, Erzieher, Chefs und Kollegen haben ihren Beitrag dazu geleistet, aber gemacht haben wir es letztlich selbst. Und genauso, wie wir uns verwickelt haben, können wir uns auch wieder ent-wickeln. Wir können unser Wunderwerk von Gehirn nutzen, jetzt, wo wir von Neuroplastizität wissen und uns ein neues Leben gestalten, so, wie es uns guttut, zu uns passt, und so, wie es uns glücklich macht.

Die Transformationsforscherin Petra Bock, mit der ich gesprochen habe, bringt es wunderbar auf den Punkt: »Wir müssen anfangen, uns ernst zu nehmen.« Nicht, indem wir uns immer alles glauben, was wir denken. Das sollten wir auf keinen Fall ernst nehmen. Sondern, indem wir hinschauen: Was denke ich da eigentlich und warum? Wenn wir uns selbst als Menschen ernst nehmen, übernehmen wir Verantwortung für uns, unser Leben und die Menschen um uns herum. Dann stellen wir uns die richtigen Fragen. Was brauchen wir wirklich, um glücklich zu sein? Welche Art von Beziehung wollen wir? Was sind unsere Prioritäten? Die Antworten auf all diese Fragen liegen in uns, wir können sie nicht googeln oder unsere Partnerin fragen. Aber wir können sie hier gemeinsam freilegen. Ich kann euch sagen, das macht extrem viel Spaß und hat mir den Arsch gerettet.

Kapitel 3

MEIN NAGETIER IST NICHT DEIN NAGETIER – WIE WIR DIE WELT WAHRNEHMEN

Die Realität ist eine Illusion,
allerdings eine sehr hartnäckige.
– Albert Einstein

Wer schon mal hungrig einkaufen gegangen ist, weiß, dass unsere Wahrnehmung die Realität um uns herum formt. Für diese Erkenntnis braucht man weder Morpheus aus *Matrix* noch Einstein. Ich habe plötzlich »Smoothie-Gummibärchen« wahrgenommen und – natürlich – gekauft, ja, ich brauchte den Käse für sieben Euro, und Hummus ist auch in den Geschmacksrichtungen Harissa, Avocado UND Natur in meinem Kühlschrank absolut notwendig. Schwangere sehen überall Babys, Klimaschützer kaputte Bäume, und Verliebte sehen eigentlich gar nichts weiter außer der Zielperson. Wenn wir verliebt sind, kann die Milch sauer sein, das Auto abgeschleppt werden, und der kalte Regen darf in den Schlüpper laufen, plötzlich ist das alles nicht wichtig. Oder womöglich sogar schön: wunderbar, schwarzer Kaffee! Kein Problem, endlich mal im Industriegebiet spazieren gewesen, und Regen ist ja sooo romantisch.

Und jetzt stellt euch diese Situationen mal vor, nachdem der Freund einen verlassen hat, man die Absage für den Traumjob oder eine Erkältung bekommen hat. Dann können diese Ereignisse suizidale Gedanken in uns hervorrufen. Die Ereignisse sind daran allerdings nicht schuld. Niemand ist im Grunde schuld! Gut, dass das Wort gerade aufkommt. Mit Schuld hat das alles hier nämlich sowieso nichts zu tun. Das Konzept Schuld ist aus der Bibel, wurde im Kindergarten erfolgreich übernommen und sorgt leider immer noch dafür, dass viele Menschen ihr Leben lang unglücklich sind.

Ich möchte an dieser Stelle – schriftlich – festhalten, dass dieses Buch außerhalb der Schuld-Zone stattfindet. Auch wenn hier und da noch mal von Schuld die Rede ist. Aber ihr wisst ja dann, wie ich es meine. Wir sind Menschen und tun Dinge, die Menschen eben so tun. Wir verletzen andere, wir handeln oft unüberlegt, wir begehen Fehler oder sind manchmal sogar böse. Vielleicht, weil wir verletzt sind, dazugehören wollen, einen Schmerz in uns tragen, den wir nie geheilt haben, oder weil wir denken, etwas tun zu müssen. Was wir dann brauchen, ist ein Gefühl der Verantwortung. »Ich habe etwas getan, das nicht in Ordnung war, und ich übernehme die Verantwortung dafür.« Das tun wir, indem wir uns entschuldigen, es wiedergutmachen und uns beim nächsten Mal anders verhalten. Worauf ich hinauswill, ist, dass ich das Konzept der Schuld hier gar nicht weiter benutzen will. Schuld liegt in der Vergangenheit und ist altes Denken, wir wollen uns hier aber mit neuem Denken beschäftigen.

Aber zurück zu den Ereignissen. Die sind einfach da, der Regen, die schlechte Milch, das Auto, das wir falsch geparkt haben. Unser Handeln hat eben Konsequenzen. Ebenso wie unsere Wahrnehmung. In jedem guten Technikmuseum gibt es diese Spielereien, die uns zeigen, dass wir uns eben nicht auf unsere Wahrnehmung verlassen sollten. Linien, die unterschiedlich lang aussehen, aber tatsächlich gleich lang sind,

Punkte, die verschwimmen und plötzlich zu Streifen werden, Gesichter, die aussehen wie Vasen, oder Vasen, die aussehen wie die Silhouette zweier Gesichter aus dem Profil. Wr nhmn vrschdn Dng whr.

Hier brauchte es zum Beispiel keine Vokale, um zu lesen, was dort steht, weil unser Gehirn die fehlenden Buchstaben einfach selbst einsetzt. Erinnert ihr euch noch an das Bild des Kleides, das irgendwann mal durchs Netz geisterte? Gebt mal »Dressgate« bei Google ein. Manche haben ein dunkelblau-schwarzes Kleid gesehen und manche ein weiß-goldenes. Ich habe tatsächlich stundenlang – neben der Arbeit – auf dieses Bild geglotzt und ewig ein weiß-goldenes Kleid gesehen. Ich war regelrecht fassungslos, wie man etwas anderes sehen konnte als die Farben Weiß-Gold. Irgendwann, nach einer Achtstundenschicht, hat sich das Kleid dann vor meinen Augen in ein blau-schwarzes Kleid verwandelt, und ich habe komplett an meinem Verstand gezweifelt.

Das Audio-Pendant dazu ist das Laurel-Yanny-Experiment, das auch leicht ergoogelbar ist. Manche hören den Namen »Laurel« und manche den Namen »Yanny«, weil manche Menschen die hohen und andere eher die tiefen Töne wahrnehmen.

Auch interessant ist der sogenannte Rorschachtest. Das sind die Flecken, die entstehen, wenn man Farbe auf ein Papier kleckst und es dann in der Mitte knickt. Der Psychoanalytiker Hermann Rorschach hatte sich den Test 1921 ausgedacht, um Schlüsse auf die Persönlichkeit seiner Patienten und Patientinnen zu ziehen. Der Test selbst ist umstritten, weil man damit, wenn man will, bei jedem Menschen schwere Depressionen oder sonstige Probleme diagnostizieren kann. Der Punkt ist aber, dass manche eben einen Fuchskopf sehen, andere eine Gebärmutter und wieder andere eine Kampfszene, je nachdem, was uns gerade beschäftigt und wie wir denken. Über den emotionalen Bauplan in unserem Gehirn haben wir ja eben schon gesprochen. Je nachdem, welche Probleme in unserem Leben sind, welche Wünsche wir haben, welche Ängste oder Befürchtungen: Genauso nehmen wir die Welt wahr. Der Welt, dem Klecks und der sauren Milch ist das derweil völlig schnuppe, was wir gerade durchmachen. Der Regen am Freitagnachmittag ist für jemanden, der heute Abend grillen wollte, eine Katastrophe und für die Nachbarin, die gerade Rasensamen in der Einfahrt verteilt hat, ein Segen. Alleinsein hat für eine Mutter von drei Kindern eine andere Bedeutung als für eine Witwe. Nudeln sind für Marathonläufer etwas anderes als für jemanden, der abnehmen will. Milch war in den 90ern der beste Lieferant für Kalzium, etwas Gesundes und Gutes, das wir unseren Kindern unbedingt in großen Mengen zuführen sollten. Jetzt wird Milch »Eutersekret« genannt, es gibt die Doku »Die Milch-Lüge«, und der Latte Macchiato wird mit Haferdrink serviert. In Flugzeugen wurde geraucht, Schwulsein war verboten, und Frauen durften ohne die Erlaubnis ihres Mannes kein Konto eröffnen. Es gab Flüge von Berlin nach Hamburg, und es war eine Zeit lang Alltag, dass Spione aus Ost- und Westdeutschland das jeweils andere Land bespitzeln. All das galt mal als normal. Wir Menschen bewerten die Dinge, wir geben ihnen den Stempel »gut« oder »schlecht«, »normal« oder »nicht normal«. Wir selbst erschaffen unsere Realität, und diese Realität ist genau so, wie wir sie wahrnehmen, sie ist nicht, »wie sie ist«. Wir müssen aufhören zu denken, es gäbe »eine Realität«, damit stehen wir uns nämlich nur selbst im Weg. Je nachdem, ob wir die rote oder die blaue Pille schlucken (Bezüge aus der Filmreihe *Matrix* sind bei diesem Thema einfach nicht zu umgehen, sorry), so sieht unsere Realität aus. Wir können zwar nicht immer hundertprozentig entscheiden, wie wir die Welt wahrnehmen wollen, aber wir können auf jeden Fall feststellen, dass es keine feste und deterministische Welt gibt, sondern nur unsere Version der Realität. Wenn jemand glaubt, die Welt ist eine Scheibe, wird er überall Beweise dafür finden, dass die Welt eine Scheibe ist. Die Realität in einem Dorf in Russland ist anders als in New York, anders als in Bielefeld und wiederum anders als in Nepal. Wir nehmen die Welt anders wahr, wenn wir aus einer italienischen Großfamilie kommen, als wenn wir ein japanisches Einzelkind sind. Viele Dinge können wir auch einfach gar nicht wahrnehmen, weil wir sie nicht kennen. Es gibt die Anekdote, dass die Ureinwohner Amerikas die Schiffe von Kolumbus nicht sehen konnten, da sie das Konzept »Schiff« nicht kannten, sie sahen nur braune Wolken am Horizont. Keine Ahnung, ob das stimmt, aber es illustriert wunderbar meinen Punkt.

Der Schriftsteller Walter Moers beschreibt das Problem der Wahrnehmung, wenn man etwas nicht kennt, gar herrlich in seinem Buch *Die 13½ Leben des Käpt'n Blaubär* am Beispiel der Gimpel: »Ich organisierte einen Kursus, in dem ›Wohnen‹ beigebracht wurde. Wohnen kann man nicht so einfach, das muss gelernt werden, besonders wenn man bisher nur ruhelos durch die Gegend gezogen ist. Zuerst zeigte ich den Gimpeln, wie man auf einem Stuhl sitzt. Wir hatten ein paar Stühle auf den Marktplatz gestellt, an denen wir übten. Die Gimpel stellten sich sehr ungeschickt dabei an, sie setzten sich neben die Stühle, fielen mit ihnen um oder stiegen auf sie hinauf und trauten sich dann nicht mehr runter.« Gimpel sind übrigens in schwarze Leinen gewickelte Wesen, die durch die süße Wüste Zamoniens ziehen, aber das führt jetzt zu weit.

Für viele Menschen ist eine glückliche Beziehung wie

Stühle für die Gimpel, sie kennen so etwas schlichtweg nicht. Wenn wir noch nie in einer harmonischen Beziehung gelebt haben, können wir sie auch nicht führen. Wenn wir nicht wissen, was eine erfüllte Partnerschaft für uns bedeutet, können wir sie nicht leben. Wenn wir nie darüber nachgedacht haben, was uns im Bett richtig anmacht, werden wir genau das nie wissen. Und wenn wir uns keine Gedanken darüber machen, was uns eigentlich wirklich wichtig ist im Leben, werden wir immer irgendwie mittelmäßig vor uns hin leben, ausgestattet mit den Werten, Vorstellungen und Ideen von anderen. Wir leben dann wie eine Flipperkugel, die von Chefs, Partnern, Umständen und unangenehmen Mitmenschen herumgeschubst wird. Der Philosoph Immanuel Kant sagt: Wir können die Wirklichkeit gar nicht sehen, wie sie ist, sondern nur, wie wir sie interpretieren. Damit war Kant ein Vorläufer der Denkschule der radikalen Konstruktivisten. Die gehen noch einen Schritt weiter und sagen: Wir können die Wahrheit nicht erkennen, sondern wir konstruieren sie mithilfe unserer Sinne, Erfahrungen und Prägungen. Die Realität ist nur ein Konstrukt, von uns erschaffen. Unser Gehirn ist also kein Monitor, auf dem wir den Film der Realität sehen. Wir sehen vielmehr den Film der Außenwelt erst, nachdem unsere Interpretation Regie geführt hat. Und unser Unterbewusstsein war der Cutter. Der Konstruktivismus ist relativ neu und stammt aus dem 20. Jahrhundert, wobei es ähnliche Überlegungen schon von Platon gegeben hat, und der lebte ja etwa 400 v. Chr. Von Platon stammt das Höhlengleichnis, das auch schon konstruktivistische Züge trägt. Platon beschreibt darin eine Gruppe von Menschen, die in einer Höhle gefangen sind und lediglich Schatten von Dingen an der Wand sehen, die durch ein Feuer entstehen. Für die Gefangenen sind die Schatten die Realität, da sie nichts anderes wahrnehmen können. Wenn sich jetzt einer der Gefangenen befreien und die Welt draußen sehen würde, würden ihm die anderen in der Höhle nicht glauben, dass es Bäume, Feuer, den Himmel und die Sonne gibt. Ihre Realität ist ja eine andere, und alles, was darüber hinausgeht, absolut unvorstellbar.

Wir sitzen also alle in unserer eigenen Wahrnehmungshöhle und können uns bei einem Streit nicht vorstellen, dass unser Partner in seiner eigenen Höhle sitzt und andere Schatten sieht. Oder vielleicht war unser Partner auch gerade draußen und will uns was von Amseln, Drosseln, Finken und Staren erzählen, und wir schreien ihn an, weil es all das nicht in unserer Höhle gibt. Ja, ich liebe Metaphern, ihr versteht mich schon. Jede philosophische Schule hat verschiedene Antworten auf die Frage, wie wir die Welt wahrnehmen. Wir können uns also in der Philosophie umschauen und mal gucken, was es da noch so zu holen gibt. Bleiben wir mal noch mal kurz in der Antike. Der Philosoph Epiktet (50–138 n. Chr.) hat zum Beispiel gesagt: »Es sind nicht die Dinge selbst, die uns beunruhigen, sondern die Vorstellungen und Meinungen von den Dingen.«

Als ich einem Vater auf dem Spielplatz erzählt habe, dass mein Freund und ich uns getrennt haben, weil er sich in eine andere Frau verliebt hat, sagte der: »Meine Frau würde mich nie wieder mit dem Arsch angucken, wenn mir das passieren würde.« Nicht die Tatsache, dass sich mein Ex in eine andere Frau verliebt hat, ist die Katastrophe, sondern nur die Vorstellung und Meinung darüber, dass so etwas nicht zu passieren hat. Die Vorstellung, dass wir für immer zusammen sein müssen, weil wir Kinder haben. Die Meinung, dass man sich nicht in andere Menschen verlieben darf, das gesellschaftliche Bild, das Treue gleichsetzt mit Liebe. All das ist es, was zu Leid, Schmerz und Rache führt. Nicht das Ereignis, sondern verletzter Stolz, Unsicherheit,

Ängste und Prägungen. Wie crazy wäre es, wenn wir diese Ereignisse nicht oder anders bewerten würden?! Sich in jemand anders zu verlieben könnte in einer Parallelwelt etwas Wundervolles bedeuten. Glück, Freude, Schmetterlinge, Bereicherung.

Oben genannter Epiktet gehörte zu den Stoikern. Die nehmen die Dinge »stoisch« hin, also akzeptieren das, was ist. Die gleiche Einstellung kennen wir auch von der Achtsamkeitspraxis und aus dem Buddhismus. Wenn wir akzeptieren, was ist, und uns nicht dagegen wehren, sind wir schon mal einen Schritt weiter. Ich weiß, ich schreibe das jetzt hier so klugscheißerisch hin, als wäre es das Leichteste der Welt. Ist es natürlich nicht. Aber wenn wir im Stau stehen und uns aufregen, dass wir zu spät kommen, dann bekommen wir irgendwann einen Herzinfarkt und kommen trotzdem zu spät. Wenn wir uns aber entspannen und einen Podcast im Auto hören, kommen wir zwar zu spät, haben aber in der Zeit etwas gelernt oder sogar gelacht. Und das ist ja, wissenschaftlich erwiesen, gut fürs Immunsystem. Dann können wir uns später entschuldigen und den Kollegen, die warten mussten, in der Mittagspause einen Kaffee kaufen. Zum Akzeptieren und dazu, wie wir das besser hinkriegen, kommen wir aber später noch im Buch. Jetzt noch das Zitat eines anderen Stoikers, Marc Aurel. Er hat nämlich gesagt: »Unsere Seele hat die Farbe unserer Gedanken.«

Da ist er wieder, der Hinweis, dass wir ganz viel selbst mit unseren Gedanken zu tun und damit auch Einfluss auf die Farbe unserer Seele haben, was auch immer das bedeuten mag. Ach ja, die Stoiker. Denen geht es vor allem darum festzustellen, was wir ändern können und was nicht. In meinem Fall war es also so, dass ich die Tatsache, dass der Vater meiner Kinder mich nicht mehr liebt, natürlich nicht ändern konnte. Allerdings die Art, wie ich damit umgehen wollte. Nach einer gewissen Zeitspanne mit ungesund viel Grübeln, weinen und Alkoholkonsum (geht schon wieder, danke der Nachfrage) habe ich also jeden Tag aktiv an meinem Blickwinkel gearbeitet. Zunächst habe ich akzeptiert: Es ist, wie es ist. Dann habe ich andere Gedanken gesucht und gefunden.

Und damit kommen wir zu den Existenzialisten. Das war die coole Gang rund um Jean-Paul Sartre und Simone de Beauvoir, die in Frankreich immer so mondän Aprikosen-Cocktails getrunken und wahnsinnig viel geraucht hat dabei. Die Existenzialisten sagen: »Der Mensch wählt nicht die Umstände, aber sein Handeln im Gegebenen.« Ganz ähnlich also dem, was die Stoiker auch sagen. Es gibt Dinge, die wir nicht ändern können, aber trotzdem haben wir noch viel Spielraum bei dem, was wir dann so damit tun. Wir sind sogar, wie Sartre sagt, »zur Freiheit verdammt«. Das klingt nicht nur grausam, sondern das ist es auch. Wir sollen also selbst bestimmen, wer wir sein wollen, was wir tun und damit eben auch, wie wir die Welt um uns herum wahrnehmen. Nicht unser Partner ist verantwortlich dafür, dass es uns schlecht geht, nicht die Nachbarin, das Kind mit dem Wutanfall, mein Job, die Regierung oder die Mietpreise, sondern ich. Ich bin zur Freiheit verdammt, denn ich soll, trotz all der Widrigkeiten, handeln. Jetzt ist es ja so, dass wir alle mehr oder weniger durchs Leben torkeln. Wir arbeiten, um Geld zu verdienen, wir kaufen ein, kochen, putzen das Bad, machen mit den Kindern Hausarbeiten, unsere Steuererklärung und wollen ab und zu mal 'ne Serie gucken oder uns mit Freunden treffen. Wann bitte soll ich in dem ganzen Wahnsinn, den wir Leben nennen, auch noch entscheiden, wie ich eigentlich leben will? Das sind die Umstände. Die können wir jetzt einfach hinnehmen und weitertorkeln.

Oder wir nehmen uns Zeit und gucken mal, was unsere Handlungsoptionen sind. Statt Serie gucken. Da ihr dieses Buch lest, tut ihr ja genau das.

Ich selbst habe das nach der Trennung zu meiner Priorität gemacht, mich zu fragen, was meine Handlungsoptionen sind und wie ich eigentlich jetzt leben will. Und wie die Situation wahrnehmen. Ich habe also von meiner Freiheit Gebrauch gemacht. Lustigerweise brauchte ich aber tatsächlich diese ganzen Philosophen dafür, weil man ja sonst ganz schnell in die Denkmuster verfällt, die ich zuvor schon genannt habe: Das ist ungerecht, warum passiert mir so etwas, die andere ist besser und schöner als ich, ich bin ein Opfer meines Ex-Mannes, er hat mein Leben zerstört, ich hasse ihn, ich bin nichts wert, ich habe ihn nicht verdient, meine Beziehung ist gescheitert, ich habe es nicht geschafft, er ist böse, bla, bla, bla. Sartre hat mir dabei geholfen zu erkennen, dass es auch anders geht. (Man muss ihn deswegen nicht allzu hart feiern, er hat zum Beispiel die Existenz von sowjetischen Gulags negiert, weil er Kommunist war. Aber das nur nebenbei.)

Die Freiheit, von der Sartre spricht, ist aber tatsächlich etwas, zu dem wir »verdammt sind«, denn Freiheit ist Arbeit. Es ist wesentlich leichter, anderen die Schuld am eigenen Leid zu geben. »XY hat mein Leben zerstört« ist der Satz, den sich Menschen aufs T-Shirt drucken lassen können, die keine Verantwortung für ihr Leben übernehmen wollen, weil das Verantwortungübernehmen nämlich – ja! – anstrengend ist. Aber auch verdammt geil! Niemand kann unser Leben zerstören, wenn wir ihm oder ihr nicht die Erlaubnis dazu geben.

Es wird aber noch viel verrückter beim Thema Wahrnehmung, wenn wir das Ganze mal auf die Tierwelt ausweiten.

Wir Menschen nehmen die Welt nämlich mitnichten so wahr, wie sie ist! Obwohl wir den ganzen Tag rumlaufen und denken, wir täten es. Menschliche Hybris halt. Ein Vogel zum Beispiel nimmt aus der Luft den ultravioletten Urinspritzer einer Spitzmaus wahr. Menschen haben drei Zapfen auf der Netzhaut, wir sehen Rot, Grün und Blau. Vögel dagegen haben einen vierten Zapfen, der für ultraviolettes Licht zuständig ist – das wir nicht sehen, obwohl es da ist. Mein verstorbener Papa, der Super-Atheist, hat früher immer gesagt: »Ich glaube an nichts, was ich nicht sehen kann!« Er wollte damit in Opposition zur Religion gehen. Ich liebe ihn sehr, aber das bedeutet, dass er nicht an ultraviolettes Licht geglaubt hat, das können wir nämlich schlichtweg nicht sehen. Uns fehlt der Zapfen. Mit dem Extrazapfen können die Vögel sehen, wann die Beeren reif sind, die sie fressen wollen, weil die dünne Wachsschicht auf den Beeren nämlich UV-Licht reflektiert, genau wie der Urin ihrer Beutetiere. Die wiederum wissen, dass ihr Pipi leuchtet, und pinkeln deswegen manchmal anderen Tieren vor die Haustür, damit der Vogel in die Irre geführt wird. Von all diesen Dingen bekommen wir gar nichts mit und meinen trotzdem, die Wahrheit gepachtet zu haben.

Schlangen können Temperaturunterschiede von bis zu 0,003 Grad Celsius wahrnehmen, sie spüren außerdem die Tapser von Mäusen, die sie fressen wollen, aber sie hören dafür nichts. Elefanten kommunizieren über sogenannten Infraschall, der unterhalb unserer Wahrnehmung ist, wir hören ihn also nicht. Stubenfliegen sehen alles in Zeitlupe – aus unserer Sicht! –, weil sie nämlich über 200 Bilder pro Sekunde wahrnehmen, wir nur 18! Wenn dic Fliegenklatsche kommt, sehen sie das Riesending in Super Slow Mo auf sich zukommen und können ganz entspannt abhauen. Hunde hören so viel mehr als wir, wir können eine Frequenz von

20 000 Hertz wahrnehmen, ein Hund von einer Million Hertz. Fledermäuse orientieren sich mithilfe von Ultraschall. Wir kennen das nur von der Schwangerschaftsvorsorge beim Frauenarzt, wenn der mithilfe des Ultraschallgerätes herausfindet, ob wir einen Jungen oder ein Mädchen bekommen. Genau so funktionieren auch Hundepfeifen, die wir nicht hören. Magnetfeld, Infraschall, ultraviolettes Licht und minimale Temperaturunterschiede finden also komplett außerhalb unserer Wahrnehmung statt, und trotzdem gibt es sie. Wir müssen an dieser Stelle einfach mal anerkennen, dass wir nicht mal einen Bruchteil dessen wahrnehmen, was IST! Aber wir können sogar noch einen Schritt zurück gehen und mal schauen, wie wir Menschen die Welt überhaupt wahrnehmen. Klar, mit unseren Sinnen natürlich. Wir sehen, schmecken, spüren, hören und riechen, und unser Gehirn macht im Hintergrund noch einen ganz heimlichen Job: Es lässt nämlich weg. Alles, was unser Gehirn als nicht wichtig genug erachtet, wird einfach ignoriert. Aber wie genau unser Gehirn das macht, also »Dinge wahrnehmen«, das wissen wir gar nicht, wir merken es nicht, es passiert einfach. Unsere Sinnesorgane nehmen die Situation auf, unser Gehirn interpretiert sie und konstruiert daraus dann eine Wahrnehmung dessen, was ist. Also dessen, was für uns ist. Und das kann nie alles sein. Der Arbeitsspeicher in unserem Gehirn ist zum Beispiel gar nicht groß genug, um alles wahrzunehmen. Wir können nur vier bis sieben verschiedene Informationen gleichzeitig aufnehmen. Also zum Beispiel: Die Sonne scheint, hier riecht's nach Hühnchen mit Pommes, da kommt ein Hund von rechts, ein Baby schreit, da steht ein rotes Auto. Dann ist irgendwann Schluss, der Speicher ist voll.

Der Physiker Michio Kaku hat es in seinem Buch *Die Physik des Bewusstseins* so formuliert: »Das Bewusstsein besteht aus einem Strudel von Ereignissen, die über das Gehirn verteilt sind. Diese Ereignisse konkurrieren um Aufmerksamkeit.« Was da draußen in der Welt unsere Aufmerksamkeit bekommt, bestimmen wir, bewusst oder unbewusst.

Das zeigt auch das »Gorilla-Experiment« sehr eindrücklich. Die Wissenschaftler Christopher Chabris und Daniel Simons haben 1998 ein weltberühmtes Video gemacht, um zu beweisen, dass wir nie die Gesamtheit einer Situation wahrnehmen können. Im Video sind zwei Teams zu sehen, in Schwarz und in Weiß gekleidete Menschen. Die Aufgabe war: Zählt die Pässe, die sich das weiße Team zuwirft.

Die Proband*innen haben getan, was sie sollten: Sie haben die Pässe gezählt. Was sie dabei nicht gesehen haben, war ein als Gorilla verkleideter Mensch, der auf dem Spielfeld erschien, sich mehrfach auf die Brust schlug und dann wieder verschwand. Der Fokus der Proband*innen war so sehr von der Aufgabe gefesselt, nämlich die Pässe zu zählen, dass alles andere dabei völlig aus dem Blickwinkel geriet. Es war für sie einfach nicht existent. Und genau so funktioniert unsere Wahrnehmung auch im Alltag: Worauf wir uns nicht fokussieren, das können wir nicht sehen. Oder natürlich andersherum: Worauf wir uns fokussieren, das sehen wir. Das Video gibt's im Netz, ihr könnt das ja mal mit Freunden und Bekannten ausprobieren. Wenn wir uns auf Leid, Angst, Stress und Mangel fokussieren, sehen wir Leid, Angst, Stress und Mangel. Wir sind einfach komplett blind für die schönen Dinge des Lebens, wir sehen sie schlichtweg nicht. Wenn wir uns selbst darauf trainieren, all das zu sehen, was schlecht läuft, können wir den Gorilla der Freude gar nicht sehen. Und leider passiert oft genau das!

Wir denken: »Ich verliebe mich immer in die falschen Männer!«, und sehen deswegen überall die falschen Männer. Wir denken: »Die Frauen da draußen sind alle langweilig und zickig!«, und sehen nur langweilige und zickige Frauen. Wir denken: »Unser Sex langweilt mich!«, und anstatt zu überlegen, was man noch alles Schönes ausprobieren könnte in der Kiste oder wie man wieder mehr Nähe und Freude herstellen kann, machen wir noch mehr langweiligen Sex. Wir haben ja beschlossen, unsere Realität so wahrzunehmen. Es ist ein bisschen wie die Algorithmen im Netz. Wenn man bei Spotify Musik hört, bietet uns Spotify noch mehr von dem an, was wir schon kennen: »Sie haben diesen Künstler gehört, dann wird Ihnen auch dieser gefallen.« Bei Netflix: »Sie haben jene Serie geguckt, dann wird Ihnen auch jene gefallen.« Wir bekommen immer mehr von dem vorgeschlagen, was wir schon kennen. Bei Musik und Filmen ergibt das ja Sinn, aber wieso zeigt mir Amazon eigentlich noch mehr Heckenscheren an, wenn ich letzte Woche eine Heckenschere gekauft habe? Was glauben die denn, wie viele Hecken ich habe?! Jetzt will ich doch etwas anderes kaufen, eine Heckenschere habe ich ja schon. Wie die Algorithmen bei Netflix, Spotify und Amazon funktioniert auch unser Gehirn: Wenn wir unsere Realität als etwas Schlechtes wahrnehmen, bekommen wir von unserem Gehirn noch mehr Negatives angeboten. »Ah, du bist gerade schlecht gelaunt, schau hier: Ausbeutung, internationale Konflikte, Rassismus, Hate Speech im Netz, Mord, Krebs, Corona, entführte Kinder, Vergewaltigung, Sexismus, Armut, Erdbeben, Waldbrände, Plastik im Meer und Hackerangriffe.« Bäm.

All die Menschen, die einander helfen, sich lieben, Erdbeeren anpflanzen, Obdachlosen Essen bringen, Quiche backen, die Meere säubern, Bäume pflanzen, Lebensmittel retten, Wale schützen, für Menschenrechte kämpfen, Lieder komponieren, Bücher schreiben, Bilder malen, kerosinfreie

Flugzeuge erfinden, Kindern vorlesen und Seitanschnitzel braten, nehmen wir nicht wahr. Aber es gibt auch sie.

In der Kognitionspsychologie nennt man diesen Vorgang Confirmation Bias oder Bestätigungsfehler. Wir nehmen nur die Dinge wahr, von denen wir glauben, dass sie wahr sind, alles andere negiert unser Gehirn einfach. Wir sammeln also die Informationen, die unser Weltbild bestätigen, und werten sie dann entsprechend aus. Unsere Wahrnehmung findet also passende Argumente für unsere Meinung. Wir bilden uns nicht unsere Meinung aufgrund der Realität, wie wir immer denken. Das heißt, wir können jetzt einfach aufhören zu denken, unser Sex sei langweilig oder es gäbe keine passenden Partner da draußen. Dann wird unser Gehirn andere passende Argumente für die neu erdachte Realität finden. Und zu allem Überfluss gibt's noch den bösen Kumpel vom Confirmation Bias, nämlich den Negativity Bias. Ihr ahnt es. Wir nehmen nämlich auch noch negative Dinge stärker wahr als positive. Das heißt, der Gedanke »Ich bin hässlich und langweilig, deswegen hab ich keine Freundin und bin einsam« wirkt sich wesentlich stärker auf unsere Psyche aus als der Gedanke »Ich bin total nett, ein guter Super-Mario-Kart-Spieler und koche leckere Spaghetti bolognese.« Wir erinnern uns besser an traumatische Ereignisse in unserem Leben als an schöne. Kritik hat einen größeren Einfluss darauf, was wir von uns denken, als Lob. Wir denken öfter negative Gedanken und haben eine stärkere neurologische Reaktion auf negative Ereignisse als auf positive. Wenn ich einen tollen Tag im Freizeitpark hatte, mit Eis, Achterbahn, viel Gelächter und Zuckerwatte, aber mich beim Rausgehen übergeben muss, werde ich diesen Tag als absolute Katastrophe abspeichern. Dabei hat das negative Ereignis etwa 120 Sekunden in Anspruch genommen und der Spaß etwa fünf bis sechs Stunden, je nach Ausdauer. Wir erinnern uns an den Streit von gestern Abend, aber nicht, dass unser Partner uns Schokolade vom Kiosk mitgebracht hat. Wir spüren die Eifersucht auf den Kellner, haben aber vergessen, mit welchem Strahlen in den Augen unsere Freundin uns heute früh in den Arm genommen hat. Das schlechte Date ist uns noch sehr präsent, aber die Tatsache, dass wir wirklich gern allein sind, ist irgendwie nicht weiter beachtenswert. Der Negativity Bias gaukelt uns ein schlechteres Leben vor, als wir eigentlich führen.

Die Evolution hat sich das natürlich so für uns ausgedacht, denn Menschen, die überall Gefahr sehen und sie von sich abhalten, überleben länger. Wenn ich vom Säbelzahntiger denke, »der wird mich schon nicht fressen«, bin ich ganz schnell tot und meine Spezies mit mir. Aber da wir nicht jeden Tag Säbelzahntigern begegnen, können wir einfach festhalten, dass es einen Negativity Bias gibt, und darauf achten: War der Tag heute wirklich so schlecht, wie ich denke? Oder einfach fünf gute Dinge des Tages küren. Das mache ich mit meinen Kindern oft beim Abendbrot. Ich frage sie, was ihre fünf Highlights des Tages waren. Damit lenke ich ihren Fokus auf die positiven Momente des Tages. Danach haben sie tatsächlich gute Laune und räumen den Tisch ab, eine Win-win-Situation. Wir sehen den bereits erwähnten Gorilla der Freude also nicht, weil wir unseren Fokus woanders haben. Wir nehmen nur wahr, was wir erwarten, und das ist vor allem Negatives. Wer weiß, was uns so jeden Tag entgeht. Gerüche, Licht, Farben, Stimmen, Sätze, Wetter: Dieses Input-Gewitter in unserem Gehirn wird am Ende zu einem Bewusstseinsstrom und damit zu aufeinanderfolgenden »Szenen« zusammengefügt. Manche Informationen daraus können wir analysieren und kritisch hinterfragen, wir sind ja Menschen, das ist unser ganz großes Feature. Aber eben nicht alle. Und dann gibt's ja noch das Unterbewusstsein, das auch noch Dinge wahrgenommen hat und die Vergangenheit hernimmt, um die aktuelle Situation zu bewerten. Manchmal reagieren wir also aggressiv, ängstlich oder verunsichert, wo jemand anderes völlig anders reagiert hätte. Im ersten Kapitel haben wir ja schon festgestellt, dass wir mit einem Bauplan von Erfahrungen im Gehirn herumlaufen. Dem Bauplan der Interpretation der Vergangenheit – nicht der Vergangenheit an sich. Die gibt es nämlich genauso wenig, wie es die eine Realität gibt. Das Gehirn verarbeitet also ständig die Sinneseindrücke, die es reinbekommt, und integriert sie zu einem großen Zusammenhang, auch wenn es diesen Zusammenhang gar nicht gibt. Ein faszinierender Beweis dafür ist die sogenannte »Gummihand-Illusion«, bei dem die Probanden glauben, eine Gummihand würde zu ihrem Körper gehören.

Das Experiment haben die beiden Psychiater Matthew Botvinick und Jonathan D. Cohen 1998 das erste Mal durchgeführt. Der Proband legt dabei beide Hände vor sich auf den Tisch, seine rechte Hand kann er sehen, die linke liegt hinter einem Sichtschutz, zum Beispiel einer Wand aus Pappe.

Jetzt wird eine linke Gummihand dorthin gelegt, wo seine eigene Linke normalerweise liegen würde. Der Versuchsleiter streichelt mit einer Feder oder einem Pinsel die echte linke und die Gummihand des Probanden gleichzeitig. Die Probanden berichten, dass es sich anfühlt als wäre die Gummihand ihre eigene, das Gehirn verknüpft also, das, was es sieht – die Gummihand –, mit dem Gefühl der echten Hand, die nicht im Blickfeld ist. Danach haut der Versuchsleiter mit einem Hammer auf die Gummihand, und die Testpersonen

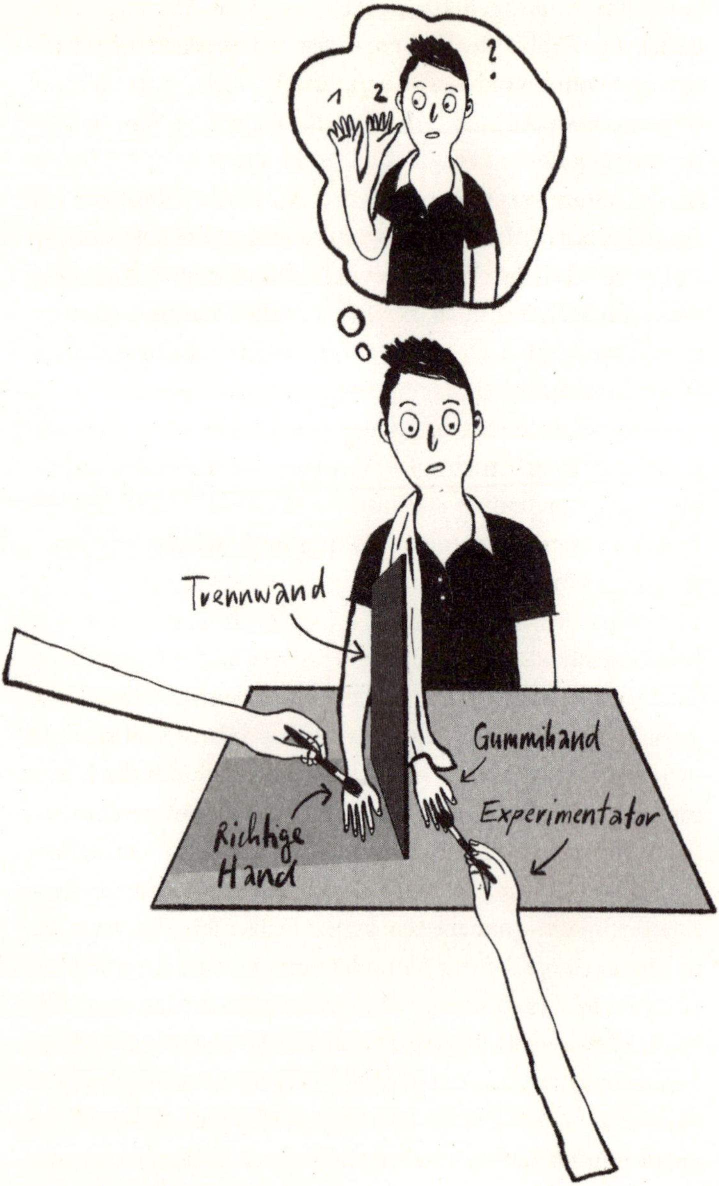
1
2
?
Trennwand
Gummihand
Experimentator
Richtige Hand

schreien auf. In anderen Experimenten soll die Gummihand mit einer Nadel gepikst werden, aber ob Hammer oder Nadel: Die Probanden haben Angst, erschrecken sich, wollen die Gummihand wegziehen, und im Gehirn werden die Angstzentren aktiv. Obwohl wir also eigentlich wissen, dass die Hand aus Gummi ist, hat unser Geist sie in unseren Körper integriert. Unser Gehirn hat es sich also leicht gemacht, es hat die Informationen, die reingekommen sind, so verknüpft, dass es am Ende wieder Sinn ergibt. Auf diese Weise funktioniert auch der sogenannte Phantomschmerz. Menschen empfinden Schmerzen von Extremitäten, die sie gar nicht mehr haben, weil sie amputiert wurden. Unser Gehirn lässt den Schmerz des Arms einfach entstehen, obwohl dieser gar nicht mehr existiert. Unser Gehirn ist nicht an »der Wahrheit« interessiert!

Das müssen wir uns immer und immer wieder vergegenwärtigen: Wir sehen und erleben nie »die Wahrheit«. Wenn wir alle das fühlen, atmen, wissen und uns täglich daran erinnern, dann werden unsere Beziehungen auf jeden Fall besser. Nur allein mit dieser Information. Denn wenn wir alle jeden Tag fühlen, dass es keine Wahrheit gibt, macht streiten auch weniger Spaß. Oft benutzen wir auch einfach die Informationen, die wir gerade haben, um daraus ein geschlossenes Weltbild zu formen. Das nennt sich dann Verfügbarkeitsheuristik. Wir nehmen einfach das, was gerade da ist – also verfügbar –, und leiten daraus Allgemeingültigkeit ab. Das beste Beispiel dafür ist die Annahme, dass ich mehr im Haushalt mache als mein Partner. Denn jedes Mal, wenn ich den Boden wische, die Wäsche aufhänge und den Geschirrspüler einräume, bin ich ja dabei. Über die Information, welche Aufgaben ich wie oft ausführe, verfüge ich. Über all die anderen Informationen, wie zum Beispiel darüber, was mein Partner wann tut, verfüge ich nicht immer oder übersehe sie schlichtweg. Und damit schließt sich der Kreis wieder zum Negativity Bias.

Nadja sagt: »Ich wollte heute Morgen die Geschirrspülmaschine anmachen, aber die Geschirrspültabs waren alle.«

Das versteht ihr Freund Oleg als Angriff. »Wahrscheinlich war das ein Vorwurf, ich hätte Geschirrspültabs kaufen sollen.« Er denkt das dann, weil ihm auf der Arbeit heute sowieso schon den ganzen Tag alle Vorwürfe gemacht haben, weil er Hunger hat, weil er müde ist oder weil er vielleicht von seinen Eltern als Kind immer Vorwürfe bekommen hat, weil er ständig Sachen vergessen hat.

Nadja dagegen hat diese Geschichte vielleicht nur erzählt, um zu erklären, warum sie keine sauberen Gabeln mehr haben. Weil sie wiederum ständig Angst hat, was falsch zu machen und sich direkt dafür entschuldigen wollte. Weiß der Teufel, was bei Nadja heute oder in der Kindheit schon alles schiefgelaufen ist.

Und Bumms haben die beiden einen Streit, weil beide nicht auf dem Schirm haben, dass sie die Welt unterschiedlich wahrnehmen und dadurch auch unterschiedlich interpretieren. Weil sie nicht fühlen, dass jede*r seine private Logik hat. Während dieses Streits sitzt an der Decke eine Spinne, die keiner der beiden gesehen hat, für sie unsichtbare Radiowellen rauschen durchs Zimmer, Photonen, also Lichtteilchen, kommen unbemerkt durchs offene Fenster, und Oleg denkt: »Nadja macht mir immer Vorwürfe, nie kann ich ihr gerecht werden!« Obwohl Nadja sich entschuldigen wollte.

Weder Oleg noch Nadja haben »Schuld« an dieser Situation, sie sitzen einfach in verschiedenen Höhlen.

Unser Gehirn lässt Dinge weg, nimmt Informationen nicht auf und stellt Zusammenhänge her, die es gar nicht gibt. Dass wir überhaupt denken, es gäbe eine allgemeingültige Realität, ist eigentlich komplett wahnsinnig! Was ihr jetzt für euren Alltag aus diesem Wissen macht, bleibt komplett euch überlassen. Ihr könnt zum Beispiel mit eurem Partner darüber sprechen, aus eurer Höhle kriechen und fragen: Was genau hat dich gerade denn so aufgeregt? Warum hast du denn so aggressiv auf meine Frage reagiert? Wie kommt es, dass du jetzt sauer bist?

Vielleicht haben Nadja und Oleg auf diese Weise ein so tiefes, offenes und ehrliches Gespräch wie lange nicht. Oder wie noch nie zuvor. Er erzählt von seiner Kindheit, sie von ihrer Unsicherheit. Gut, dass die Geschirrspültabs alle waren. Dafür müssen wir aber erst mal spüren, dass wir verschiedene Wahrheiten leben, die Situation unterschiedlich wahrnehmen und bewerten. Sonst werden wir immer einfach nur sauer sein, weil der andere uns wieder mal nicht verstanden hat, der Idiot.

Also: Mein Nagetier ist nicht dein Nagetier. Nach allem, was wir in diesem Kapitel gelernt haben, wissen wir, dass es nicht die eine Wahrheit gibt, und das ist schon alles, was mir an dieser Stelle wichtig ist.

Wir können uns darauf einigen, dass wir natürlich nicht ALLES unterschiedlich wahrnehmen. Ein Tisch ist für uns ein Tisch, weil wir aus dem gleichen Kulturkreis kommen, wir sind keine Gimpel, wir kennen Tische und Stühle, wir sind weder Elefanten noch Vögel. Ein Nagetier ist ein Nagetier, für dich, für mich und sogar für Jean-Paul Sartre. Wir sehen Fell und Ohren. Darauf können wir uns alle einigen, wenn wir eins sehen. Aber WIE wir dieses Nagetier jetzt bewerten – also unsere Realität in Zusammenhang mit diesem Nagetier konstruieren –, ist unterschiedlich: Der eine sieht sein Abendessen, der Nächste eine warme Fellmütze und ein Dritter ein total süßes Haustier. Das heißt, wenn wir auf dem Schirm haben, dass jede*r im metaphorischen Nagetier etwas anderes sieht, können wir auch besser verstehen, warum wir in Beziehungen oft aneinander vorbeireden. Wir leben nicht in der gleichen Realität. Wir denken, dass wir über das Gleiche reden, aber: Mein Nagetier ist eben doch nicht dein Nagetier.

Und Nagetiere sind nicht mal so komplex wie Nähe, Verbundenheit, Spaß, Liebe, Freundschaft, Leidenschaft, eine gute Beziehung. Wir wissen nicht, was all diese Worte für unseren Partner oder unsere Partnerin bedeuten. Wir leben nur in unserer Bedeutungsrealität.

Für manche Menschen ist Nähe gleich Sex, für andere ist Nähe nur durch emotionale Gespräche zu erreichen. Wieder andere fürchten sich vor Nähe und möchten sie – aus irgendwelchen Gründen – tunlichst vermeiden. Es gibt Menschen, die Nähe mit Geborgenheit gleichsetzen, andere fühlen Nähe, wenn sie über Politik diskutieren oder dem anderen eine Perlenkette schenken. Also, was ist Nähe, und wollt ihr überhaupt Nähe in eurer Beziehung? Ist Nähe eine Priorität, oder braucht ihr vor allem Offenheit, und was bedeutet das wiederum?

In der Wissenschaft ist es wichtig, Definitionen zu liefern, damit alle Beteiligten wissen, auf welcher Grundlage ein Paper entstanden ist. Also was genau meint der Verfasser oder die Verfasserin eigentlich in diesem Text? Wir leben aber in unsere Beziehungen hinein, als hätte unser Partner das gleiche Paper gelesen wie wir. Dem ist aber nicht so, just saying.

Kapitel 4

GEFÜHLE SIND KEINE PROBLEME – SONDERN GEFÜHLE

Furcht besiegt mehr Menschen als
irgendetwas anderes auf der Welt.
– Ralph Waldo Emerson

Also, lasst uns über Gefühle sprechen. Keine Sorge, ich fange an: Ich habe oft Angst, und komischerweise wird die größer, je schöner ich es habe. Am größten war die Angst in meinem Leben, nachdem ich meine beiden gesunden Kinder bekommen hatte. Eigentlich war alles tutti. Wir hatten eine Wohnung, genug Essen im Kühlschrank, eine lustige kleine Familie und Happy End. Tatsächlich hat mir mein Leben die Kehle zugeschnürt, ganz im Wortsinne. Ich hatte Angst, dass die Kinder krank werden, dass ihnen etwas passiert, dass ich krank werde, dass ich sie nicht versorgen kann, dass meinem Mann etwas passiert, dass wir uns streiten, uns nichts mehr zu sagen haben und uns trennen. Ich hatte Angst davor, nie wieder Sex zu wollen, für immer ausschließlich Mutter zu sein, mich zu Tode zu langweilen, davor, für den Rest meines Lebens Windeln zu wechseln, vor Ödnis und Fischstäbchen, vor ständiger Wiederholung des Vortages, vor Klimakatastrophe, schlechten staatlichen Schulen, zu hohen Rutschen und vierspurigen Straßen.

Ich wohne in einem der reichsten Länder der Welt, und es fühlte sich damals an, als würde eine dicke, schwere Katze auf meiner Brust sitzen. Ich hatte immer Angst. Mein sogenanntes sympathisches Nervensystem war immer in Aufruhr. Es sorgt dafür, dass wir in Stresssituationen aktiv werden. Bei kurzen Stressphasen ist das total hilfreich: Wir sind wacher und bereit zur Flucht oder zum Angriff, unser Herz schlägt schneller. Wenn dieser Zustand aber länger andauert, macht er uns krank. Bemerkenswert dabei ist, dass mir ja keine konkrete Gefahr drohte. Es war alles gut. Allein meine Gedanken und Befürchtungen haben dafür gesorgt, dass mein Körper permanent unter Stress stand. Das kam alles von innen, von mir selbst. Je besser wir uns vor Gefahren schützen, desto mehr Angst haben wir. Der Philosoph Martin Hartmann hat es in seinem Buch *Vertrauen* folgendermaßen formuliert: »Man kennt das Problem aus der Risikoforschung: Je sicherer Systeme und Technologien werden, desto empfindlicher reagieren Menschen auf die verbliebenen Risiken und Unsicherheiten, auf paradoxe Weise wächst die Angst.« Wir treiben uns also selbst in ein Kontrollwahn-Angst-Paradoxon. Das Wort hab ich mir ausgedacht, aber ihr dürft mich da gerne zitieren. Wir tragen Schutzhelme, haben Airbags, impfen uns, schnallen uns an, bringen unsere Kinder bis in den Klassenraum. Wir schließen eine Altersvorsorge ab, heiraten, damit der Partner nicht mehr weglaufen kann (oder zumindest nur mit beträchtlichem psychischen und finanziellen Leid), wir schließen Reiserücktrittsversicherungen ab, unterschreiben Festverträge, buchen im Dezember den Sommerurlaub und fragen: »Liebst du mich noch?«

Ich habe, seit ich 27 war, eine Zahnzusatzversicherung, für die ich jeden Monat sieben Euro bezahle, weil ich bei meiner Mutter gesehen habe, wie teuer Zahnersatz ist. In Anspruch genommen habe ich diese Zusatzversicherung allerdings noch nie. Angst kostet oft auch sinnlos Geld. Nicht dass ihr mich falsch versteht, all diese Maßnahmen ergeben Sinn, und was bin ich froh, dass wir mit Impfungen die Kinderlähmung besiegt haben! Von Corona ganz zu schweigen. Aber unsere ewige Absicherei sorgt eben genau nicht dafür, dass wir uns sicherer FÜHLEN, sondern bewirkt das genaue Gegenteil. Wir haben die Illusion, dass wir unser Leben komplett durchplanen können: Ehefrau, Kinder, Haus, Job, Urlaub, Rente, und am Samstag wird gegrillt. Wir denken, dass wir alles unter Kontrolle bringen können, und wir hoffen, damit auch die Angst besiegen zu können. »Ich brauche keine Angst zu haben. Ich habe einen Job und weiß, wie das Hotel auf Fuerteventura aussieht, in das ich fliege.« Je weniger Leerstellen in unserem Leben sind, desto sicherer sind wir. Wir kennen uns aus, wir wissen, wo es langgeht, wir haben unser Fahrrad versichert.

Die Coronapandemie und die Naturkatastrophen durch den menschengemachten Klimawandel haben uns eindrücklich gezeigt, dass das Leben aber so eben nicht funktioniert. Normalerweise haben Menschen diese Erkenntnis für sich allein. Wenn sie schwer krank werden, jemand stirbt, den sie lieben, wenn sie eine Fehlgeburt haben, arbeitslos werden, einen Burn-out bekommen oder sich eben – wie ich – trennen. Corona und Extremwetter haben dafür gesorgt, dass die ganze Welt kollektiv auf den Trichter gekommen ist, dass wir nicht alles unter Kontrolle haben und nie haben werden. Jede*r geht damit anders um, das haben wir ja bereits in den beiden ersten Kapiteln besprochen: Ein Bolsonaro und ein Trump ziehen andere Schlüsse aus einer Pandemie als die neuseeländische Premierministerin Jacinda Ardern. Zum Beispiel. Wir alle gehen anders mit unseren Ängsten um. Manche schlagen metaphorisch um sich, andere physisch, Menschen verstecken sich im Wortsinne, wieder andere gehen shoppen, und ein paar werden drogensüchtig. Der Umgang ist unterschiedlich, aber Angst haben wir alle.

Emotionen sind erst mal nur: *Energy in motion*, also Energie in Bewegung. Da passiert etwas, eine Art von Energie ist freigesetzt worden, durch einen Reiz.

Emotionen sind also Signale, die durch einen Reiz ausgelöst werden. Der Reiz kann von außen kommen oder von innen. Der Gedanke: »Mist, Steuererklärung vergessen!« löst ähnliche Gefühle aus, wie wenn wir denken, dass eine Giftschlange uns beißen wird. Beides sind Reize, die mit unserem Nervensystem kommunizieren. Irgendwie wollen uns die Gefühle etwas sagen. Wir sollen etwa so reagieren: Steuererklärung machen, damit wir nicht im Gefängnis landen, oder weglaufen, damit wir nicht gebissen werden. Wir können uns an dieser Stelle mal auf die Schulter klopfen, wir fühlen nämlich Emotionen, weil wir so schön schnell denken können. Dr. Matthias Berking, Psychologe mit dem Fachgebiet Emotionsregulation, hat mir im Gespräch erzählt, was genau da passiert. Gehen wir mal davon aus, dass der Reiz von außen kommt. Da raschelt etwas im Gebüsch. Gefahr! Diese Botschaft geht direkt an die Amygdala, den sogenannten Mandelkern im Gehirn, der wesentlich für die Emotionsverarbeitung zuständig ist. Die Amygdala hat Schablonen aus vergangenen Situationen, die sie benutzt: Etwas Langes, das im Gebüsch raschelt, könnte eine Giftschlange sein. Mit diesen Schablonen wird das Rascheln in Sekundenbruchteilen abgeglichen. Besteht tatsächlich Gefahr oder nicht? Diese Art von Angst haben auch Tiere, Antilopen laufen deswegen vor Löwen weg. Diese Angst schützt unser Leben. Wir bekommen Herzrasen, unsere Muskeln spannen sich an, wir fangen an zu schwitzen und machen uns bereit: Entweder zum Kampf oder zur Flucht. Fight or flight. So heißt der Modus tatsächlich.

Dass wir Menschen Angst haben, schützt uns nicht nur vor Feinden und lässt uns überleben, es ist auch noch total logisch! Schaut euch doch mal um. Wir fahren in kleinen Blechkisten mit 190 km/h durch die Gegend und hoffen einfach, dass uns kein Wahnsinniger auf der Autobahn reinfährt. Wir lassen unsere Kinder in Städten Fahrrad fahren, wir überqueren Kreuzungen, wir wissen, dass unsere Eltern irgendwann sterben werden, wir kennen viele schlimme Krankheiten, sehen Krieg und Bombenanschläge im Fernsehen, und uns ist völlig bewusst, dass wir auch sterblich sind. Na gut, vielleicht nicht jeden Tag, aber wir haben es zumindest schon mal gehört. Die Welt ist beängstigend!

Die Psychotherapie kennt auch darauf Antworten, die mir persönlich sehr geholfen haben: Die Normalisierung zum Beispiel. Oft denken wir, wir wären allein mit unseren Problemen und Gefühlen, wir denken, nur wir wären betroffen. Immer und immer wieder habe ich in meinem Leben gedacht: »Ich bin halt so!«

Wenn ich im Kino heule: Ich bin halt megaemotional!

Wenn ich etwas verletzend finde: Ich bin da halt sensibel!

Wenn ich mir etwas anderes wünsche, mich auf Fotos megahässlich finde: Ich bin da halt speziell!

Das sind nur ein paar Beispiele.

Die Normalisierung hilft uns dabei zu verstehen, dass es allen so geht. Alle Menschen fühlen so – Überraschung! Aber – und dieser Gedanke könnte euch jetzt absurd vorkommen – unsere Angst ist es, die unser Leben wertvoll macht. Denn all das gehört zum Menschsein dazu. Gehen wir noch einmal auf den Neocortex ein, den ich bereits erwähnt habe. Das ist der evolutionär jüngste Teil unseres Gehirns und der komplexeste. Unser Gehirn kann man sich vorstellen wie einen Baumstamm, der von innen nach außen wächst. Die Ringe im Inneren sind die ältesten.

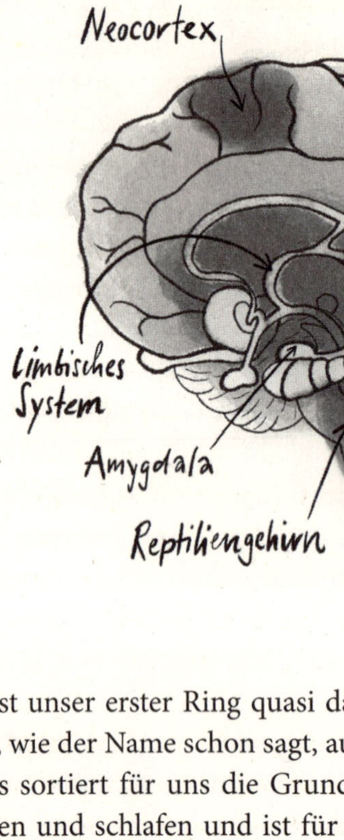

So ist unser erster Ring quasi das Reptiliengehirn. Das haben, wie der Name schon sagt, auch Reptilien.

Es sortiert für uns die Grundlagen unseres Daseins wie atmen und schlafen und ist für Signale zuständig wie kalt/warm, Hunger/satt, Gefahr/Sicherheit. Außerdem verfügen wir – wie wir im vorherigen Kapitel schon festgestellt haben – über das Säugergehirn, der nächste Ring, wären wir ein Baum.

Das ist die Schaltzentrale zwischen unseren Sinnesorganen und dem Gehirn, hier wird verarbeitet, was an Sinneseindrücken reinkommt. Das Säugerhirn hat die Features Zuneigung, Liebe, Wut, Freundschaft und ist fürs Lernen zuständig. Außerdem werden hier die Erinnerungen mit den

Emotionen verknüpft, also hier passiert besonders viel. Der nächste Baumring ist dann der hoch entwickelte Neocortex. Er macht uns Menschen die Kommunikation mit Sprache möglich, dank ihm können wir Schach spielen und Facebook erfinden. Wir können mit ihm in der Vergangenheit leben und uns die Zukunft ausmalen. Soweit wir wissen, können das Rehe oder Otter nicht.

Aber kommen wir zurück zur vermeintlichen Gefahrensituation. Es hatte also im Gebüsch geraschelt. Nachdem die Amygdala uns vorher gewarnt hat, prüft der Neocortex jetzt etwas langsamer, ob das tatsächlich eine Schlange ist oder vielleicht nur ein kleiner Vogel. Wenn wir dann zu dem Schluss kommen, dass keine Giftschlange in Sicht ist, können wir die Systeme wieder runterfahren: Muskeln lösen, langsamer atmen, Herzschlag wieder normalisieren. Die Antilope grast wieder, wenn der Löwe weg ist. Die denkt sich nicht stundenlang: »Mann, das war knapp, das hätte böse enden können, dann wären meine Kinder jetzt Waisen!«

Genau das allerdings macht der menschliche Neocortex. Na, vielen Dank auch! Da haben wir also über Jahrtausende hinweg via Evolution so ein fesches Instrument wie einen Neocortex entwickelt, und jetzt schießt uns genau das ins Knie! Aber dazu kommen wir im nächsten Kapitel noch ausführlicher. Also die Angst, die wir mit der Antilope gemeinsam haben, weil sie uns schützt, ist hilfreich. Wir haben dann aber noch die andere Angst, die in unserem Kopf wohnt. Die Neocortex-Angst, die wir selbst befeuern. Wenn wir uns Sorgen machen, wenn wir einen Streit antizipieren, wenn wir uns an einen Streit erinnern, wenn wir an jemanden denken, der oder die uns Unrecht getan hat – in unserer Interpretation. All diese Reize sind de facto keine Gefahr. Der Streit ist längst vorbei oder wird nie kommen. Trotzdem denkt unser Körper aber, dass Gefahr droht. Das heißt, wir haben die gleiche Reaktion, als wäre ein Löwe hinter uns her oder eine Giftschlange im Gebüsch. Man kann im MRT – also diese Röhre, mit deren Hilfe wir in unseren Kopf gucken können – sogar sehen, welche Gedanken wir uns machen. Lösen wir angenehme Bilder in uns aus, sieht das Ergebnis de facto anders aus, als wenn wir uns Sorgen machen. Unser Herz schlägt, wir schwitzen, atmen flach, unser Nervensystem macht sich zum Kampf bereit. Das Gleiche passiert auch, wenn wir ein Foto unserer Ex bei Instagram mit ihrem Neuen sehen. Wenn wir uns fragen, warum er die WhatsApp-Nachricht nicht beantwortet hat, obwohl die Häkchen blau sind, oder wenn jemand was bei Facebook gepostet hat, womit wir nicht einverstanden sind.

Es gibt überall Reize, die dafür sorgen, dass wir eine Stressreaktion bekommen, obwohl nichts, aber auch gar nichts PASSIERT ist! Wir halten unser System dauerhaft in einem hoch erregten Zustand und wundern uns dann, warum wir abends so ausgelaugt sind. Jede Minute wird überbrückt mit dem Handy, Mails checken, Instagram, TikTok, Selfie machen, Kochrezept raussuchen, geschichtliche Daten googeln, schnell noch einen Artikel lesen, der dann von der Klimakatastrophe handelt, Covid-19, Artensterben. Wieder mehr Herzschlag, Angst, Sorgen, neue Gedanken, die wieder für Angst sorgen. Und damit sind wir wieder bei der Kontrolle vom Anfang: Wenn wir in eine ungewisse Zukunft schauen, haben wir Angst. Wir haben Angst davor, Fehler zu machen, verlassen zu werden, alleine zu sterben, nicht gemocht zu werden, arm zu sein oder zu reich. Wir haben Angst vor Spinnen und Hochwasser, vor der Digitalisierung oder Menschen aus Syrien. Je nachdem, welche Medien wir konsumieren, mit welchen Freunden wir abhängen, welche Gespräche wir führen und welche Gedanken wir denken, davon hängt ab, welche Ängste wir entwickeln. Wir machen uns also unsere Ängste zu einem gewissen Teil selbst. Weil wir es können.

Majestix aus Asterix und Obelix hatte ständig Angst, dass ihm der Himmel auf den Kopf fällt. Das mag lustig gemeint sein, aber mittlerweile ist es so, dass wir uns selbst ähnlich absurde Ängste machen, indem wir alles glauben, was im Netz kursiert, und uns dann wahnsinnig darüber aufregen. Verschwörungsmythen, Geschichten, die per WhatsApp und Facebook geteilt werden, Hass, Hetze, Lügen – es ist nicht »das Internet«, das uns krank macht, es ist unser Umgang mit dem Medium. Wir sind Majestix.

Mich hat mal eine Mutter auf dem Spielplatz völlig fassungslos angeblafft, wie ich denn meine Kinder einfach so spielen lassen und dabei ein Buch lesen könne, ob ich denn nicht wüsste, wie viele Kinder tagtäglich entführt würden?! Nein, wusste ich nicht. Gott sei Dank, so konnte ich weiterlesen. Oder ein Freund von mir hat mal gesagt: »Na, wenn man den ganzen Tag von diesen schrecklichen Nachrichten beballert wird, ist es ja klar, dass man Angst hat!« Ich habe ihm den brandheißen Tipp gegeben, sich einfach nicht stundenlang beballern zu lassen. Wir können ja wählen, welche Informationen, Sendungen und Nachrichten wir in unser Gehirn lassen – und vor allem, wie lange. Bill Gates soll mal gesagt haben: »Schlagzeilen führen uns in gewisser Weise in die Irre, denn schlechte Nachrichten sind eine Schlagzeile, aber allmähliche Verbesserungen nicht.« Die Welt ist in den letzten Jahrhunderten oder sogar Jahrtausenden ein sichererer Ort für uns Menschen geworden, und trotzdem nehmen wir überall Gefahren wahr. Es klingt paradox: Auf der einen Seite machen wir uns selbst zu paranoiden Kontrollfreaks, schüren unsere Angst mit apokalyptischen Meldungen aus aller Welt, und gleichzeitig sollen wir die Angst aber als etwas Urmenschliches annehmen. Ja, darauf will ich hinaus. Niemand hat gesagt, dass das hier einfach wird. Denn es gibt natürlich verschiedene Ängste und nicht nur schwarz und weiß, gut und schlecht, sondern fifty shades of grey. Also, wir haben festgestellt: Selbst gemachte Angst gehört zum Wesen des Menschen dazu. Der Blechmann aus *Der Zauberer von Oz* wäre froh, wenn er mal was fühlen würde. Unsere Gefühle sagen uns, was wir wollen oder was wir ablehnen. Unsere Gefühle helfen uns beim Leben: Dieser Mann ist mir unsympathisch, diese Frau hat eine unangenehme Stimme, ich fühle mich von meinem Kollegen angezogen, weil er einen zauberhaften Humor hat, diese Frau hat eine Art, die mir das Gefühl von Sicherheit gibt. Wir fühlen uns abgestoßen oder angezogen. Wenn wir achtsam und behutsam mit unseren Gefühlen umgehen, sind sie ein Kompass fürs Leben.

Trotzdem kämpfen wir gegen unsere Gefühle an. Wir lehnen sie ab, wir bewerten sie und sagen: Angst ist was für Schwächlinge, ich will das nicht! Ich bin traurig, und dafür schäme ich mich, weil ich ja eigentlich glücklich sein müsste. Oder wir reden uns ein, glücklich zu sein, obwohl irgendwas nicht stimmt. Been there, done that, got the T-Shirt.

Es ist eher selten, dass wir unsere Gefühle einfach da sein lassen, wo sie sind. Wir nehmen sie oft auch einfach gar nicht wahr, weil wir es nicht wollen. Wir haben die unglaubliche Macht, unsere Gefühle ignorieren zu können. Allerdings manifestiert sich so etwas dann in psychosomatischen Krankheiten. Eine der größten menschlichen Ängste ist die, aus der Gruppe ausgestoßen zu werden. Diese Angst sorgt dafür, dass wir alles tun, um anderen zu gefallen, akzeptiert und geliebt zu werden. Wir wollen dazugehören, um jeden Preis. Die Urform von FOMO, der *fear of missing out*.

Jetzt könnte ich euch wieder mit den Steinzeitmenschen

kommen, die nur in der Gruppe überleben konnten. Aber das habt ihr euch sicherlich auch selbst schon gedacht.

Wie bedrohlich dieses Szenario für uns ist, also aus der Gruppe ausgeschlossen zu werden, zeigt die Studie *Does rejection hurt?* von Eisenberger, Lieberman und Williams aus dem Jahr 2003. Dabei wurden Probanden vom Ballspielen mit anderen ausgeschlossen. Im Gehirnscan zeigte sich, dass dabei der sogenannte »cinguläre Cortex, ACC« aktiviert wurde, der unter anderem auch bei der Schmerzverarbeitung eine Rolle spielt. In diesem Fall schlossen die Wissenschaftler*innen also daraus, dass Ausgeschlossenwerden genauso wehtut wie zum Beispiel ein gebrochener Arm. Dem Gehirn ist der äußere Reiz, der für den Schmerz sorgt, erst mal egal. Also, ob ich gemobbt werde, mein Partner mich verlässt oder ich mir den Arm breche, macht für mein Gehirn keinen Unterschied: Wenn der »cinguläre Cortex, ACC« sagt, es tut weh, dann tut's, verdammt noch mal, weh!

Die Angst vor dem Ausgeschlossenwerden ist also mitnichten unbegründet, the struggle is real. Wir versuchen deswegen, den Schmerz zu vermeiden. Ihr habt euch sicherlich auch schon mal nachts verlegen, dann tut einem den ganzen Tag lang der Nacken weh. Wir bewegen uns komisch und drehen den Kopf nicht richtig, weil wir den Schmerz vermeiden wollen. Genau das Gleiche machen wir auch im Leben: Wir bewegen uns oft unnatürlich, damit es nicht wehtut. Beziehungsweise, weil wir Angst vor dem Schmerz haben, den wir auslösen könnten. Wir verhalten uns auf eine Art, die uns nicht gerecht wird, die uns nicht guttut, und das, um dazuzugehören, um eine Peergroup oder einen Partner zu haben. Das haben wir im ersten Kapitel »ver-wickeln« genannt.

Wie zum Beispiel Melanie Mustermann.

Melanie hat eine Affäre mit einem polyamoren Mann namens Till. Die beiden haben den Spaß ihres Lebens. Sie trinken Prosecco am See, reden nächtelang durch, kopulieren, bis ihnen schwindelig wird, und kochen Linguine mit Steinpilzen. Wenn sie zusammen sind, hängt der Himmel voller Geigen. Allerdings hat Till eben auch noch drei andere Freundinnen, mit denen er genau das Gleiche tut. Deswegen hat Till einen vollen Kalender und weist Melanie alle paar Wochen mal ein Date, einen Sonntagsausflug und einmal im Jahr einen Urlaub zu. Melanie erzählt sich und ihren Freundinnen, dass das total okay für sie sei. Allerdings geht Till manchmal nicht ans Telefon, wenn Melanie sich Sonntagabend allein fühlt und reden will. Er ist vielleicht gerade bei einem anderen Date. Till säuselt seinen anderen Freundinnen die gleichen Liebesschwüre ins Ohr wie Melanie, auch, wenn sie danebensteht, und meldet sich oft wochenlang gar nicht. Melanie vermeidet Schmerz, indem sie die Affäre weiterführt, und verursacht dadurch neuen Schmerz. Die Angst davor, die tolle Zeit mit Till nicht mehr zu haben, ist so schlimm, dass sie sich selbst verleugnet. Sie hätte gern Kinder und jemanden, der für sie da ist. Sie hätte gern ein Meer aus Zeit mit ihrem Partner und regelmäßig gemeinsame Sonntagabende. Aber anstatt sich das einzugestehen, macht sie einfach weiter und wartet darauf, dass Till anruft. Melanie hat so große Angst vor dem Gedanken, ohne Till zu sein, dass sie gegen ihre eigenen Bedürfnisse lebt. Die Angst gewinnt jeden Tag aufs Neue. Jeden Tag, an dem sie auf ihr Handy starrt und auf eine Nachricht von Till wartet, jeden Tag, an dem sie auf das Date mit Till in zwei Wochen hin lebt, anstatt im Jetzt zu leben oder sich zu fragen, wie sie eigentlich wirklich leben will. An jedem dieser Tage gewinnt die Angst vor dem Alleinsein. Melanie verliert damit wertvolle Lebenszeit, die sie eigentlich mit einem anderen Partner verbringen könnte, der gerne eine Familie mit ihr gründen will. Sie verschwendet Zeit, weil sie sich nicht traut, sich selbst zu fragen: Was sind meine Werte? Wie will ich leben? Was ist mir wichtig? Sie hat Angst, da sie die Antworten insgeheim kennt, aber sich auf keinen Fall von Till trennen will.

In solchen Augenblicken tut unser Gehirn wieder, was es am besten kann, nämlich Logik herstellen, also uns belügen. »Das ist schon okay so, ich will ja auch frei sein und schlafen, mit wem ich will«, denkt Melanie dann, obwohl sie sich Verlässlichkeit wünscht.

Wenn sich Till wochenlang nicht meldet, denkt sie: »Das ist der Preis, den ich für die gute Zeit zahlen muss. So ist das Leben eben, es gibt nie etwas geschenkt.« Oder: »Ich bin eben nicht der Typ Frau, der einen verlässlichen Partner anzieht, zu mir kommen immer die wilden Freigeister.« Oder was für Zeug unser Gehirn eben so tut, um aus einer schmerzhaften Situation eine logische zu machen.

Wäre das alles nicht schon kompliziert genug, kommt hier noch eine maximal abgefahrene Geschichte aus der Neurologie dazu. Unsere Gehirnhälften können sich nämlich sogar gegenseitig belügen. Der Physiker Michio Kaku schreibt in seinem Buch *Die Physik des Bewusstseins* von einem Experiment, das der Neurowissenschaftler Michael Gazzaniga an sogenannten Split-Brain-Patienten durchgeführt hat. Eigentlich sind unsere beiden Gehirnhälften mit dem sogenannten Balken miteinander verbunden und bilden deswegen ein Ganzes. Wir denken im Normalfall mit unserem ganzen Gehirn. Die linke Gehirnhälfte ist eher logisch und analytisch, dort sitzt das Sprachzentrum, die linke Seite ist also der Boss. Die rechte Gehirnhälfte ist für Kreativität und Intuition zuständig und kann nicht sprechen. Bei Split-Brain-Patienten wird der Balken allerdings durchtrennt, um schwere Epilepsie zu heilen. Wenn die beiden Teile des Gehirns nicht mehr miteinander verbunden sind, kommt es zu keinen epileptischen Anfällen mehr. Allerdings denken jetzt zwei voneinander getrennte Entitäten verschiedene Dinge in unserem Kopf. In Experimenten ist herausgekommen, dass die linke Gehirnhälfte eines Patienten Atheist war und die rechte gläubig. Durch das Legen von Scrabble-Buchstaben konnten die Wissenschaftler die rechte Gehirnhälfte zum Sprechen bringen. Die linke Gehirnhälfte ist dafür zuständig, dass wir uns unser Verhalten irgendwie logisch erklären. Sie ist quasi unser Pressesprecher. In einem Experiment wurde der rechten – stummen – Gehirnhälfte das Bild einer Banane gezeigt. Die linke Seite wusste davon nichts. Als der Proband danach ein Bild malen sollte, malte er: eine Banane. Gazzaniga fragte die Testperson, warum er ausgerechnet eine Banane male.

Die linke Gehirnhälfte, die über das Sprachzentrum verfügt, hätte sagen können: »Keine Ahnung.«

Aber sie antwortete: »Sie ist mit dieser Hand besonders leicht zu zeichnen, weil sich diese Hand einfacher nach unten ziehen lässt.«

Die linke Seite versucht also, eine logische Erklärung für etwas zu finden, obwohl ihr es nicht logisch erscheint. Kaku zitiert den Neurologen Gazzaniga so: »Es ist die linke Hemisphäre, die der menschlichen Neigung nachgibt, Ordnung im Chaos zu finden, die versucht, alles in eine Geschichte einzupassen und es in einen logischen Kontext zu stellen. Wie es scheint, fühlt sie sich getrieben, Hypothesen über die Struktur der Welt aufzustellen, ungeachtet der Tatsache, dass kein Muster existiert.«

Melanies Erklärungen, warum es für sie Sinn ergibt, weiter auf Till zu warten, kommen von der linken Gehirnhälfte. Was ihre rechte, die intuitive Seite sagt, wissen wir nicht.

Der menschliche Drang, dazuzugehören, und die Angst vorm Alleinsein sind so stark, dass sie uns nicht nur komplett das Leben vermiesen, sondern auch noch dafür sorgen können, dass wir denken, es wäre alles in Ordnung so.

Es gibt Paare, die mit den Augen rollen, wenn sie ihren Partner sehen. Es gibt Menschen, die sich gegenseitig herumkommandieren und meinen, das gehöre zu einer guten Beziehung dazu. Es gibt Menschen, die ihre Partner den ganzen Tag kritisieren, ihnen Arbeitsaufträge geben, sich gegenseitig die Wochenenden verplanen, erpressen oder beschimpfen.

Und all das ist völlig in Ordnung so, weil die Alternative wäre, allein zu sein. Ihr Gehirn hat ihnen gesagt: »So sind Beziehungen eben.«

»Das gehört dazu, wenn man nicht allein sein will.«

»In Langzeitbeziehungen kann man gar nicht glücklich sein!«

»Irgendwann hat man sich eben alles gesagt.«

»Meine Eltern waren auch nicht glücklich.«

»Solange die Kinder klein sind, halte ich das noch aus.«

»Na, weiß ich ja nicht, welchen Käse ich holen soll, das soll sie mir lieber sagen, sonst krieg ich nur wieder Ärger.«

Hauptsache, nicht allein sein. Die Frage ist: Was ist schlimmer, der Schmerz des Alleinseins oder die Angst davor? Und welchen Preis bezahlen wir dafür, wenn wir immer alles tun, um nicht allein zu sein? Wenn wir in einer toxischen oder langweiligen Beziehung leben, nur damit da jemand ist, mit dem wir Abendbrot essen können? Wenn wir mit unserem Partner in Konkurrenz leben statt in Liebe? Wenn wir uns gegenseitig belauern, misstrauen, beschimpfen oder anschweigen? Wenn wir mit den Kommiliton*innen Zeit verbringen, obwohl sie uns langweilen, oder wir vier Dates in der Woche haben, um jemanden kennenzulernen, obwohl wir eigentlich gern mal allein Ottolenghi-Rezepte kochen würden?

Die Antworten auf diese Fragen werdet ihr in diesem Buch nicht finden, sondern nur in euch selbst. Wir alle müssen unseren eigenen Kompass im Leben finden, dafür müssen wir aber erst mal bewusst wahrnehmen, was uns eigentlich davon abhält, wirklich glücklich zu sein. Ist es die Angst? Wenn ja, was jetzt? Was können wir jetzt tun mit der Angst? Fühlen, sehen, sie zulassen.

Im Buddhismus, in dieser Denkschule oder Philosophie oder Religion, je nachdem, wie man es nennen will, beginnt alles mit der Achtsamkeit. Wir sollen erst das wahrnehmen, was ist, und im zweiten Schritt akzeptieren, wie es ist. Erst wenn wir uns bewusst sind, dass wir aus Angst handeln, können wir etwas ändern. Wenn Melanie also zunächst mal wahrnimmt, dass sie panische Angst vor dem Alleinsein hat, kann sie das im nächsten Schritt akzeptieren. Aber nicht, um dann wie ein Käfer auf dem Rücken zu liegen und zu sagen: »Ich habe meine Angst akzeptiert, ich kann nichts dagegen tun.« Sondern, um sich damit auseinanderzusetzen. Sie muss sich ja nicht sofort von Till trennen. Sie kann sich erst mal fragen:

Wovor genau habe ich Angst?

Was kann ich selbst tun, um mir meine Angst zu nehmen?

Wie kann ich jeden Tag lernen, meine Bedürfnisse zu leben?

Was sind meine Bedürfnisse? Nähe, Geborgenheit, Liebe …

Was kann ich tun, um gerne allein zu sein? Vielleicht ist es gar nicht so schlimm, vielleicht gibt es Wege, mir selbst Geborgenheit, Fürsorge und Aufmerksamkeit zu schenken.

Ich hatte natürlich auch Angst vorm Alleinsein, ich brauche mich jetzt nicht hinter Melanie zu verstecken. Allerdings hatte ich keine Wahl. Durch die Trennung wurde ich ins eiskalte Wasser gestoßen. Dort habe ich angefangen zu strampeln und zu schwimmen, um mit dem Kopf über Wasser zu bleiben, und kann jetzt sagen: Es ist gar nicht so schlimm, wie ich dachte! Im Gegenteil, meine Zeit alleine hat dafür gesorgt, dass ich mich radikal mit mir selbst beschäftigt habe und deswegen jetzt dieses Buch schreibe. Es war eine wahnsinnige Zeit der Selbsterkenntnis, der Abenteuer, der Wunder, des Lernens, der Tränen, der Wut, der Verbundenheit mit mir selbst, mit Freunden und meinen Kindern, und jeder Tag hat sich gelohnt. Ich bin froh, dass alles so kam.

Der Philosoph Heraklit hat schon um 500 v. Chr. gesagt: »Allen Menschen ist zuteil, sich selbst zu erkennen und verständig zu denken.« Und an einer Säule des Apollontempels von Delphi steht: Gnothi seauton – Erkenne dich selbst.

Ich will euch mit diesem Buch zurufen: Es ist nicht so schlimm, wie ihr denkt! Hört auf, eure Lebenszeit mit Menschen zu verschwenden, die euch nicht guttun! Seid lieber Single! Oder bleibt zusammen und findet euch trotzdem selbst, innerhalb dieser Beziehung. Hört euch selbst zu.

Oder wenn ihr Single seid: Genießt die Zeit mit euch selbst, entdeckt euch und das Leben, und der richtige Partner, die richtige Partnerin wird von ganz allein kommen. Versprochen.

Ich habe mit mehreren Psycholog*innen über unsere Angst gesprochen, und sie alle sagen: Wenn wir die Angst verscheuchen, unterdrücken, sie verurteilen und bekämpfen, dann wird sie nur noch größer, und wir werden unter ihrem Joch leben. (Ich dachte, die pathetische Formulierung passt an dieser Stelle ganz gut.)

In dem Augenblick, in dem wir die Angst vertreiben wollen, uns dagegen wehren und sie verurteilen, geben wir ihr noch mehr Kraft und Macht über uns. Wie wir aber unsere

Gefühle einfach mal fühlen und akzeptieren, dazu werden wir in diesem Buch noch oft kommen. Hier wollte ich erst mal feststellen, dass Angst und all die anderen Gefühle völlig normal sind und wir lernen können, MIT unserer Angst zu leben und nicht dagegen.

Die Frage ist außerdem: Wie viel von meiner Angst mache ich mir eigentlich selbst? Oder welche Angst mache ich jeden Tag größer? Welche Angst füttere ich mit meinen Gedanken und inneren Bildern? Welchen Stellenwert geben wir der Angst, welchen Einfluss darf die Angst auf unser Leben haben, also, wie bewerten wir die Angst? Und dann natürlich: Wie handeln wir entsprechend? Darum geht es vor allem im zweiten Teil des Buchs. Oft denken wir: »Die anderen sind alle selbstbewusst und cool, nur ich nicht. Die haben gar keine Angst.«

»Influencer XY teilt alle seine Gefühle in den Storys bei Instagram, der hat bestimmt keine Angst vor Ablehnung.«

»Kollegin XY sagt immer, was sie denkt, ohne darauf zu achten, ob sie dann noch jemand mag. Wow, die ruht in sich.«

Aber wir haben alle Angst, auch die Influencer und die Kollegen. Und das ist ein wahnsinnig befreiender Gedanke: Alle Menschen haben Angst, nicht nur ich!

Die Existenzphilosophie geht noch einen Schritt weiter, sie sieht die Angst als unüberwindbar an. Sören Kierkegaard ist einer der Hauptvertreter der Existenzphilosophie, und er sagt, die Angst, die uns menschlich macht, ist ein Charakteristikum der Willensfreiheit. Also nur weil wir Angst haben, sind wir überhaupt menschlich. Wir können uns dafür oder dagegen entscheiden, mit einem Gummiband ums Fußgelenk eine Klippe runterzuspringen. Wir können uns überlegen, ob wir den Kollegen zum Mittagessen einladen oder lieber allein essen wollen. Dieser Gedanke rückt unsere Ängste wieder in ein ganz anderes Licht. Es geht sowieso nicht ohne Angst, weil wir dann keine Menschen wären. Und da es hier ja ständig darum geht, wie wir die Welt rezipieren, wie wir in ihr leben und auf sie reagieren, finde ich diesen Gedanken tatsächlich hilfreich. Die Angst wird auf jeden Fall bleiben, egal, was wir tun. Also können wir den Kampf gegen die Angst sein lassen. Wir können sie umarmen und versuchen, mit ihr zu leben. Sie will nur kommunizieren. Wenn wir ihr zuhören, können wir koexistieren. Allerdings müssen wir sie dann auch wieder ziehen lassen und sie nicht unnötig festhalten, darum geht's im nächsten Kapitel.

Immer wenn sich etwas in unserem Leben ändert, bekommen wir ganz besonders Angst. Das Gehirn ist überfordert. Wir haben ja schon über den Negativity Bias gesprochen: Wir nehmen Veränderung als negativ wahr, vor allem, wenn wir die Veränderung nicht selbst angestoßen haben. Unser Gehirn will in den Zustand zurück, in dem es bis jetzt überlebt hat, in den Zustand, den es kennt. Wir wollen bewahren. Je mehr Angst wir haben, desto wahrscheinlicher ist es, dass wir beispielsweise eine konservative Partei wählen und uns dem »Bewahren alter Werte« verschreiben.

Das schreibt der Professor für Psychologie an der Yale University John Bargh in seinem Buch *Vor dem Denken – wie das Unbewusste uns steuert*: »Es ist seit Langem bekannt, dass Menschen konservativer werden und Veränderungen eher ablehnen, wenn sie sich in irgendeiner Hinsicht bedroht fühlen. [...] Wissenschaftler der University of California hatten in einer bemerkenswerten Langzeitstudie den Lebensweg einer Gruppe Kinder über zwei Jahrzehnte hinweg verfolgt. Man wollte herausfinden, wie sich Ängstlichkeit und Gehemmtheit der zu Beginn Vierjährigen auf die politische

Grundhaltung auswirkt, die sie als junge Erwachsene ausbilden würden. Wie sich herausstellte, neigten tatsächlich jene, die als Kinder eher ängstlich und gehemmt gewesen waren, im Alter von 23 Jahren stärker zu konservativen Ansichten.

In psychologischen Experimenten zeigen konservativ eingestellte Erwachsene (die gesellschaftliche Veränderungen wie die Ehe für alle oder die Legalisierung von Marihuana ablehnen) größere Furcht und Schreckhaftigkeit bei unerwartet lauten Geräuschen und geraten in größere physiologische Erregung, wenn man ihnen gruselige, unangenehme Bilder vorlegt. […] Vor einigen Jahren wurden diese Unterschiede sogar an der Größe der Gehirnregionen festgestellt, die an der Verarbeitung von Empfindungen und vor allem von Furcht beteiligt sind. Die rechte Amygdala – nervlich gesehen der Hauptsitz der Furcht – ist bei Menschen, die sich selbst als politisch konservativ bezeichnen, tatsächlich größer als bei jenen, die sich nicht für konservativ halten.«

Und da isse wieder: die Neuroplastizität. Der Mandelkern, also die Amygdala, ist physisch größer, wenn wir mehr Angst haben! Jetzt haben wir ja schon festgestellt, dass es verschiedene Arten von Angst gibt. Einmal die Furcht, die uns schützt (im Gebüsch raschelt es, ist es eine Schlange?), und einmal die uns menschlich machende Angst, die wir selbst füttern und nähren (wenn ich mich von Till trenne, werde ich für immer einsam sein und nie wieder am See Prosecco trinken!). Das heißt, wir selbst haben die Macht, ob wir unsere Amygdala schrumpfen lassen oder sie vergrößern. Mit unseren Gedanken. Diese Erkenntnis hat mein Leben um hundertachtzig Grad gewendet, zu der Zeit, als ich mit meinem Rotweinglas weinend auf dem Badteppich lag.

Die Jedi aus *Star Wars* haben recht: Die Macht möge mit mir sein! Aber eins nach dem anderen. Erst mal sind wir noch bei der Angst.

Kapitel 5

HÄTTE ICH, WÜRDE ICH, WÄRE ICH – DER UNGLÜCKLICH MACHENDE COCKTAIL

Man ist meistens nur durch
das Nachdenken unglücklich.
– Joseph Joubert

Ein neuer Job bedeutet Gefahr, eine zerbrochene Beziehung ist eine Katastrophe, und der Tod eines geliebten Menschen, na klar, tut weh. Abschied nehmen ist hart, macht Angst, sorgt für Unsicherheit. Die Gefühle an sich wollen jedoch nichts Böses von uns, sie wollen uns eigentlich nur helfen. Nur leider geht das manchmal nach hinten los, wie wir alle wissen. Denn zu viel Angst, Wut, Scham und Ekel machen krank. Wir wissen ja alle, was Yoda in *Star Wars* gesagt hat: »Furcht ist der Pfad zur dunklen Seite. Furcht führt zu Wut, Wut führt zu Hass, Hass führt zu unsäglichem Leid.«

Das gilt aber vor allem, wenn wir Furcht und Wut unterdrücken und zu einer ekligen Suppe in uns zusammenkochen. Wenn wir wahrnehmen, was ist und was uns das Gefühl eigentlich damit sagen will, dann können wir Furcht, Wut, Ekel und sogar Scham zu etwas transformieren, das uns hilft und auf die helle Seite der Macht bringt. Dazu mehr im zweiten Teil des Buchs, nur Geduld. Wir haben also festgestellt: Der Neocortex sorgt dafür, dass wir Zukunft herstellen können. Wir können Situationen in unserem Kopf simulieren. Wenn wir das nicht könnten, gäbe es uns heute nicht, und schon gar nicht mit all diesen Annehmlichkeiten, mit Wettervorhersagen, Tsunami-Warnsystemen, Regenschirmen, Zentralheizungen und Sahnetorte. Ohne mentale Simulation ginge also nichts so richtig, aber mit ist auch manchmal schwer. Weil wir damit nämlich auch die Fähigkeit zum Grübeln mit auf den Weg bekommen haben. Grübeln heißt nicht Probleme lösen, sondern Probleme wälzen. Den Unterschied zwischen Denken und Grübeln erkennen wir an den Fragen, die wir uns dabei stellen. Fragen wir uns: »Warum passiert mir das? Wieso immer ich? Warum gibt es keine passende Frau für mich? Warum sind alle guten Männer schon vergeben? Warum ist mein Partner immer so gemein zu mir?«

Dann machen uns diese Gedanken schwach, klein und passiv. Sie machen uns zu hilflosen Opfern und sorgen dafür, dass wir verbittern. Diese Fragen vergiften unser Weltbild und verschleiern unsere Wahrnehmung. Wir leben ewig in der Vergangenheit: »Hätte mich meine Frau nicht verlassen, wäre es anders gekommen. Hätte ich etwas anderes gesagt, dann wäre jetzt alles anders.«

Wir beschäftigen uns mit Racheplänen, hassen, beschimpfen und wünschen uns alles anders, als es ist. Nehmen wir mal das Beispiel: »Warum gibt es keine passende Frau für mich?«

7,8 Milliarden Menschen bevölkern die Erde, die Hälfte davon sind Frauen, und du glaubst also wirklich, dass da draußen keine Einzige ist, mit der du Mordsspaß hättest? Ernsthaft? Wir haben diesen Gedanken selbst gemacht, wir haben diese Frage dadurch so formuliert und handeln entsprechend. Ich glaube nicht, dass der Nachbar von Jens rübergekommen ist und gesagt hat: »Du, Jens, es gibt da draußen ganz sicher keine einzige Frau, die zu dir passt.«

Und selbst wenn! Diese Aussage kann nur Macht über Jens haben, wenn der tatsächlich an sie glaubt.

Oder wenn er eine »Voreinstellung« hat, die ihm sagt, dass das stimmt. All die Dinge, die auf uns niederprasseln, wenn wir Kinder sind, speichern wir oft als wahr ab. Unsere Eltern sind natürlich die Menschen, die uns satt machen, uns ein Dach über dem Kopf geben und uns sagen und zeigen, wie leben geht. Also glauben wir, oft unbewusst, dass das, was sie tun, richtig ist. Wenn sie oft stritten und schrien, haben wir vielleicht abgespeichert, dass Beziehungen so funktionieren. Wenn sie schwiegen, sich ignorierten und anödeten, wird auch das neuronale Spuren hinterlassen haben. Manchmal gehen wir auch in Opposition zu unseren Eltern und versuchen krampfhaft, immer das Gegenteil von dem zu tun, was sie getan haben. Damit bringen wir uns allerdings in eine ähnlich verzwickte Lage, wie wenn wir ihr Verhalten einfach kopieren. Beides ist nämlich unbewusstes Verhalten. Da laufen also einfach Programme im Hintergrund ab, und wir fragen uns, warum die Programme nicht mit der Intention zusammenpassen.

Das Programm im Hintergrund meines Lebens war lange das Gegenteil-Programm. Ich komme aus einer sehr verwickelten und unruhigen Familie. Mein Vater war 27 Jahre älter als meine Mutter, und diese hatte ihr Coming-out als ich sechs war, danach eine eifersüchtige Partnerin aus Brasilien, ein Alkoholproblem und war in der Lesben-Szene Berlins der 80er-Jahre unterwegs inklusive Prügeleien auf Bürgersteigen. Deswegen wollte ich eine Happy Family, koste es, was es wolle! Traditionen, Obstteller, Plätzchenbacken in der Vorweihnachtszeit, Eiersuchen im Garten, Vater, Mutter und zwei Kinder, Friede, Freude, Eierkuchen. Weswegen ich mehr mit Bettenbeziehen beschäftigt war als damit, mich zu fragen, wie ich eigentlich wirklich leben will, was mir wichtig ist, welches meine Werte sind und wer ich bin. Abgesehen von »anders als meine Eltern sein«.

Ich habe ferner nie gefragt, wie mein Freund leben will, wer er ist und was ihn eigentlich glücklich macht. Ich habe ihn als Platzhalter für mein Programm missbraucht. Wer »Vater – Mutter – Kind« spielen will, braucht eben auch einen Vater. Wie diese Geschichte ausgegangen ist, wisst ihr ja. Vielleicht hat Jens aus dem Beispiel oben in seiner Kindheit gelernt, dass Partnerschaften nichts für ihn sind, weil seine Mutter alleinerziehend war und immer gesagt hat: »Ohne Mann geht's mir besser!« Dieser eine Gedanke (»Es gibt keine passende Frau für mich!«), den Jens da hat, zieht weitere ähnliche Gedanken nach sich. Ihr wisst schon, »Kunden, die dies gekauft haben, haben sich auch für jene Produkte entschieden.« Jens steht also morgens auf mit der Überzeugung, dass es keine passende Frau für ihn gibt. Er hat schlechte Laune und schleppt sich energielos ins Büro. Dort erzählt ihm ein Kollege, dass er gerade mit seiner Liebsten in der Provence war. »Rotwein, Lavendelfelder, Baguette, Käse und Architektur, Liebe und Cafés. Es war herrlich!«

»So etwas werde ich nie erleben, ich find ja keine Frau«, denkt Jens. Und: »Alleine verreisen macht keinen Spaß.« Er lässt die Schultern hängen, man sieht ihm seine Gedanken an, sie verdunkeln seinen Himmel. Durch die hängenden Schultern wird Jens auch nicht gerade attraktiver, und Britta aus der Personalabteilung ignoriert den schlecht gelaunten Jens, obwohl beide gerne Minigolf spielen und Risotto lieben. Aber Jens war ja so sehr damit beschäftigt, sich schlecht zu fühlen, dass er nie mit Britta über Risotto sprechen wird. Schade.

Dazu kommt, dass sich Jens selbst krank denkt. Mittlerweile haben wir alle schon mal davon gehört, dass Unglück krank macht, aber wir haben unsere 60 000 Gedanken pro

Tag trotzdem nicht unter Kontrolle. Oder wir sind uns nicht mal dessen bewusst, was wir da so denken. Deswegen will ich es an dieser Stelle noch mal ausdrücklich erwähnen: Giftige Gedanken sind genauso gefährlich für unseren Körper wie giftiges Essen oder Drogen!

Der Facharzt für Innere Medizin und Naturheilkunde Professor Dr. Andreas Michalsen schreibt in seinem Buch *Heilen mit der Kraft der Natur*: »In den achtziger Jahren war das Weltbild der Wissenschaftler noch mechanistisch. [...] Ich erinnere mich beispielsweise, wie ich in der wöchentlichen Fortbildungsrunde während meiner Ausbildung zum Internisten eine Studie vorstellte, wonach psychischer Stress einen Herzinfarkt auslösen kann. Als Ergebnis wurde ich ausgelacht. ›Wie stellen Sie sich das denn vor, Michalsen?‹, wurde ich demonstrativ spöttisch gefragt. ›Der Ärger macht dann ein Blutgerinnsel, oder wie soll das gehen?‹ Seitdem ist durch unzählige Studien belegt, dass Ärger und Angst tatsächlich die Arterien eng machen, die Blutgerinnung und damit die gefährlichen Gerinnsel, die einem Herzinfarkt zugrunde liegen, mit auslösen können.«

Na super, da ist Jens also nicht nur unglücklich Single und fährt nicht in die Provence, sondern bekommt auch noch einen Herzinfarkt. Und alles nur, weil er der Meinung ist, seine Gedanken wären die Wahrheit oder die Realität. Oder weil er unbewusst den Mustern seiner Mutter folgt. »Für sie gab's keinen, für mich gibt's keine – so ist das nun mal.«

Es gibt keine Steintafel, auf der steht: »Jens wird nie eine passende Frau finden.« Jens hat sich das ausgedacht! Seine Mutter vor ihm auch schon, aus der Reihe »Das haben wir schon immer so gemacht«. Und genau das tun wir alle auch jeden Tag, es ist absurd. Wir leben die Leben unserer Vorfahren oder basteln uns aus den Informationen, die wir als

Kind gesammelt haben, ein neues, nicht weniger abstruses Konzept von Leben.

Ich war immer der Überzeugung, dass ich melancholische, stille, exzentrische Männer anziehe. Meine Ex-Freunde waren alle melancholisch, still, exzentrisch und introvertiert, also hat mein Gehirn gesagt: »Das muss so sein, es geht nicht anders.« Außerdem war mein Vater auch so, na klar. Mein Gehirn hat sogar noch einen weiteren bizarren Twist hinzugefügt, damit mein Weltbild stimmt. Wir erinnern uns an die logische linke Gehirnhälfte, die diesen Job macht: »Diane, du bist extrovertiert, laut und gesellig. Du bist dafür da, dass die am Leben zweifelnden Männer ein bisschen Spaß haben. Du sollst Leichtigkeit in ihr Leben bringen.«

Diesen Gedanken habe ich dann als Wahrheit angenommen, 37 Jahre lang. In der Psychologie nennt man das »Rationalisierung«. Unser Gehirn findet logische Erklärungen für irrationales Verhalten, wir rationalisieren uns alle durchs Leben. Als der erste Mann, den ich nach meiner Trennung kennengelernt habe, ebenfalls – ihr ahnt es schon – introvertiert und melancholisch war, habe ich mir gesagt: »Jetzt ist Schluss damit! Ich habe genug davon. Ich höre jetzt sofort auf, das zu denken. Ich will jetzt einen lauten und lustigen Mann, der dem Leben positiv und mutig entgegentritt.« Japp, hat geklappt. Ein paar Monate später saß dieser Mann mit Bier und Pizza auf meinem Balkon im dritten Stock. Wir haben so laut gelacht, dass eine Freundin, die auf der Wiese vor meinem Haus saß, mir eine WhatsApp schrieb, was denn da oben bei mir so lustig sei. Alles, was ich getan habe, war, aufzuhören, etwas zu denken, das von vornherein nicht wahr war. Wenn ich mir etwas einrede, das nicht wahr ist, ist das Selbstbetrug. Aber das gilt eben für jeden Gedanken. Nur halten wir die schlechten eher für wahr als die guten. Wir glauben, nicht gut genug zu sein. Wir denken, Glück nicht zu verdienen. Wir denken, wir können Dinge nicht, und basteln uns eine Realität basierend auf unseren Ängsten und Befürchtungen, weil unser Neocortex es uns erlaubt. Und dann leben wir danach.

Wenn wir einen Film sehen oder eine Serie, wissen wir, dass sich den Plot jemand anderes ausgedacht hat, trotzdem weinen wir manchmal auch, wenn es der Hauptfigur schlecht geht. Wir haben Angst, Herzrasen oder sind mit den Protagonistinnen wütend. Was auf dem Bildschirm passiert, lässt uns nicht kalt, wir leben mit. Aber wenn wir den Bildschirm ausmachen, wissen wir, dass all das im Grunde nichts mit uns zu tun hat. Ganz anders verhalten wir uns aber in unserem eigenen Leben. Wir denken, dass unser Leben in einer festgeschriebenen Realität stattfindet, an der wir nichts ändern können. Wir machen uns zu Statisten in unserem eigenen Film, anstatt Regie zu führen, weil wir so damit beschäftigt sind, unseren eigenen Interpretationen zu glauben.

Die Transformationswissenschaftlerin und Bestsellerautorin Petra Bock beschäftigt sich seit Jahren mit diesem Phänomen und hat ihm den Namen »MINDFUCK« gegeben. Wir stehen uns mit unserem Denken selbst im Weg und sabotieren uns. Sie ist auch Coach und schreibt in ihrem Buch MINDFUCK: »Mentale Selbstsabotage ist deshalb so hartnäckig, weil ihre Wurzeln sehr alt sind. Auf doppelte Weise alt. MINDFUCK ist einerseits ein Überbleibsel aus früheren Entwicklungsjahren unseres Lebens und andererseits geprägt von den Denkweisen und Überzeugungen früherer Generationen. Alles, was wir heute denken, auch der Müll, den wir eigentlich loswerden möchten, hat einmal einen Sinn gehabt. Entweder für uns persönlich, als wir noch sehr jung waren, oder für Menschen, die vor uns gelebt und ihre Denkweisen an die nächste Generation bis hin zu uns weitergegeben haben. Die kleine fiese Stimme hat es also einmal gut gemeint. Nur hat sie heute ihren Sinn verloren und ist für uns nur noch störender Ballast.«

Petra Bock hat folgende MINDFUCKS ausgemacht, die uns im Wege stehen: Sich selbst Angst machen, die Lebensinteressen anderer über die eigenen stellen, sich und andere unter Druck setzen, sich und andere bewerten, sich an rigide willkürliche und überholte Regeln halten, sich selbst und anderen chronisch misstrauen und die eigenen Bedürfnisse verdrängen.

All das, was sie da aufzählt, machen wir mit unserem Gehirn. Wir malen uns endlose Horrorszenarien aus und benutzen unsere Kreativität, um uns etwas auszumalen, das wir NICHT wollen. Oder wir verbieten uns zu träumen, Wünsche zu äußern oder glücklich zu sein, aus verschiedenen Gründen.

»Das macht man nicht.«

»Das darf man nicht«

»Das kann ich nicht.«

»Das werde ich nie haben.«

»Das habe ich nicht verdient.«

»Wir sind hier nicht bei ›Wünsch dir was‹.«

»So ist das eben.«

»Das wäre ja zu einfach.«

»Was glaubst du eigentlich, wer du bist?!«

Solche Dinge haben wir sicher alle mal gehört, von unseren Eltern, Bekannten, Freunden, Verwandten. Und diese Gedanken vergiften jetzt unser Leben, weil wir sie für die Wahrheit halten. Dass unsere Gedanken unsere Gefühle beeinflussen, wissen wir alle, auch ohne Jens dabei zusehen zu müssen, wie er Britta mit seinen eingefallenen Schultern abschreckt. Jeder Gedanke, den wir haben, löst eine körperliche Reaktion in uns aus. Schmetterlinge im Bauch, Magenschmerzen, Kribbeln in den Genitalien, Druck auf der Brust, hängende Schultern, ein Strahlen im Gesicht, Müdigkeit oder Entspannung. Entsprechend unseren Gedanken ist auch unser Körpergefühl. Jetzt sollte man ja meinen, dass wir mit diesem Wissen stets bestrebt sind, uns gute Gedanken zu machen, damit es uns auch körperlich gut geht. Wenn es uns körperlich gut geht, können wir mehr von den Dingen tun, die wir lieben, sind fitter und fröhlicher. Davon haben unsere Mitmenschen auch was, und denen geht's dann auch gleich viel besser. Schließlich ist unsere Zeit hier auf diesem Planeten begrenzt, und man will ja Spaß haben. Aber nein.

Wir stehen morgens auf und checken Instagram, da sehen wir dann entweder – je nachdem, was uns so beschäftigt und wem wir folgen –, dass die Freundin schon wieder einen teuren Urlaub macht, den wir uns nicht leisten können. Schlechte Laune und miese Gedanken folgen.

Oder Jens sieht die Fotos vom Kollegen in der Provence mit dieser schönen Frau im Arm. Vielleicht sehen wir auch Bilder vom Nahostkonflikt, einen kranken Hund, einen brennenden Wald oder dass wieder eine Walart ausgestorben ist. Obwohl wir bis vor wenigen Sekunden noch nie von dieser Walart gehört haben, sind wir jetzt natürlich traurig, weil der Mensch es schafft, wirklich alle anderen Lebensarten auszurotten. Ja, das macht traurig. Im Bett, mit dem Telefon in der Hand, haben wir also schon den Tag besiegelt. Die Welt ist schlecht. Wir tun alles genau so, wie wir es gestern getan haben und den Tag davor: Kaffee, Auto, Büro, Computer, Kantine, Feierabend, Heimweg, Einkaufen, Netflix.

Wir denken: »Das wird immer so bleiben!«, »War's das jetzt?«, »Muss ja«. Und die ganz Radikalen denken: »Ich hasse mein Leben!«

Irgendwie haben wir uns da reinmanövriert und sind jetzt

der Meinung, da nie wieder rauszukommen. Wenn die Leute sagen: »Ändere dein Leben!«, lachen wir nur zynisch und machen weiter wie bisher. Weil unser Gehirn uns mit unseren eigenen Gedanken boykottiert. Aber Gott sei Dank gibt es ja die bereits erwähnte Metakognition: Wir können, während wir denken, darüber nachdenken, dass wir denken. Das ist doch abgefahren! Wir müssen ja gar nicht denken, was wir denken, wir können ja einfach anders über unser Denken denken! Und damit dann unsere rechte Amygdala schrumpfen lassen, also das Angstzentrum. Wenn wir aufhören, uns einzureden, dass alle gegen uns sind, wir nie eine Partnerin finden werden, wir uns immer in die Falschen verlieben etc. pp., dann denkt diese Gedanken niemand mehr, und es gibt sie nicht mehr.

Der Angsttherapeut und Bestsellerautor Klaus Bernhardt, die Psychologin und Verhaltenstherapeutin Main Huong Nguyen und der Facharzt für Psychiatrie und Psychotherapie Bodo Unkelbach, alle, mit denen ich darüber spreche, haben mir erzählt, dass ihre Patientinnen und Patienten die eigenen Gedanken dafür nutzen, sich selbst unglücklich zu machen, sich Angst einzujagen, sich abzulehnen, zu verurteilen und sich selbst immer wieder zu sagen, was alles nicht geht.

Eine Frage, die in Therapien oft gestellt wird, ist: »Wie stellen Sie sich Ihr Leben vor, wie wollen Sie leben?« Und die meisten haben darauf keine Antwort.

Über all die Dinge, die sie nicht wollen, können sie aber einen Impulsvortrag halten. Ich habe vor vielen Jahren eine Dating-Show im Radio moderiert und eine Frau gefragt, wie sie sich denn ihren Partner vorstellt. Sie sagte, er solle bitte nicht Alkoholiker sein. Natürlich kann ich mir in etwa vorstellen, was in ihrem Leben passiert ist, dass sie so etwas sagt, aber ich konnte im Gespräch nichts anderes aus ihr herauskriegen. Sie hatte absolut keine Ideen, wie der Mann oder ihre gemeinsame Beziehung sein sollte. Und da sind wir wieder bei den amerikanischen Ureinwohnern, die das Schiff von Kolumbus nicht sehen, weil sie nicht wissen, was ein Schiff ist. Wenn wir nicht wissen, was wir wollen, können wir es auch nicht wahrnehmen. Unsere Gedanken formen aber nicht nur unseren Alltag, also das, was wir jeden Tag erleben, sondern auch unsere Identität. Wir glauben dann, exakt das zu SEIN, was wir denken.

»Ich bin halt so.« Wenn wir nämlich viele Jahre lang immer wieder das Gleiche denken, dann wird es zu dem, was wir sind. Das heißt, unsere Gedanken können nicht nur einen Augenblick vergiften, sondern unser komplettes Sein.

Dr. Almut Kristine von Wedelstaedt ist Philosophin an der Universität Bielefeld. Mit ihr habe ich über Identität gesprochen, und sie sagt: »Die Alltagsidentität ist, wenn wir fragen: Was macht jemanden als diesen ganz bestimmten Menschen aus? Welche Eigenschaften zeichnen jemanden so aus, dass er genau diese Person ist und nicht eine andere?«

Was das genau für jede*n Einzelne*n ist, was wir als identitätsstiftend für uns ansehen, entscheiden: wir!

Wir identifizieren uns oft mit unseren Gemeinschaften, also unserer Familie, vielleicht mit unserer Nationalität, mit unserem Fußballverein oder der Insel, auf der wir leben. Wir identifizieren uns mit unserer Herkunft, unserer Sprache, unserem Stadtbezirk, unserer Arbeit, als Mutter, Sohn, als pleite, kompliziert oder einsam. Wenn wir öfter eine Erfahrung machen, das haben wir ja schon im ersten Kapitel gesehen, dann fangen wir irgendwann an, die Interpretation dessen in unsere Identität aufzunehmen und die Person zu sein, »die eben unglücklich Single ist«. Oder was auch immer unser Ding ist. Das heißt aber im Umkehrschluss, wir haben durchaus die Möglichkeit zu wählen, wer wir sein wollen.

Bin ich vor allem Mutter oder Nudelliebhaberin? Sehe ich mich als den Menschen mit dem Übergewicht oder als die erfolgreiche Unternehmerin? Was macht mich aus? Möchte ich die »komplizierte Frau mit den vielen Gefühlen« sein oder der »grummelige Mann«? Oder bin ich einfach manchmal emotional oder grummelig?

Ich kann mir selbst überlegen, ob meine Identität ist, dass ich aus einem armen Elternhaus komme, oder ob das nur einfach etwas ist, das mir passiert ist. Wir geben den Ereignissen in unserem Leben eine Bedeutung, wir deuten die Ereignisse und übernehmen sie dann als Identität oder eben nicht. Ich hätte mich damals als die Frau sehen können, die schrecklich von ihrem Mann verletzt wurde. Das wäre dann zu meiner Identität geworden: »Hallo, ich bin Diane, die Verlassene.« Darauf hatte ich aber keinen Bock. Ich weiß noch genau, dass natürlich Freundinnen von mir – unbewusst – dieses Narrativ bedient haben: Er ist böse, und du bist das arme Opfer. Aber irgendwie hatte ich instinktiv den Drang, dieses Storytelling jedes Mal zu entkräften. Sie haben das natürlich aus Liebe zu mir gemacht, mich getröstet und mir Essen dabei gekocht. Ich habe mich aber aktiv dazu entschlossen, diese Ereignisse nicht zu meiner Identität werden zu lassen.

»Sich selbst verstehen hat mit ganz praktischen Dingen zu tun«, sagt Dr. Almut Kristine von Wedelstaedt. Sich kennenlernen ist nichts, was man in einem Ashram machen muss, es kostet kein Geld und ist auch nicht besonders aufwendig. Wenn wir uns achtsam wahrnehmen, beobachten und immer wieder hinterfragen, sind wir schon mal weiter.

Stimmt das eigentlich, was ich mir da über mich erzähle? Und ist meine Identität, vor allem Deutscher zu sein? Habe ich sonst nichts, was mich ausmacht? Bin ich der, der immer …? Und die, die gerne …?

Identität ist auch im Fluss. Vielleicht gehört es jahrelang zu einer vordergründigen Identität, Vater zu sein. Wenn die Kinder dann aber aus dem Haus sind, übernimmt womöglich eine andere Identität die Hauptrolle. Vielleicht bin ich dann zuallererst mal Hausbesitzer oder Hundezüchter, je nach Interesse. Unsere Identitätsbildung ist nie abgeschlossen, unsere Identität ist kein Naturgesetz, sie ist wandelbar, formbar, veränderbar. Und zwar von uns. Damit will ich jetzt nicht sagen, dass ich einfach beschließen kann, »Raketeningenieurin« oder »Napoleon« zu meiner Identität zu machen. Ich habe noch nie eine Rakete aus der Nähe gesehen und bin de facto kein französischer General. Aber innerhalb meiner Lebenswelt kann ich selbst bestimmen, wer ich sein will. Ich kann Dinge in meine Identität integrieren. Andere Dinge kann ich aktiv nicht zu meiner Identität werden lassen, sondern sie als Ereignisse sehen, die auf meiner Lebensreise passiert sind.

Oder ich sehe mich und mein Dasein einfach ganz anders. Im Buddhismus gibt es zum Beispiel die Idee von einer solchen Identität gar nicht. Da ist unsere Identität eigentlich nur ein mentales Konstrukt, also etwas, das wir uns komplett ausgedacht haben. In der buddhistischen Philosophie sind wir eher eine Art Erfahrungsstrom, der dahinfließt. Jeder Mensch macht andere Erfahrungen und ist deswegen ein anderer Erfahrungsstrom, aber kein beständiges Selbst. Das ist die Lehre von Anatta, sie besagt, dass wir nicht an Eigenschaften festhalten sollen. Im Buddhismus wird der Glaube, dass wir ein unveränderliches Selbst haben, als die Hauptursache für menschliches Leid gesehen.

Wenn wir uns als Tennisspieler sehen und das zu einem unserer Hauptidentitätsmerkmalen deklariert haben, können wir nicht plötzlich Cricket spielen, weil wir dann unsere

Identität als Tennisspieler gefährden würden. »Was denn jetzt, bin ich Cricket- oder Tennisspieler? Das geht doch so nicht!« Bumms, sind wir unglücklich und verwirrt. Ihr wisst, dass das jetzt nur ein Beispiel von vielen ist. Und im realen Leben auch für Fragen gilt wie, bin ich schwul oder hetero? Bin ich glückliche Mutter oder feiere gerne? Mag ich zärtlichen innigen Sex oder mag ich's lieber laut und dreckig? Wenn wir glauben, eine bestimmte Identität zu haben, kann alles, was diese infrage stellt, identitätsgefährdend werden und alles auf den Kopf stellen, was wir bis jetzt von uns geglaubt haben. Und das kann uns den Boden unter den Füßen wegziehen. Wenn ich mich als jemanden sehe, der unglücklich Single ist, dann wäre es identitätsgefährdend, wenn ich mich verliebe und plötzlich in einer glücklichen Beziehung bin. »Wer bin ich dann noch? Also unglücklicher Single ja nicht mehr …«

Und genau auf diese Weise haben viele Menschen zum Beispiel »Unglücklichsein« in ihre Identität aufgenommen, weil sie zu einer bestimmten Zeit in ihrem Leben oft unglücklich waren. »Hi, ich bin Jens, ich bin ein unglücklicher Mensch! Is halt so!« Wäre Jens ein Buddhist, würde er sagen: »Ich war früher oft unglücklich, aber ich hafte dem nicht an und identifiziere mich nicht damit.« Na ja, oder so ähnlich.

Er könnte auch sagen: »Ich spiele gerne Tennis und Cricket, probiere gerne immer mal eine neue Sportart aus, wenn es sich anbietet.«

Wenn wir uns nicht zu einer bestimmten Person machen, werden wir diese Person auch nicht sein. Und wenn wir uns als Bewusstseinsstrom oder einfach als Mensch sehen, dessen Lebenswelt und damit Identität wandelbar ist, steht uns nicht mehr so viel im Wege. Wir selbst können uns mit diesen Gedanken aus dem Weg gehen und freier denken und damit freier leben. »Ich bin die, die heute traurig ist und morgen fröhlich. Manchmal habe ich Probleme damit, mich zu binden, manchmal nicht. Ich bin oft schüchtern, aber das allein macht mich nicht aus.« Wir müssen aus der Enge des Denkens heraustreten und das »Ich bin halt so« hinter uns lassen, wenn wir frei und glücklich sein wollen. Wir müssen aufhören, uns als Fleischesserin, Kohlekraftwerkbefürworter oder unterdrückte Hausfrau zu sehen. Ja, wir essen vielleicht gerne Fleisch, arbeiten in einem Kohlekraftwerk und leben mit einem Ehemann, der viele Entscheidungen allein trifft. Aber all das ist nicht unsere Identität. Das sind Facetten, Vorlieben oder Umstände. Sobald wir alles um uns herum zu unserer festen Identität machen, wird es zu einem unüberwindbaren, nicht zu ändernden Zustand. Wir verkörpern es dann und sind nicht in der Lage, neu zu denken, Handlungsoptionen und Lösungen zu finden. Denn würden wir es ändern, verlören wir unsere Identität und wären nackt, hilflos und ein Nichts. Feste Annahmen über uns selbst, die meistens auch noch durch falsche Interpretationen getätigt wurden, weil wir die Welt durch einen Filter wahrgenommen haben, machen uns unglücklich. Es sei denn, wir haben uns bewusst für diese Identität entschieden, allerdings würde sie uns dann auch unglücklich machen. Aber dafür, dass wir uns vielleicht in der Vergangenheit das Leben schwer gemacht haben, müssen wir uns jetzt nicht geißeln oder verurteilen oder schämen. Wir können es einfach mal wahrnehmen und beobachten. Die Psychologie nennt die fiese kleine Stimme, die uns das Leben oft schwer macht, »innerer Kritiker«. Den können wir jetzt mal einfach mal wahrnehmen. Wir können uns in die bereits erwähnte Metakognition begeben und uns bewusst beim Denken zuhören. Um das besser zu trainieren, wirkt Meditation Wunder, aber dazu kommen wir später noch ausführlicher. Lasst euch nicht von euren unbewussten Gedanken diktieren, wer ihr seid, was ihr denkt und wie ihr leben sollt. Ein Gedanke ist im Grunde ja erst mal nur ein elektrischer Impuls in eurem Gehirn. In welche Richtung sich das Ganze entwickelt, bestimmt immer noch ihr.

Petra Bock spricht in ihren Büchern auch über unser »Bewertungsdenken«, das uns im Weg steht. Wir bewerten natürlich die Dinge um uns herum, um zu überleben, darüber haben wir in den ersten Kapiteln schon gesprochen. Unser Gehirn muss eine Situation bewerten: Giftschlange oder Vogel? Freund oder Feind? Sturm oder Sonnenschein?

Das Problem ist nur, dass wir uns in Zeiten von Wetter-Apps eher unglücklich bewerten, als dass wir einen Vorteil davon hätten. Das geht übrigens auch mit der festen Identität einher, um die es hier eben ging. Denn wenn ich BVB-Fan bin, finde ich sehr wahrscheinlich Bayern München doof, wenn ich mich als Macho sehe, muss ich Feministinnen nervig finden, es gehört einfach zum Game dazu, Dinge auf eine bestimmte Art zu bewerten. Eine feste Identität sorgt für feste Bewertungsmuster und sperrt uns in Käfigen ein, selbst wenn wir uns bewusst dafür entschieden haben. Wir denken immer, wir wären so wahnsinnig frei, tatsächlich legen wir uns jeden Tag Ketten an den Fuß: »Bio-Essen ist Dreck!« ist genauso ein Käfig wie »Ich esse nur bio.«

Aber selbst wenn die Bewertung nicht an eine Identität geknüpft ist, bewertet unser Neocortex den ganzen Tag. Achtet mal drauf: Cooles Outfit, bescheuerte Frisur, die Pizza sieht lecker aus, diese Schuhe würde ich nie tragen, die Brille sieht teuer aus, igitt, was ist das denn, das Kleid ist zu bunt, ist das gefährlich, der Mann ist zu dick, das ist doch ungesund. Wenn wir nicht aufpassen, geht das den ganzen Tag so, und wir hatten dabei kaum einen wirklich hilfreichen, kreativen oder konstruktiven Gedanken, weil wir so im unbewussten Bewertungswahn stecken. Im Buddhismus nennt man dieses

Phänomen »Monkey Mind«, Affen-Geist, weil unser Geist wie ein Affe unruhig von Gedanke zu Gedanke springt. Ein Instrument von vielen, um sich nicht krank zu denken oder zu bewerten, Stress zu reduzieren und wieder mehr zu sich selbst zu finden, ist MBSR, Achtsamkeitsbasierte Stressreduktion nach Jon Kabat-Zinn. Der Molekularbiologe hat in den 70er-Jahren nach einem Weg gesucht, wie die Meditation aus der religiösen und spirituellen Ecke rauskommen kann, damit möglichst viele Menschen erkennen, dass Meditation gut für die Gesundheit ist. MBSR ist also ein säkulares Programm. Da lernt man dann unter anderem, möglichst langsam eine Rosine zu essen. Aber eigentlich wollte ich in diesem Zusammenhang über unser Bewertungsdenken sprechen. Es geht nämlich auch ohne. In dem Buch *MBSR – Die Kunst, das ganze Leben zu umarmen* von Cornelia Löhmer und Rüdiger Standhardt habe ich folgende Geschichte gefunden, die zeigen soll, was ich eigentlich meine:

Ein Farmer hatte ein schönes Pferd. Die Menschen in seinem Dorf beneideten ihn darum, sie sagten: »Ein solch schönes Pferd müsste man haben!«

Der Farmer antwortete nur: »Wer weiß.«

Eines Tages lief das Pferd weg, und die Menschen im Dorf sagten: »So ein Pech!«

Der Farmer erwiderte aber nur: »Wer weiß.«

Nach drei Wochen kam das Pferd mit drei weiteren wilden Pferden, die ihm gefolgt waren, zurück. Die Menschen im Dorf konnten es kaum fassen.

»Hat der Farmer ein Glück!«, riefen sie.

Der Farmer meinte nur: »Wer weiß.«

Als der Sohn des Farmers eines der Pferde zureiten wollte, stürzte er und brach sich ein Bein. Die Dorfbewohner waren entsetzt: »Sein Vermögen hat ihm kein Glück gebracht! Ohne seine Pferde wäre der Sohn des Farmers noch gesund!«

Der Farmer meinte nur: »Wer weiß.«

Wenig später brach ein Krieg aus, und alle gesunden jungen Männer wurden zum Militärdienst eingezogen. Der Sohn des Farmers musste zu Hause bleiben, worüber er sehr zornig war. Der Farmer besänftigte ihn: »Wer weiß.« Von den jungen Männern kam nach Ende des Krieges nicht einer zurück. Die Dorfbewohner tuschelten: »Der Farmer hat ein unglaubliches Glück.«

Das ewige Bewerten macht uns oft nur unglücklich oder reißt uns in einen Strudel von Gefühlen, obwohl das schlichtweg nicht nötig ist. Ich sage nicht, dass wir das immer zu 100 Prozent kontrollieren können oder sollen. Aber wir können uns aus der selbst erdachten Unmündigkeit herausbewegen und bewusst mit unserem Bewertungsdenken umgehen. Vielleicht sind meine Gedanken nicht so, wie ich denke? Vielleicht ist meine Bewertung falsch oder könnte genauso gut anders sein? »Wer weiß.«

Wir denken also ganz viel Schrott und glauben uns das alles auch noch ungefiltert. Wir wälzen ganz viele von diesen Gedanken fruchtlos hin und her und machen uns damit krank und unglücklich. Wir sperren uns mit unseren Gedanken ein, fesseln uns, legen uns fest und zementieren damit unsere Zukunft. Wir bewerten ständig das Verhalten und das Leben anderer in Abgrenzung zu unserem und finden all das völlig normal. Aber wir können das ändern.

Teil 2

WIR KÖNNEN ÄNDERN, WAS WIR DENKEN

Kapitel 6

DENKT JETZT AN EINEN ROSA HASEN!

Wir können denken, was wir wollen, wir können unsere Gefühle bis zu einem gewissen Grad mitbestimmen anhand unserer Gedanken, und – Trommelwirbel – wir können auch glauben, was wir wollen!

Das Thema hatten wir ja auch schon besprochen: Wenn ich glaube, da draußen gibt es keine passende Partnerin, so wird es mir geschehen. Aber was ist denn, wenn ich etwas anderes glaube? Keine Angst vor dem Wort »Glaube« bitte, ich sage natürlich niemandem, was er glauben soll. Ich finde es nur interessant, dass viele hier in Deutschland glauben, es wäre ihre autarke Entscheidung, vor dem Kinofilm ein Eis zu kaufen. Überraschung: Das ist Psychologie, und die Werbewirtschaft will, dass wir ein Eis kaufen. Das ist auch völlig okay, ich mag Eis, aber ich brauche mir einfach nicht einzubilden, ich hätte das völlig frei entschieden, ohne dass es einen Zusammenhang zwischen den Werbespots, den Plakaten und meinem Handeln gäbe.

Die Bilder *primen* unser Handeln, beeinflussen uns also, selbst wenn wir es gar nicht bewusst wahrnehmen. Vor allem, wenn wir es nicht bewusst wahrnehmen! Der Begriff *Priming* bedeutet in der Psychologie die Beeinflussung der Verarbeitung eines Reizes. Also wenn wir unbewusst Bilder von Eis und Süßigkeiten wahrnehmen, ist der Reiz in unserem Kopf und bestimmt unser Handeln. Dazu kommt noch der Kontext, in dem ich mich befinde: In der Kirche und der Bibliothek ist man leise, in einem Klub laut, im Straßenverkehr beschimpfe ich die anderen Autofahrer, und im Kino kaufe ich mir ein Eis. Ich verhalte mich so, wie man das eben macht.

John Bargh, Professor für Psychologie, schreibt dazu in seinem Buch *Vor dem Denken – wie das Unbewusste uns steuert*: »Der situative soziale Kontext, in dem wir uns zu einem beliebigen Zeitpunkt befinden, signalisiert uns ebenfalls, wie wir uns verhalten sollen. Die für den jeweiligen Kontext geltenden Normen halten uns unbewusst dazu an, unser Verhalten zu kontrollieren und der Situation anzupassen (um nicht aufzufallen und nicht die Missbilligung der anderen auf uns zu ziehen), was uns meist mühelos gelingt.«

Wir glauben jeden Tag an alles Mögliche. Wir glauben daran, dass das mit den Antibiotika im Schweinefleisch schon nicht so schlimm sein wird. Wir glauben, dass wir allem hilflos ausgeliefert sind. Wir glauben, unser Partner würde uns nicht geben, was wir brauchen, und dass »es halt ist, wie es ist«. Der Glaube der Menschheit hat dafür gesorgt, dass überall auf der Welt Tempel, Kathedralen und Moscheen stehen, doch unser alltäglicher Glaube sorgt dafür, dass wir uns etwas nicht trauen, weil wir nicht daran glauben, es zu schaffen. Unser Glaube bringt uns voran, macht uns krank, steht uns im Weg oder sorgt im besten Falle dafür, dass wir eine glückliche Beziehung führen.

Ich bin unter anderem Sprecherin der Podcast-Reihe »Sekten und Kulte – im Namen des Bösen« für Spotify und lese ständig abstruse Texte vor, in denen geschildert wird, an was Menschen alles glauben. Sie lassen sich für ihren Glauben foltern, demütigen, erniedrigen, vergewaltigen und einsperren. Die Mitglieder der Sekte »Heaven's Gate« beispielsweise haben daran geglaubt, dass die Jungfrau Maria in einem Raumschiff von Außerirdischen geschwängert wurde. Aber wenn ich sage: »Glaubt doch mal an euch selbst und eine Beziehung, die euch glücklich macht!«, dann ist das unrealistisch?! Das wird gerne als »positives Denken« abgetan, als Eso-Kram und Chakra-Coaching. Im gleichen Atemzug glauben wir aber allen möglichen anderen Quatsch, der die ganze Zeit im Fernsehen läuft. Das ist der Negativity Bias, der uns wieder einflüstert: »Dass die Welt schlecht ist, DAS stimmt! Aber dass du glücklich lieben kannst, das ist absolut unrealistisch. Hör auf zu träumen und sei endlich wieder unglücklich!«

Dabei kann das, was wir glauben, auch über unser körperliches Wohlbefinden entscheiden. Ihr habt sicher schon vom Placeboeffekt gehört. Darüber habe ich mit Paul Enck gesprochen. Er ist Placebo-Experte und Professor für medizinische Psychologie am Universitätsklinikum Tübingen. Er hat gesagt: »Die Pille wirkt eben immer nur dann, wenn Sie daran glauben, dass sie funktioniert.«

Exakt. Eine Pille, die aus Zucker besteht, wirkt mitunter, wenn ich denke, sie würde mir helfen. Aber sie wirkt. Es geht mir besser. Jetzt kommen so Skeptiker um die Ecke, die sagen, das wäre ja »nur« der Placeboeffekt. Sag mal einem Kranken, der sich besser fühlt, das wäre »nur« der Placeboeffekt. Da sagt der Kranke wahrscheinlich: »Ist mir doch egal, ich fahre jetzt an den See!«

Ob etwas, das nicht nachweislich aus einem Pharmakonzern stammt, schlechter ist als etwas, das nur aus Zucker besteht, sollten bitte die Menschen mit den gelinderten Schmerzen entscheiden. Wir können uns sogar zu Schmerz und Hilflosigkeit trainieren oder trainieren lassen, sagt Paul Enck: »Wenn Sie einen Partner haben, der jedes Mal sagt: ›Setz dich mal hin, ich mach das jetzt für dich‹, dann ist das ein schmerzverstärkender Mechanismus.«

Das heißt, dass unser Verhalten direkten Einfluss auf unser Schmerzempfinden hat. Schmerz kann man sogar lernen, habe ich in diesem Gespräch erfahren. Wenn ein Kind sieht, dass die Bauchschmerzen der Mama immer dafür sorgen, dass die Mama sich schont und im Bett bleibt, lernt das Kind, dass Bauchschmerzen »schlimmer« sind als beispielsweise Kopfschmerzen. Es folgert: »Wenn ich Bauchschmerzen habe, kann ich mal zu Hause im Bett bleiben und muss nicht zur Schule gehen. Kopfschmerzen allerdings zählen nicht ganz so viel.« Dementsprechend wird das Kind öfter Bauchschmerzen als Kopfschmerzen haben.

Bei manchen Menschen wirkt der Placeboeffekt stärker als bei anderen. Bei manchen wirkt eine Tablette, und andere fühlen sich schon besser, wenn sie nur durch eine große Maschine geschickt werden, obwohl die gar nichts weiter gemacht hat. Hauptsache groß und viele Knöpfe. Manche Ergebnisse lassen sich nicht einwandfrei mit Studien beweisen, andere schon. Was, zum Beispiel, gut funktioniert, ist die Konditionierung.

Wir können uns selbst konditionieren. Im Magazin *Gehirn & Geist* vom Mai 2020 gab es einen Artikel über eine klassische Konditionierung. Demnach haben Forscher 2001 am Uniklinikum Essen ein besonderes Getränk entwickelt. Den Probanden wurde das Getränk – eine grüne, nach Lavendel schmeckende Erdbeermilch – zusammen mit einem Allergiemittel gegeben. Einige Zeit später haben sie dann nur noch die komische Erdbeermilch ohne das Allergiemittel bekommen. Ihr Körper hatte sich aber an die Wirkung des Allergiemittels in Zusammenhang mit dem Geschmack dieses speziellen Getränks gewöhnt, und plötzlich hat die Erdbeermilch allein geholfen – ohne das Medikament. Die Probanden haben also offenbar ihre Allergiesymptome verlernt. Irgendwann musste man wieder ein bisschen Wirkstoff hinzugeben – aber nur etwa zehn Prozent der Ursprungsdosis.

Eine andere Studie zum Thema Konditionierung und Glück kommt von der Universität Pennsylvania. Das Team hat 2005 eine Gruppe von Testpersonen unter anderem dazu aufgefordert, eine Woche lang aufzuschreiben, was an einem Tag gut gelaufen ist und was zu schönen Momenten geführt hat. Auch sechs Wochen nach der Übung war die Probanden-Gruppe noch glücklicher und hat sich weniger »depressiv« gefühlt als beispielsweise die Gruppe, die drei neutrale Ereignisse des Tages aufschreiben sollte.

Die Wissenschaftler und Wissenschaftlerinnen haben den Fokus der ersten Gruppe auf die positiven Dinge des Tages gelenkt und in Zusammenhang mit der Ursache gestellt: Was oder wer hat diesen schönen Moment ausgelöst? Damit wurde die Aufmerksamkeit auch darauf gelenkt, welchen Einfluss die Testpersonen selbst auf die guten Ereignisse des Tages haben. Das nennt man Selbstwirksamkeit, und die ist ganz entscheidend für unser (Liebes-)Glück. Die guten Dinge fallen also nicht vom Himmel, wir können und müssen lernen, sie wahrzunehmen und sie auch selbst zu erschaffen.

Ohne Selbstwirksamkeit habe ich das Gefühl, dem Leben hilflos ausgeliefert zu sein, anderen Menschen, meinem Stress, meinem Alltag und meiner Angst. Wenn ich denke, ich kann eh nichts ändern, gebe ich einer möglichen Depression immer mehr Raum und mache mich selbst krank.

Die Diplom-Psychologin und Bestsellerautorin Stefanie Stahl hat die Depression als eine Art »Totstellreflex« zum Selbstschutz bezeichnet. Das System macht dicht – nichts geht mehr. Man wird innerlich taub und liegt wie ein Käfer auf dem Rücken. Ich kann nicht mehr, ich mag nicht mehr – ich fühle nichts mehr. Wenn unsere Wahrnehmung ist, dass wir nichts an unserem Leben ändern können, dann ist das eben nur ein Glaube. Und kein Fakt.

Denn tatsächlich können wir (vor allem hier in Westeuropa) jederzeit etwas an unserem Leben ändern – niemand zwingt uns dazu, diesen Job zu machen, mit dieser Person in einer Beziehung zu sein oder sogar 24/7 auf unsere Kinder aufzupassen. Es gibt immer eine Lösung – wir sind immer in der Lage, etwas – irgendetwas – zu ändern. Wir können uns einen neuen Job suchen – und auch wenn es anstrengend und kräftezehrend ist, wir KÖNNEN! Wir können uns aus ungesunden Beziehungen lösen, und irgendwer wird die Kinder mal nehmen, Freunde, Bekannte oder andere Eltern. Ja, es ist anstrengend – ich will hier nicht so tun, als wäre das easy.

Und noch mal – weil mir das ganz wichtig ist! –, es geht nicht darum zu sagen, es ist unsere Schuld. Ich habe nicht gesagt, es wäre meine Schuld, dass mein Freund mich für eine andere verlassen hat. Ich habe nur die Verantwortung dafür übernommen und geguckt, was ich selbst jetzt daraus mache. Wenn ich mir die Schuld dafür gegeben hätte, würde ich jetzt immer noch, mich selbst geißelnd, in einer dunklen Ecke sitzen und jammern. Ich weiß, es gibt Umstände, Krankheiten, Politik, Gesellschaft, Umweltkatastrophen, Sexismus, Rassismus, Pandemien, arschige Ex-Frauen, Armut und das deutsche Schulsystem.

Die Frage trotz alledem ist: Wie geht's jetzt weiter?

Käfer auf Rücken oder Selbstwirksamkeit stärken?

Der Glaube an unsere Hilflosigkeit ist es, der uns krank macht, nicht die Umstände. Wenn wir nicht daran glauben, liebenswert zu sein, werden wir unsere Beziehungen boykottieren. Wenn wir nicht daran glauben, etwas zu können, werden wir scheitern, um recht zu behalten. Wenn wir nicht daran glauben, alles lernen zu können, werden wir nichts lernen. Wenn wir nicht glauben, etwas zu schaffen, werden wir uns nie anstrengen.

Die Psychologin Stefanie Stahl sagt – und ich liebe dieses Zitat: »Handeln ist das Gegenteil von Depression.«

Das heißt: Tut was! Das Gefühl der Wirksamkeit, das gegen die Hilflosigkeit und das Opferdenken hilft, muss nicht mal etwas mit anderen Menschen zu tun haben. Ich habe damals gehandelt, indem ich wieder angefangen habe zu malen, zunächst heimlich. Ich habe mich daran erinnert, wie aufregend ich es als Kind fand, ein weißes Blatt Papier, dick und duftend, vor mir zu haben. Neue Stifte, Wachsmaler, Wasserfarben oder weiche Bleistifte, die einen dunklen, sandigen Strich hinterlassen. Ich habe Acrylfarben auf einer Leinwand verteilt und Gesichter gemalt, immer wieder Gesichter von weinenden Frauen. *Love me two times baby/Love me twice today/One for tomorrow/One just for today.* Dieser Text aus einem Song von The Doors steht auf einem meiner Bilder von 2017.

Ich werde nie vergessen, wie ich eines Nachts bis drei Uhr gemalt habe. Am nächsten Morgen nach dem Aufstehen habe ich das Bild gesehen und gedacht: »Das habe ich gemacht?!«

Aus der verlassenen, traurigen, einsamen Frau mit sehr viel Zukunftsangst und zerfetztem Herzen wurde plötzlich eine selbstwirksame Person. »Ich habe das gemalt, ich allein!«

Der Gedanke hat mich den ganzen Tag begleitet, ich war stolz, voller Energie und mehr bei mir als noch vor Jahren. Die Umstände hatten sich nicht verändert, alles war genau wie am Tag zuvor, ich war lange belogen und betrogen worden, ich war Single und wusste nicht, wie es weitergehen würde. Aber in mir hatte sich alles verändert. Ich hatte meine Wirksamkeit auf einer Leinwand erschaffen. Später hat mir mein Nachbar eins meiner Bilder sogar abgekauft, als wir an der offenen Tür geplaudert haben. Der Verkauf war natürlich

Selbstwirksamkeit de luxe, aber eben nur die Kirsche auf der Sahne. Die Sahne hatte ich eines Nachts ganz allein gemacht, ohne dass es jemand gemerkt hat. Lasst euch nicht von eurem Gehirn erzählen, ihr könntet nichts machen. Das ist nur ein Glaube von vielen. Ihr könnt wählen, was ihr glaubt. Manchmal sind die Antworten einfach andere, als ihr vielleicht denkt.

Hilflosigkeit und Stress sind also oft erworben, Schmerzen sind es manchmal, und sogar unser Alterungsprozess – bis zu einem gewissen Maße.

In meinem Fitnessstudio treffe ich gelegentlich eine 81-jährige Frau in der Umkleidekabine, die jeden Tag – ja, jeden Tag! – eine Stunde schwimmen geht und danach einen oder sogar zwei Kurse besucht: Pilates, Yoga, Zumba, Rücken-Yoga, you name it. Dazu kommt, dass sie die etwa drei Kilometer zum Studio mit dem Fahrrad erledigt. Ja, sie ist stolz darauf, sie strahlt und erzählt es auch gerne jedem, weswegen ich all das auch schon mehrfach gehört habe, während ich meine Zeh-Zwischenräume abgetrocknet habe. Sie hat einfach beschlossen, fit zu sein und sich die Zeit dafür zu nehmen. Ihre Entscheidung ist Arbeit und kostet sie jeden Vormittag summa summarum etwa drei bis vier Stunden Zeit. Die Antwort auf ihre Schilderungen ist fast immer die gleiche, egal, wer ihr gerade zuhört: »Ha! Ich bin dreiundfünfzig und werde nie so fit sein wie du!« – »Witzig, ich bin erst achtunddreißig und fühle mich wie einundachtzig!« – »Toll! Das könnte ich ja nicht!«

Und da begegnen wir wieder dem allgegenwärtigen Glauben. All diese Antworten sind reiner Glaube. Sie sind dazu auch noch Lügen und ganz schön feige. Denn sie unterstellen der 81-Jährigen, dass sie all das irgendwie zufällig könnte und man selber dazu – völlig unverschuldet – nicht in der

Lage wäre. Es klingt erst mal wie ein Kompliment, tatsächlich zeigt es aber nur, dass diese Frauen nicht an sich selbst glauben, nicht die Verantwortung für sich übernehmen und nur höflich sein wollen. Eigentlich müssten sie sagen: »Darauf hab ich keinen Bock.« – »Dazu bin ich zu faul.« – »Das ist es mir nicht wert.« – »Ich glaube nicht, dass ich das schaffe, obwohl ich es irgendwie cool finde.« – »Ich habe keine Zeit dafür, will sie mir aber auch nicht nehmen.« Das wäre ehrlich und auch völlig okay, nicht jede*r muss so leben. Aber einen Glauben als Tatsache und als Kompliment zu verpacken ist Beschiss.

Dass Altern auch viel mit Einbildung zu tun hat, zeigt ein interessantes Experiment aus dem Jahr 1979, von dem ich im Buch *Die Quelle* der promovierten Neurologin und Ärztin Tara Swart gelesen habe. Eine Gruppe von 80-Jährigen wurde in ein Haus gesteckt, in dem die Zeit zurückgedreht wurde, also es gab Fernsehsendungen zu sehen, die zwanzig Jahre alt waren, zwanzig Jahre alte Möbel, Dekoration und Zeitungen aus einer Zeit, als die Bewohner noch sechzig und nicht achtzig Jahre alt waren. Nach einer Woche in der Zeitkapsel fühlten sich die Probanden körperlich fitter. Ihr Gedächtnis verbesserte sich, ihre Flexibilität und Geschicklichkeit nahmen zu.

Dieses Experiment könnt ihr auch im Buch *Counterclockwise* von Ellen J. Langer nachlesen. Es wurde auch noch mal in der BBC Serie *The Young Ones* wiederholt, und auch da gab es ähnlich gute Ergebnisse. Die Probanden haben sich also jünger »geglaubt«. Seit ich das gelesen habe, werde ich immer ganz unruhig, wenn eine 39-jährige Frau sagt: »Ich bin ja auch schon alt!« Oder ein 40-Jähriger: »Ich bin im Urlaub nicht surfen gegangen, das ist nichts mehr für mein Alter.«

Wenn wir lernen können zu verfallen, wenn andere uns

in unserem Verfall bestätigen, dann geht es auch umgekehrt – wir können uns jünger und besser fühlen, fitter und flexibler, als es unser Alter im Ausweis sagt – oder die Gesellschaft um uns herum. Und wieder geht's darum, was wir von uns denken und woran wir glauben. Klaus Bernhardt, der Angst-Therapeut und Bestsellerautor von *Panikattacken und andere Angststörungen loswerden* hat mir im Gespräch für den Podcast »Kopf über Herz« von einer Patientin erzählt, die sagte: »Mein Problem ist, dass ich ein Frühchen war.« Sie war zu diesem Zeitpunkt vierundsechzig Jahre alt und hatte sich mehrere Jahrzehnte mit diesem Fakt alles erklärt, was in ihrem Leben schiefgelaufen ist. Weil sie daran glauben wollte.

Kapitel 7

WORAN WOLLEN WIR GLAUBEN IM LEBEN?

Complaining about a problem
without proposing a solution is called whining –
Sich über ein Problem zu beschweren,
ohne eine Lösung vorzuschlagen, nennt man jammern.
– Theodore Roosevelt

Im ersten Teil haben wir festgestellt, dass wir an einen rosa Hasen denken, wenn uns jemand sagt, wir sollen auf keinen Fall an einen rosa Hasen denken. Unterdrückte Gedanken, Gefühle und Ansichten werden also nur noch größer. Hier geht's jetzt darum, sich zu überlegen, woran wir denn stattdessen denken und glauben wollen in unserem Leben. Ich kann mir selbst überlegen, ob ich an einen rosa Hasen, ein grünes Kamel oder Maria im UFO glauben möchte. Klingt banal, aber im Alltag entscheiden wir das eben genau nicht. Wir glauben, dass unser Leben eben einfach so ist, wie es ist. Wir glauben, dass wir mit Ende dreißig alt sind, dass es in Langzeitbeziehungen keinen guten Sex mehr geben kann und dass eine Beziehung eben harte Arbeit ist. Wir glauben an eine unveränderbare Realität.

Skye Neville glaubt das nicht. Das zehnjährige Mädchen aus Wales wollte 2021 einfach nicht mehr akzeptieren, dass immer so wahnsinnig viel Plastikmüll mit ihren Zeitschriften mitgeliefert wurde. Dieses ganze unsinnige Spielzeug, das sofort kaputtgeht, Krönchen, Pistolen, Gummihände, Mini-Schwerter. Skye wollte die Zeitschriften lesen und keinen neuen Müll haben. Sie schrieb einen Brief an den Verlag ihrer Zeitschrift. Der antwortete irgendwie ausweichend, wollte nichts ändern, mit freundlichen Grüßen, bleib uns treu. Daraufhin hat sie eine Online-Petition gestartet, hat Unterstützung aus dem Parlament bekommen und ist in Talkshows unterwegs. Eine Online-Befragung hat ergeben, dass 80 % der Kinder das Plastikspielzeug gar nicht haben wollen. Die Supermarktkette Waitrose verkauft die in Plastik eingeschweißten Magazine mittlerweile nicht mehr. Waitrose hat 340 Läden in Großbritannien und ist dort die viertgrößte Supermarktkette. Als ich diese Geschichte in der Zeitung gelesen habe, hatte ich Tränen in den Augen. Ja, Kinder können leichter die Realität ändern, in der sie leben, weil sie noch nicht so fest daran glauben. Im besten Fall haben sie einfach noch nicht so viele Jahre lang gehört: »Da kann man nichts machen.« Sie glauben noch nicht an den großen Gott der Hilflosigkeit, sie huldigen noch nicht so lange dem Propheten des kleinen Rädchens.

Die meisten Erwachsenen denken, sie könnten nicht mal den Umgangston in ihrer eigenen Familie ändern. Gebt zu, ihr habt auch eben gedacht: »Ja, so etwas passiert anderen … diese Geschichte hat nichts mit mir zu tun.« Wenn sich jeder Mensch eines Problems annehmen würde, hätten wir bald wesentlich weniger. Ich sage extra nicht, wir hätten keine Probleme mehr, weil man das ja auch nicht will, dann würden wir uns zu Tode langweilen und neue Probleme schaffen. Skye hat uns gezeigt, dass es keine feste Realität gibt. Es gibt nur das, woran wir glauben. Die Verleger glaubten, dass die Kinder Plastikspielzeug wollen und sie dann mehr von ihren Magazinen verkaufen, die Supermarktleiter haben diesen Umstand gar nicht wahrgenommen, weil er nicht in ihrem Fokus lag, und die Eltern dachten, daran könne man nichts ändern. Jede*r der Teilnehmer*innen hat in einer statischen, deterministischen Realität gelebt.

Seit ich meinen Glauben geändert habe, sind Sachen in meinem Leben passiert, von denen ich nie geglaubt habe (ja, ha ha!), dass sie möglich sind. Wie genau das vonstattengehen kann, dazu kommen wir in Teil 3 noch mal ausführlich. Der Glaube an eine statische Realität will uns übrigens, wie könnte es anders sein, schützen und effektiver machen. Unser Gehirn möchte Energie sparen und ist deswegen daran interessiert, Vorgänge zu automatisieren. Die meisten Dinge, die wir jeden Tag tun, sind automatisch: Zähne putzen, Kaffeemaschine befüllen, einschalten, Kaffee trinken, Auto- und Fahrradfahren, Software bedienen, unser Arbeitsweg, der Gang durch den Supermarkt. Wir denken über all das nicht nach und können darüber auch froh sein, weil wir sonst verrückt werden würden. Unser Gehirn braucht diese Routine, um Kapazitäten für besondere Vorkommnisse zu haben. Eine Straßensperrung, ein S-Bahn-Ausfall, ein gebrochener Arm oder eine Coronapandemie. »Irgendetwas ist jetzt anders, ich muss darüber nachdenken, wie ich das jetzt meistere!« Wir können unmöglich parallel noch übers Fahrradfahren nachgrübeln oder es jeden Tag neu lernen. Die Automatisierung ergibt also Sinn. So weit, so gut. Das Problem mit diesem sogenannten »Autopiloten« ist allerdings, dass er uns in der oben genannten Realität festhält. Das heißt, wenn wir nicht aufpassen, machen wir unser Leben lang alles genau wie immer, alles, wie wir es kennen, und alles, wie wir denken, dass es sein müsste. Wir gehen fest davon aus, dass unser Tag morgen genau so sein wird wie unser Tag gestern. Wir haben Angst davor, vor einer Gruppe zu sprechen, weil wir es in der sechsten Klasse einmal verkackt haben. Dann vermeiden wir den bereits erwähnten Schmerz und probieren es nie wieder. Wir gehen unseren Ängsten aus dem Weg, lassen sie gewinnen und wiederholen am Mittwoch den Dienstag. Wir erwarten den Streit mit der Partnerin, weil er gestern ja auch stattgefunden hat, wir hören Menschen nicht mehr zu, weil wir ja wissen, was sie sagen werden. Wir wissen, wie Flieder riecht, wir kennen unseren Arbeitsweg in- und auswendig und wundern uns, warum sich unser Leben so tot anfühlt. Wenn wir unserem Gehirn also erlauben, die ganze Zeit Energie zu sparen, sterben wir in unserem Alltag trotz Herzschlags. Das Energiesparen sichert das Überleben, aber zum Glücklichsein braucht unser Gehirn ein bisschen mehr als nur Routine.

Der Arzt, Gesundheitswissenschaftler und Bestsellerautor Tobias Esch schreibt dazu in seinem Buch *Die Neurobiologie des Glücks*: »Das menschliche Gehirn will entdecken, etwas schaffen und kreieren. […] Auch will es sich an- und einpassen, Herausforderungen bewältigen, ›wachsen‹ – im Prinzip zeitlebens. Gibt es jedoch nichts mehr zu entdecken, kein anregendes Umfeld mehr, keine Neugierde oder Fantasie, kein Grund zum Wachsen oder Verbindungenschaffen, keine Aufgaben, an denen man sich erfolgreich beweisen kann, dann kommt es zum beschleunigten Verlust an biologischen Möglichkeiten. Auch immer gleiche Aktivitäten und redundante Abläufe führen dazu, dass nicht benötigte Synapsen und Vernetzungen, letztlich Potenziale und Freiheitsgrade über die Zeit abgebaut werden.« Woran wir glauben, formt unsere Gedanken, unsere Gedanken formen unser Gehirn und bestimmen unser Handeln, und unser Handeln hat einen gewissen Output. Der wiederum bestimmt, wie unsere Realität ist, was wiederum unseren Glauben an etwas formt, und dann geht der Spaß von vorne los.

Der Angst-Therapeut Klaus Bernhardt hat mir im Interview für den Podcast »Kopf über Herz« bei Audible gesagt:

»Wir Menschen brauchen Ziele. Wenn wir keine Ziele haben, fangen wir an, Blödsinn zu machen in unserem Gehirn, weil unser Gehirn sich dann langweilt. Wenn wir aber etwas haben, worauf wir zulaufen, dann geht's uns gut. Ich habe ganz oft Leute in meiner Praxis, die sagen: ›Aber ich hab doch alles erreicht. Wir haben das Haus, wir haben die Kinder, alles ist gut. Wir haben Sicherheit, und ich weiß gar nicht, warum ich so unglücklich bin. Früher, als so viel Stress war, als wir mitten in der Bauphase waren, als die Kinder noch klein waren, da ging's mir so gut! Warum jetzt, wo ich mich entspannen könnte, nicht?‹ Ja, weil du keine Ziele mehr hast! Fang an, dir neue Ziele zu setzen, damit dein Gehirn wieder Spaß hat, auf etwas zuzuarbeiten. Wir brauchen Ziele, denn Leben ist Wachstum. Alles Lebendige in diesem Universum wächst. An dem Tag, an dem ein Baum nicht mehr wächst, ist er tot. Und wir Menschen sind genauso, und das psychische Wachstum gehört einfach mit dazu.«

Wenn unser Gehirn sich langweilt, fangen wir an, Probleme zu erschaffen, die vielleicht gar keine sind. Denn auch an Probleme kann man glauben, oder eben nicht.

Amelie beispielsweise hat einen Freund, Robert, der bereits aus der Beziehung vor ihr zwei Kinder hat. Amelie möchte mit Robert verreisen und denkt schon im Februar über den gemeinsamen Sommerurlaub nach. Robert muss sich allerdings mit seiner Ex-Freundin absprechen und den Großeltern, wer wann die Kinder nimmt. Robert ist sowieso nicht besonders entscheidungsfreudig und plant nicht gerne, er will sich damit gar nicht befassen. Er hat außerdem eine Festanstellung und nur begrenzt Urlaub. Das ist ihm alles zu kompliziert. Robert äußert sich also nicht, wenn Amelie über den Sommerurlaub sprechen will. Er geht dem aus dem Weg, schweigt, reagiert nicht. Amelie ist frustriert, sie sagt Sachen wie: »Ich will aber, dass er mit mir in den Urlaub fahren möchte! Ich will ihn nicht immer dazu zwingen müssen, ich weiß ja, dass er mich liebt!« Amelie beschäftigt sich jetzt mit seinem Verhalten, lamentiert darüber, dass er sich nicht entscheiden kann und zu faul ist, ordentlich zu planen. Amelie ist genervt, macht ihm Vorwürfe, will, dass er anders ist, als er ist. »Ich erwarte von meinem Partner, dass er den Sommerurlaub mit mir zusammen plant!«

Fronten entstehen. Robert fühlt sich unter Druck gesetzt, gegängelt und denkt: »Immer wollen alle was von mir. Im Job, meine Kinder, meine Ex, und jetzt auch noch Amelie!«

Das Thema Sommerurlaub wird zum roten Tuch, und immer wenn jemand fragt, was die zwei denn im Sommer vorhaben, entsteht eisiges Schweigen, Amelie rollt mit den Augen, und Robert verlässt den Raum. Amelie ist übrigens im Job frustriert, sie wird schlecht bezahlt und muss oft die Arbeit im Büro machen, auf die andere keinen Bock haben. Das alles macht Amelie natürlich nicht, weil sie gemein oder doof ist oder Robert quälen will. Hier spielt unter anderem das bereits erwähnte Priming eine Rolle. Die Reize einer Situation wie: »Ich werde im Büro nicht wertgeschätzt« nehmen wir mit in die nächste Situation: »Robert schätzt mich nicht wert, sonst würde er ja mit mir zusammen den Sommerurlaub planen. Und vielleicht habe ich es ja auch gar nicht verdient, wertgeschätzt zu werden? Ich mag mich ja selbst kaum leiden.« Wir können die einzelnen Teile unseres Lebens nicht getrennt voneinander sehen, alles spielt zusammen. Amelies Problem ist also tatsächlich ein Problem, allerdings nur Amelies Problem. Aus ihrer Wahrnehmung, verbunden mit ihrem Glauben und ihrer aktuellen Situation, ist das Problem Roberts Verhalten.

Die Transformationsforscherin Petra Bock, die ich ja schon erwähnt habe, hat sieben sogenannte Störungsmuster bei uns Menschen ausgemacht, die sie in ihrem Buch *Der entstörte Mensch* wie folgt beschreibt: »Je überforderter wir sind, desto stärker wird das Denken der Störung, denn es ist ein Überlebensprogramm. Wenn wir den Eindruck haben, die Kontrolle zu verlieren, aktiviert dieses Programm sein gesamtes destruktives Potenzial. Weil es wie ein Algorithmus funktioniert, setzt es uns unter den immer gleichen falsch verstandenen Prämissen, die immer gleichen Ziele: Sicherheit und Kontrolle um jeden Preis.« Amelie fühlt sich unsicher und möchte die Kontrolle über ihr Leben haben, sie möchte wertgeschätzt werden, Sicherheit in der Beziehung zu Robert, sie möchte Geborgenheit und Liebe. Ein paar der »Störungsframes« von Petra Bock, die bei Amelie greifen, sind:

- **Katastrophendenken**
  Wenn ich mich nicht um unseren Urlaub kümmere, wird es keinen gemeinsamen Urlaub geben, wir verbringen dann zu wenig Zeit miteinander. Unsere Beziehung ist dann nicht verlässlich, vermittelt mir keine Sicherheit. Wir leben uns auseinander, unsere Beziehung löst sich auf, und ich bin wieder allein.

- **Bewertungsdenken**
  Robert sollte sich anders verhalten, damit es mir gut geht. Es gefällt mir nicht, wie Robert ist.

- **Druck**
  Wir müssen zusammen in den Urlaub fahren, und ich muss alles dafür tun, damit das auch passiert.

- **Misstrauen**
  Wenn Robert nicht den Sommerurlaub mit mir planen möchte, liebt er mich dann wirklich? Bin ich ihm nicht wichtig genug? Er weiß doch, dass ich gerne weiß, was ich wann mache, warum lässt er mich so hängen?

- **Starre Regeln**
  In einer guten Beziehung muss man zusammen in den Urlaub fahren, das machen doch alle so.

Petra Bock schreibt weiter: »Es behindert unsere Entfaltung und schneidet uns ab von so wichtigen Fähigkeiten wie Neugier, Vertrauen und einer gewissen Unerschrockenheit, der Komplexität unserer Zeit zu begegnen. Es unterbindet genau das, was wir dringend brauchen: eine offene Haltung und Zugang zu unserer Kreativität und Imaginationskraft.«

Jetzt gucken wir mal, wie Jana das macht. Sie hat die gleichen Voraussetzungen. Bernd hat auch zwei Kinder aus erster Ehe, eine Ex und eine Festanstellung. Jana ist kinderlos und schreibt an ihrer Doktorarbeit, sie hat noch mehr als hundert Seiten vor sich und träumt davon, das irgendwo am Meer zu tun, weil sie noch ein bisschen Erspartes und viel Zeit hat. Schreiben, baden, Jana stellt sich das traumhaft vor. Bernd hat keinen Bock zu planen und will auch überhaupt nicht drüber sprechen, er arbeitet viel und geht dem Gespräch aus dem Weg, verhält sich also wie Robert. Jana weiß aber, dass es gut fürs neuroplastische Gehirn ist, sich selbst schöne Dinge ins Leben zu bringen, Vorfreude zu erschaffen, Ziele zu haben, kreativ und offen zu sein und nicht andere für das eigene Leben verantwortlich zu machen. Deswegen hat sie einen Flug nach Italien und eine AirBnB-Wohnung für sich gemietet. Sie will vier Wochen dort bleiben. Jana glaubt an das Folgende: Bernd ist nicht verantwortlich für mein Glück. Wir lieben uns, wir werden irgendwie Zeit miteinander verbringen, zur Not nach dem Urlaub. Bernd führt ein anderes Leben als ich. Ich werde Bernd nicht vorschreiben, wie er zu leben hat. Ich liebe ihn so, wie er ist, auch wenn er nicht gerne plant. Ich werde Spaß haben und mein Ziel verwirklichen.

Das Beste, was ich für unsere Beziehung tun kann, ist, mich um mich selbst gut zu kümmern. Wenn es mir gut geht, fühlt sich Bernd nicht verantwortlich, sich irgendwie speziell verhalten zu müssen.

Jana befasst sich mit ihrem Ziel, eine Doktorarbeit am Meer zu schreiben, ihr Gehirn ist also beschäftigt. Dopamin kickt ein, sie fühlt sich lebendig. Wenn Bernd Bock hat, kann er ja auch für eine Woche vorbeikommen, Platz in der Ferienwohnung ist genug. Jana schwärmt von Italien, hat gute Laune und malt sich aus, wie sie jeden Tag Gelato essen wird. Irgendwann, viel später, bucht Bernd dann auch einen Flug, er hat sich eine Woche freigeschaufelt, weil er Lust hat, mit Jana Gelato zu essen. Kein Druck wurde aufgebaut, und alle hatten gute Laune. Jana glaubt an sich, ihre Doktorarbeit, an ihre Beziehung, an Bernd und an Gelato. Amelie glaubt an Geringschätzung, Mangel, Druck und daran, dass Robert anders sein müsste, um sie glücklich zu machen. In der ersten Geschichte »ist Robert Schuld«, in der zweiten übernimmt Jana die Verantwortung.

Wir können mit unserem Gehirn einen Glauben erschaffen, der uns Spaß macht. Und wir sollten das schnell machen, sonst verschwenden wir nicht nur wertvolle Lebenszeit, sondern machen uns selbst auch noch krank. Wir erinnern uns an die Blutgerinnsel aus Kapitel 5, die durch Stress, Angst und Ärger ausgelöst werden. Der Bestsellerautor John Strelecky hat es in einem seiner Bücher so schön ausgerechnet: Wir haben – im Durchschnitt – 77 Jahre zu leben, wenn alles gut geht! Das sind 28 000 Tage, bei mir also noch etwa 14 000 Tage. Diese Zahlen haben etwas in mir bewirkt: So wenig Tage nur noch? Wenn wir uns nicht überlegen, wie wir jeden einzelnen Tag verbringen wollen, werden wir darauf warten, dass jemand anders darüber entscheidet, wie wir unsere restlichen 14 000 Tage leben.

Jede Minute, die wir damit verbringen, über unsere trostlose Beziehung zu lamentieren, jede Minute, die wir darüber grübeln, warum es wieder nicht geklappt hat mit dem Date, wieso das immer uns passiert und wer alles an unserem Unglück Schuld hat, ist einfach verschwendete Lebenszeit. Es macht uns krank, unglücklich, macht Falten und steht komplett in unserer Macht. Wir erlauben dann unserem Gehirn, schließlich durchzudrehen wie ein Amokläufer. Wir bestimmen, was wir sagen, denken und woran wir glauben. Wir haben das nur meistens vergessen.

Ich habe mir in meinem ganzen Liebeskummer-Rotz also damals Schritt für Schritt einen eigenen Glauben zusammengezimmert, der nur für mich passt. Ohne Kathedrale, ohne Sekte, ohne Guru und ohne starre Regeln. Und ich arbeite immer noch jeden Tag daran. Woran wir glauben, muss nämlich nicht statisch sein, alles ist im Fluss, alles ist veränderbar. Ich bin heute eine andere Person, als ich gestern war. Ich lerne jeden Tag dazu, und in jeder Lebensphase sind andere Dinge wichtig. Ich versuche, jeden Tag offen und kreativ mit meinem Glauben umzugehen, die Lebensqualität steht dabei immer an erster Stelle, nicht alte Denkmuster oder Erwartungen von anderen. Ich stelle jeden Tag wieder in Frage, was ich denke, und frage mich: Nutzt mir dieser Gedanke? Ist er wirklich wahr, bringt er mich voran, macht er mich glücklich? Was habe ich von diesem Gedanken, dieser Bewertung?

Ich glaube daran, dass ich auch nach Rückschlägen, Krisen und Niederlagen für mich da bin, mir den Trost und die Geborgenheit geben kann, die ich brauche. Ich glaube an mich.

Ich glaube, dass ich mir selbst jeden Tag Freude, Lebendigkeit und Abenteuer erschaffen kann, ohne dafür einen

Partner zu brauchen. Ich glaube an die Liebe und an Verbundenheit. Ich glaube an Kreativität und Inspiration, an Vertrauen und Kooperation. Ich glaube daran, dass ich meine Ziele erreichen kann, daran, dieses Buch schreiben zu können.

Ich glaube, dass Herausforderungen etwas Gutes sind in meinem Leben. Ich glaube daran, dass ich die Macht darüber habe, mit wem ich Zeit verbringe, welchen Input ich meinem Gehirn geben will, welche Gespräche ich führe und welche Bücher ich lese.

Ich glaube daran, jeden Tag etwas Neues zu lernen, ich glaube an Begeisterung, Musik, Kunst und zauberhafte Begegnungen.

Ich glaube daran, dass wir Menschen große Herausforderungen gemeinsam meistern können, dass Sex auch in Langzeitbeziehungen leidenschaftlich sein kann, ich glaube an lautes Lachen, Freundschaft und Begehren. Ich glaube, dass jede*r auch andere Menschen anziehend finden kann, ohne dass das zu einer Katastrophe in der Beziehung führen muss, ich glaube an Toleranz.

Daran, dass wir alle unsere Potenziale entfalten können! Ich glaube daran, anderen zu helfen, sie zum Lachen zu bringen und zu verzeihen, sich und anderen. Ich glaube, dass wir aus Fehlern lernen können.

Ich glaube an Selbstmitgefühl, Meditation, Yoga und daran, dass es irgendwann egal sein wird, ob ich ein Mann, eine Frau oder irgendetwas anderes bin, schwul, lesbisch, bi oder hetero. Ich glaube an Wunder, ich glaube an Pizza, Rotwein und Gemüsecurry, an Lösungen und ans Barfußtanzen am Strand.

Das ist mein Glaube.

Woran glaubt ihr?

Kapitel 8

EIN HAUFEN MATERIE: WARUM ATOME WICHTIG FÜR DIE LIEBE SIND

Physik hat mich nie fasziniert. Irgendjemand hat mal vor 400 Jahren festgestellt, dass Kraft gleich Masse mal Beschleunigung ist, weswegen wir in der Oberstufe eine Kugel über einen schrägen Tisch haben rollen lassen. Jetzt soll ich hier 400 Jahre später nachmachen, was dieser Newton damals herausgefunden hat? Was für eine Zeitverschwendung!

In Deutsch durfte ich Texte analysieren und mir überlegen, was denn das Problem von Effi Briest eigentlich war, in der Theater AG habe ich Stücke geschrieben, in Kunst sah jedes unserer Bilder anders aus, obwohl wir die gleiche Aufgabe hatten. In Literatur sollten wir einen Text über den Duft eines bestimmten Parfums schreiben, und Englisch erst! Wie cool das ist, dass die Worte für »Wüste« und »Nachtisch« auf Englisch fast gleich klingen und dass »pregnant« gar nicht »prägnant« heißt, sondern schwanger. Diese Erkenntnis hat in einem meiner Englisch-Aufsätze für große Belustigung gesorgt. Aber irgendwelche Formeln anwenden, die mir sagen, dass die Kugel vom schrägen Tisch rollt, war für mich der Inbegriff von Langeweile.

Das hat sich 2019 am Strand von Teneriffa geändert, als Quantenphysik in mein Leben trat. Keine Sorge, es wird nicht esoterisch, und Quantenphysik ist auch keine Religion, sondern eine Wissenschaft. Wobei Wissenschaft natürlich auch immer mit Glaube zu tun hat. Viele Wissenschaftler (angeblich auch Einstein) haben zunächst nicht an schwarze Löcher geglaubt, jetzt wissen wir, dass es sie gibt. Also eigentlich ist tatsächlich alles Glaubenssache. Aber zurück zum Strand und dem Doppelspaltexperiment. Wir lagen nebeneinander, jeder mit seinem Buch, mein Lebensmensch und ich. Ich habe Margarete Stokowski gelesen, er irgendetwas über Physik. Auf einmal sagte er: »Wusstest du, dass Licht gleichzeitig Welle und Teilchen ist?!« Wusste ich natürlich nicht, und überhaupt hatte ich keine Ahnung, wovon er da sprach, ich war gerade mit Feminismus beschäftigt. Das Doppelspaltexperiment gilt als eines der Schlüsselexperimente der Physik, es hat – Jahre später – ein Umdenken in der Physik angestoßen. Die Menschheit hat ja schon oft irgendwas gedacht. Die Erde ist eine Scheibe, Feen ziehen die Sonne am Himmel entlang, Krankheiten sind eine Strafe Gottes, unsere Gedanken haben nichts mit Herzinfarkten zu tun, bis es dann irgendwann Beweise für eine ganz andere Geschichte gab.

Zu diesem Zeitpunkt, also vor etwas mehr als hundert Jahren, war unsere Gedankenwelt recht geordnet und überschaubar: Wir hatten ein sogenanntes deterministisches Bild von der Welt, also ein festgelegtes: aus A folgt immer B. Der Universalgelehrte Isaac Newton hatte bereits im 17. Jahrhundert das Bild der Naturgesetze geprägt, die mathematischen Formeln entwickelt, um Kräfte und ihre Wirkungen zu berechnen, und unter anderem die Gravitationsgesetze samt Gravitationskonstante aufgestellt, mit der sich Mondumlauf und Planetenbahnen erklären ließen. Alles war im Prinzip wohlgeordnet, vorherbestimmt und vor allem berechenbar. Diese Art, die Welt zu sehen, liegt auch heute noch unserem Denken zugrunde: Die Dinge sind eben, wie sie sind.

Ich mache eine Ausbildung oder ein Studium, ich verdiene Geld in meinem Job, bekomme entweder Kinder oder nicht, und ab einem gewissen Punkt in meinem Leben ist alles »geordnet«. Egal ob auf dem Land oder in der Stadt, ob homosexuell, trans oder hetero, die meisten von uns arbeiten daran, ihr Leben irgendwie zu ordnen, klarzukommen, etwas gebacken zu kriegen. Wir suchen Wohnungen oder kaufen Häuser, wir suchen Partner und etablieren einen Freundeskreis. Wir fragen uns, ob wir gerne Käse mögen, vegan leben wollen und ob wir eher der Italien- oder der Frankreich-Urlauber sind. Wir sind auf der Suche nach unserem festen Selbst, nach unserem individuellen Determinismus. Ja, wären wir eine Kugel, würden wir dank der Gravitation auch die geneigte Tischplatte runterrollen, aber wir wollen trotzdem unsere ganz eigene Kugel sein. Erst wenn etwas Unerwartetes passiert, merken wir, dass vielleicht doch alles anders ist, als wir denken. Vielleicht sind wir doch hetero, werden krank, jemand stirbt, oder wir trennen uns von unserem Partner. Vielleicht können wir keine Kinder kriegen oder merken, dass uns der Job langweilt, vielleicht fühlen wir uns innerlich tot und taub und spüren: Es muss anders gehen.

Irgendetwas ist nicht »richtig«, oder es ist vielleicht doch anders, als wir dachten. Vielleicht mag ich gar keinen Käse und will eigentlich lieber in Osteuropa leben und nicht in Frankreich Urlaub machen. Und genau so einen Moment beschreibt das Doppelspaltexperiment.

Das Doppelspaltexperiment wurde 1802 das erste Mal von Thomas Young durchgeführt und beweist, dass Licht zwei Dinge gleichzeitig ist, eben Welle UND Teilchen. Das hat dem armen Thomas Young damals aber niemand geglaubt (Glaube!), weil alle Physiker sich einfach sicher waren, dass Licht eine Welle ist. Eine Lichtwelle und sonst nix, Punkt.

Erst hundert Jahre später hat dann Albert Einstein auch herausgefunden: Es stimmt, Licht ist Welle, aber gleichzeitig auch Teilchen. Das war damals eine richtig große Nummer, weil man eben fest davon ausgegangen war, dass Licht NUR eine Welle ist. Für uns klingt das jetzt bestenfalls abstrakt, aber für viele Physiker war das damals, als hätten sie herausgefunden, dass die Erde eine Scheibe ist, die von vier Elefanten getragen wird, die wiederum auf einer Schildkröte stehen und durchs All fliegen.

Und so funktioniert das Doppelspaltexperiment: Los geht's mit dem Lichtstrahl einer Spotlampe, der in eine bestimmte Richtung strahlt, und dort ist ein optisches Hindernis aufgebaut, eine undurchsichtige Platte zum Beispiel. Diese Platte hat zwei Spalten, durch die das Licht durchscheint – auf eine Wand dahinter. Nach der Teilchentheorie erwarteten die Physiker zunächst zwei helle Lichtstreifen an der Wand, nämlich genau da, wo die Lücken im Hindernis die Lichtteilchen durchlassen. Dem ist aber nicht so: Tatsächlich gab und gibt es bei diesem Aufbau viele unterschiedlich helle Lichtstreifen an der Wand – entstanden war ein sogenanntes Interferenzmuster, das man nur bei Wellen vorfindet und nicht bei Teilchen. Das bedeutet, dass sich die Lichtwellen vor der Wand teilten und hinter der Wand wieder miteinander reagierten, sodass dieses Muster an der Wand entstehen konnte.

Man kann sich das besser vorstellen, wenn man an Wellen im Wasser denkt. Werfen wir zwei kleine Steinchen in einen spiegelglatten See, machen sie – jeder Stein für sich – eigene Wellen. Treffen diese Wellen dann aufeinander, reagieren sie miteinander, eine Interferenz entsteht. Jetzt kommt es aber ganz dicke: Wenn man bei dem Versuchsaufbau mit der Lampe einen der beiden Schlitze verdeckte, erschien –

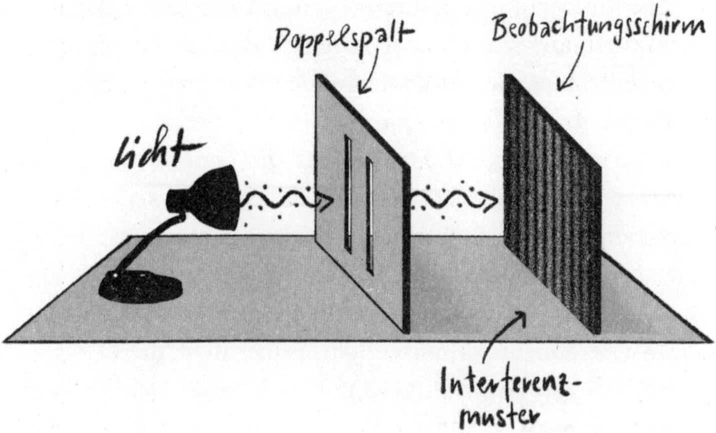

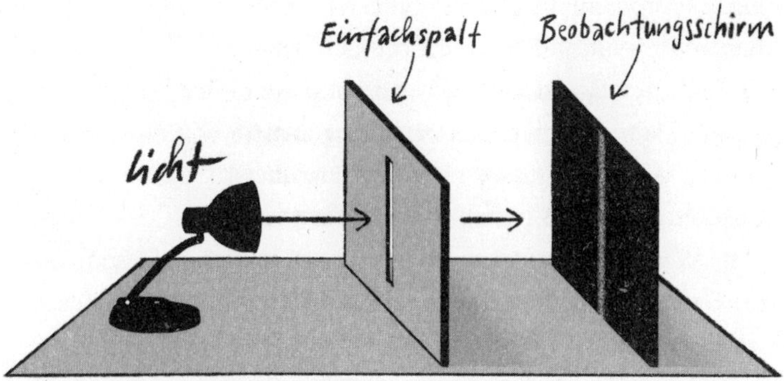

tadaaa! – plötzlich nur noch EIN heller Streifen an der Wand, so wie ursprünglich erwartet. Wenn also nur ein Schlitz offen war, bestand das Licht plötzlich wieder aus Teilchen und machte genau den einen hellen Fleck, der auch entstehen würde, wenn wir zum Beispiel anstelle von Licht einfach mit Farbe, mit Farb-Teilchen, arbeiten würden. Das Licht verhält sich also einmal wie eine Welle und ein anderes Mal wie Teilchen, je nachdem, ob man einen Schlitz zuhält. Wie kann das sein? Bis heute ist dieses Rätsel nicht vollständig gelöst.

Die Philosophin Natalie Knapp setzt sich dafür ein, dass wir im Alltag kreativer und anders denken und damit auch unsere Probleme anders lösen, indem wir die Erkenntnisse der Quantenphysik nicht nur verstehen, sondern auch fühlen. Sie schreibt in ihrem Bestseller *Der Quantensprung des Denkens*: »Dieses Experiment enthält den Schlüssel zu einem anderen Weltbild. Es lohnt sich deshalb, sich einen Augenblick Zeit zu nehmen, um es wirklich zu verstehen. Später wurde es in erweiterter Form zu einem Grundlagenexperiment der Quantenphysik, einem Experiment, das Geheimnisse offenbart hat, die die Kraft haben, unser Denken ganz grundlegend zu verändern. Wenn wir anfangen, sie ernst zu nehmen, wird unsere Welt nie mehr so erscheinen wie zuvor. Dieses Experiment gehört nicht der Vergangenheit an. Es ist Bestandteil aktuellster Forschungen, und es gibt Physikern immer noch Rätsel auf. Wir werden dieses Rätsel nicht lösen können, aber wir werden verstehen lernen, wie diese Rätsel unsere Welt und unser Denken bereichern. So können wir unseren Teil zur Entstehung eines neuen Weltbildes beitragen. Wir sollten es uns deshalb nicht nehmen lassen, uns durch unser Mitdenken an der Entstehung des Weltbildes zu beteiligen.«

Seitdem bin ich fasziniert. Ich muss gar nicht ausrechnen, was der grummelige Newton damals alles schon entdeckt hat: Physik gibt auch heute noch Rätsel auf, Physik stellt Fragen, birgt Geheimnisse und Chancen. Der deutsche Physiker Werner Heisenberg hat in *Quantentheorie und Philosophie* geschrieben: »Die Quantenphysik ist eine Physik der Wahrscheinlichkeiten und Möglichkeiten.«

Also wenn Licht gleichzeitig Welle und Teilchen sein kann und wir wirklich fühlen, dass es nicht nur eine Lösung, einen Weg geben muss, dann haben wir unendlich neue Möglichkeiten jenseits von richtig und falsch, Probleme zu lösen und

Beziehungen zu leben. Und genau deswegen ist Quantenphysik in diesem Buch über die Liebe zu finden.

In welcher Disziplin ich auch unterwegs bin, Neurologie, Psychologie, Philosophie und eben auch Quantenphysik: Ich stoße immer wieder darauf, dass wir zu starr denken und deswegen unglücklich sind. Wir sagen Dinge wie, »Das ist eben so, daran kann man nichts ändern.« Wir festigen eine Welt, die eigentlich ganz anders sein könnte. Wir sagen: »Ich hab keinen Bock mehr, ständig Männer über Tinder zu daten.« Und sehen dabei nicht, dass die Welt nicht so sein muss, wie wir denken, dass sie ist. Wir denken, wir hätten bereits eine Antwort. Wir denken, wir wüssten, wie es läuft, wie man Beziehungen führt, wie man Probleme löst, wie man lebt und dass Licht eben eine Welle ist. Wir denken, alles ist bereits erfunden. Wir denken, wir könnten nichts ändern und »man macht das eben so«. Die Beschäftigung mit der Quantenphysik hat mir ein Gefühl der Unsicherheit, der angenehmen Unsicherheit zurückgegeben.

Natalie Knapp schreibt: »All die Zusammenhänge, auf die wir unser Leben aufgebaut haben, an die wir geglaubt haben und an die wir immer noch glauben wollen, gibt es nicht mehr. Wir müssen uns eingestehen, dass es Zeit ist für wirkliche Veränderungen. Nicht Schönheitsreparaturen am bestehenden System, sondern wirkliche Veränderungen! Wir müssen all die Begriffe, die unser Leben strukturieren, ganz neu bedenken. Was ist Arbeit? Was ist Gerechtigkeit? Was ist Wohlstand? Was ist Glück? Wie können wir ein modernes Leben im Einklang mit der Natur gestalten? Worin besteht die Würde des Menschen, und wie schützen wir sie? Jede unserer Handlungen und jede unserer Antworten beeinflusst den ganzen Planeten.«

Egal, ob unsere Identität, unsere Beziehungen, unser Job,

die Welt, die Klimakatastrophe, nichts ist, wie es ist. Wir können all das ändern, gestalten, anders denken. Wenn wir Welle sein können, können wir auch Teilchen sein.

NICHT ALLES lässt sich fest errechnen. Ein Gedanke, den man auch wunderbar mit in den Alltag nehmen kann – es gibt eben nicht für alles Formeln, nichts ist in Stein gemeißelt.

Einige Atome werden ein Hase, andere ein Baum. Manchmal wissen wir, was morgen passieren wird – und manchmal können wir es einfach nicht sagen. Wenn etwas zufällig passiert, können wir es nicht vorher berechnen. Unwissenheit und Unsicherheit sind also völlig okay und Teil unserer Welt.

Mich hat all das so fasziniert, dass wir, mein Lebensmensch und ich, ein Jahr später ins CERN zum Tag der offenen Tür gefahren sind. Das CERN ist die Europäische Organisation für Kernforschung, das riesige Gelände liegt teils in der Schweiz und teils in Frankreich. Am CERN forschen Wissenschaftler und Wissenschaftlerinnen aus allen Teilen der Welt daran, woraus unsere Materie besteht, die kleinsten Teilchen, also: woraus WIR bestehen. Es geht aber auch – und hier gehört natürlich alles zusammen – darum, zu fragen, was im Weltall so los ist. Schwarze Löcher, Antimaterie, dunkle Materie – all das wird am CERN erforscht. Wir sind mit einer kleinen Bimmelbahn über das CERN-Gelände gefahren, haben uns riesige Geräte angeguckt, mit denen Atome gegeneinander geschlagen werden, damit sie zerplatzen und neue Teilchen herausfliegen, von denen wir noch nicht wussten, dass es sie gibt. Wir haben in der Kantine gegessen, es gab Musik, Clowns und kleine bunte Buttons mit den Namen der Elementarteilchen, also den kleinsten Bauteilen unserer Materie: Myon- und Tau-Neutrino, Boson, Gluon und so weiter. All die Menschen, die am CERN forschen, waren freundlich, kommunikativ, wollten uns Dinge erklären und uns Normalos an ihrem Wissen teilhaben lassen. Es war besser als ein Freizeitpark. Bis ich den armen asiatischen Wissenschaftler am liebsten in den Arm genommen hätte. Er führte uns durch die Station, an der die Dunkle Materie erforscht wird. Eine Form von Materie, die nicht sichtbar ist und deren Existenz nur durch Berechnungen postuliert worden ist. Also wieder so eine Glaubenssache, man könnte jetzt einfach sagen, Dunkle Materie gibt's nicht, wenn man wollte. So wie unsere sichtbare Materie sich verhält, muss es wohl auch Dunkle Materie geben, aber Beweise gibt es nicht, und gesehen hat sie auch keiner. Eine Frau aus unserer Besuchergruppe fragte plötzlich: »Ja, aber woher kommt die Dunkle Materie?«

Stille. Der Wissenschaftler, der eben noch in seinem Element war, rang sichtlich nach Fassung. »We … we …« Wir sprachen englisch. »We …« Er hat keinen Satz rausgebracht, bekam rote Flecken im Gesicht und verstummte. Ein anderer Wissenschaftler, aus Griechenland, sah die Not seines Kollegen und sprang ihm bei: »We don't know!«

Jetzt hatte der erste sich wieder gefangen und echote: »Yes, we don't know!«

Was wie eine lustige, unwichtige Begebenheit klingt, ist, was ich in diesem Kapitel sagen will: We don't know! Wir wissen nicht, ob es Dunkle Materie gibt, und wir wissen auch nicht, wie man richtig liebt. Wir wissen nicht, was unser Partner denkt, was er meint, was er damit sagen will, wieso er gemein zu uns war, ob er überhaupt gemein zu uns war oder ob das nur unsere Interpretation ist. Wir wissen nicht, warum alles so ist, wie es ist. Und so, wie es ist, muss es nicht bleiben. Wir wissen es einfach nicht, und wir müssen aufhören zu denken, wir wüssten es. Wir können jetzt einfach sagen, dass wir es nicht wissen und dass das okay ist, und neu denken. Unsicherheit und Unwissenheit auszuhalten ist schwerer, als wir denken. Denn wir werden oft aggressiv, wenn wir merken, dass wir etwas nicht können, nicht wissen oder mit der Situation überfordert sind. Es sind Kleinigkeiten im Alltag, die das zeigen und uns und den Menschen in unserem Umfeld das Leben damit schwer machen.

Ich hatte einmal eine Freundin zu Besuch, die damals keine Kohlehydrate aß. Ich hatte das allerdings völlig vergessen und hatte geplant, Nudeln zum Abendbrot zu machen. Die Erkenntnis, dass ich das vergessen hatte, traf auf meine Wut auf mich selbst, die wiederum traf auf die Unsicherheit, und schließlich blaffte ich sie an: »Ich mache heute Nudeln, was dagegen?!« Das alles ist in wenigen Millisekunden passiert. Sie guckte mich verdutzt an und sagt: »Äh, nein.«

Ich hätte einfach sagen können: »Mist, du isst ja gerade keine Kohlehydrate, daran habe ich gar nicht gedacht. Sind Nudeln heute mal okay für dich, oder fällt dir etwas anderes ein?« Unsicherheit, Unwissenheit und Überforderung auszuhalten ist eins der schwersten Dinge, denen wir uns jeden Tag stellen müssen. Das war ja nur ein unwichtiges, kleines Beispiel, aber wir tun das jeden Tag. Auch bei der Arbeit blaffen wir aus Unsicherheit unsere Kollegen an, so was passiert in der internationalen Politik, in den Vorstandsetagen und: in unseren Beziehungen. Menschen pampen ihre Partner an, weil sie sich die Haare färben. Sie sagen: »Das sieht scheiße aus! Das ist total fleckig geworden, und teuer war es auch, die haben dich doch verarscht!« Anstatt sich einzugestehen, dass die neue Haarfarbe ihres Partners sie verunsichert, dass sie vielleicht befürchten, ihre alte Freundin oder ihren alten Freund verloren zu haben, dass sie Angst vor Veränderung haben. Menschen werden ätzend, wenn sie sich mit etwas nicht auskennen, anstatt zuzugeben, dass sie keine Ahnung davon haben. Oder sie konstatieren aggressiv: »Woher soll ich das denn wissen?!«

Dass wir etwas nicht wissen, macht uns Angst! Dabei ist Nichtwissen eine riesige Chance. Denn alles, was wir nicht wissen, können wir lernen. Immer wenn wir unsicher sind, können wir das sagen und neue Nähe in unseren Beziehungen zu anderen Menschen schaffen. Egal, ob es unser Partner ist oder unser Mitarbeiter. Kampf, Streit und Aggression helfen uns nicht weiter. Wenn wir fühlen, dass wir das meiste eben nicht wissen, können wir neue Lösungen finden, neue Denkansätze, neue Möglichkeiten des Zusammenseins. Wir können Eifersucht infrage stellen, klassisches »Dating«, das Konzept des Singledaseins, vielleicht gibt es all das nicht. Vielleicht denken wir all das nur. Warum Vater, Mutter, Kind? Warum nicht anders?

Vielleicht leben wir polyamor in einer Hausgemeinschaft, und Stefan hat ein Kind mit Britta und eins mit Sonja, die wiederum auch mit Elena zusammen ist. Und Britta und Andreas treffen sich auch manchmal. Immer ist jemand für die Kinder da, Frauen können Bundeskanzlerin werden, obwohl sie Kinder haben, weil immer ein Stefan oder eine Elena da sind, die aufpassen. Vielleicht hören wir auf mit bi und hetero und homo und lieben einfach Menschen. Oder wir bekommen Kinder mit unseren besten Freunden. Vielleicht können wir offen über Sex sprechen und nicht immer so tun, als würden wir monogam leben, obwohl das in der Realität sowieso kaum jemand tut. Oder doch, jede*r, wie er oder sie will. Und vielleicht hören wir endlich auf, uns gegenseitig dafür zu beschimpfen, wie wir leben.

Social-Media-Plattformen zeigen uns wunderbar, wo wir gerade in der Entwicklung der Menschheit stehen. Einerseits können wir digital zusammenkommen, vielleicht über gemeinsame Interessen, und es entsteht Positives. Doch andererseits passiert auch das: Wir zerfleischen uns, egal, was der oder die andere tut. Frauen werden dort beleidigt, weil sie Haare an den Beinen haben, Schwule, Lesben, Transgender, Heteros, Mütter, die zu Hause bleiben, Mütter, die arbeiten gehen, Veganer und Fleischesser, Fahrradfahrerinnen und Autofahrerinnen – wir haben uns virtuelle Räume geschaffen, um uns noch effektiver beschimpfen zu können. In der Zeit hätte man etwas tun können, um sich wohler in seinem – soweit wir wissen einzigen – Leben zu fühlen.

Wir verschwenden unsere Lebenszeit damit, uns gegenseitig zu maßregeln, uns angegriffen zu fühlen, anderen Vorwürfe und Vorschriften zu machen. Und alles nur, weil wir die Illusion leben, alles zu wissen und recht zu haben. Wir benutzen unsere angebliche Identität, um uns abzugrenzen, andere zu bewerten und in Opposition zu gehen. Das ist das alte Denken. Das ist es, was den Planeten in diesen Zustand gebracht hat. Unterdrückung, Ausbeutung und Abgrenzung. Aber wir sind alle Welle und Teilchen, nicht nur eins. Allein wenn wir etwas essen und mit der Energie, die unser Körper daraus gewinnt, einen Gedanken fassen und diesen dann umsetzen, sind so viele neurologische Wunder, quantenphysikalische Vorgänge und biochemische Ereignisse eingetreten, dass wir eigentlich deswegen den ganzen Tag weinen müssten vor Glück. Stattdessen schweigen wir uns an, langweilen uns und behaupten, das wäre der Normalzustand.

Das neue Denken ist natürlich schon an vielen Orten, an denen kooperiert und gemeinsam gehandelt wird. Ich will euch dazu inspirieren, neue Lösungen für alte Probleme zu finden. Denn wenn unser Gehirn Lösungen finden will und auch die Möglichkeit dazu bekommt, also die Erlaubnis von uns, dann sind wir auch glücklicher in unseren Beziehungen.

Wenn ihr wieder fröhlicher, freier und intensiver lieben und leben wollt, führt kein Weg daran vorbei, alles, was ihr zu wissen meint, infrage zu stellen.

Will ich so leben, wie ich lebe? Wie kann ich es ändern? Was kann ich ändern? Will ich Welle oder Teilchen sein oder beides? Fahrradfahrer und Fleischesser? Kann ich alte Regeln loslassen, wenn sie mir nicht dienen, und mich jeden Tag fragen, ob das, was ich tue, mit meinen Werten übereinstimmt? Auch das Nachdenken über die eigenen Werte und den individuellen Sinn ist kein Luxus, sondern wichtig für unsere geistige Gesundheit. Die Sinnforscherin Tatjana Schnell von der Uni Innsbruck und der Psychologe Henning Krampe von der Charité, Universitätsmedizin Berlin, haben dazu eine Studie mit mehr als 1500 Menschen durchgeführt. Eines der Ergebnisse: Sinnerleben ist ein Stresspuffer. Also wenn wir unseren Sinn im Leben kennen oder ihn gefunden haben und nach unserem Sinn leben, dann können wir Stress besser aushalten. Die Studie wurde im Zusammenhang mit der Coronapandemie erhoben, und den Menschen, die sich stärker mit ihrem Lebenssinn auseinandergesetzt haben, ging es trotz der Pandemie besser als anderen. Sie hatten also einen stärkeren seelischen Schutzschild gegen Krisen und Bedrohungen von außen. Sinn finden soll natürlich nicht in Stress ausarten. Es gibt nicht den einen Sinn, und wenn wir den nicht finden, haben wir für immer verkackt und müssen ein Leben in Monotonie fristen. Ich sage auch lieber »Sinn erschaffen« als Sinn finden, sonst klingt das eher nach Ostereiersuche, und wir alle wissen, dass manche Eier unterm Sofa übersehen werden.

Wir sind Entdecker, Abenteurer, Menschen mit Sinnen und Herzen. Wir können jeden Morgen aufstehen und uns Sinn erschaffen, ohne Hilfe von außen. Indem wir uns selbst fragen, was uns innerlich zum Strahlen bringt, und es dann tun. Im dritten Teil dieses Buchs gibt's dazu noch konkrete Tipps und Übungen, die Spaß machen. Und so kam ich vom Doppelspaltexperiment dazu, darüber nachzudenken, wie ich eigentlich leben will und dass es unendliche Möglichkeiten dazu gibt. Ich habe mich plötzlich frei gefühlt, anders zu denken. Ja, Newton hat ja recht, die Kugel wird von einem schrägen Tisch rollen, aber die Kugel ist aus Energie! Wir alle bestehen vor allem aus Energie: nämlich aus Atomen. »Atom« ist Altgriechisch und heißt »unteilbar«, weil wir früher dachten, das Atom sei die kleinste unteilbare Einheit, aus der wir gemacht sind. Dann haben aber Wissenschaftler*innen Atome gespalten und darin weitere Bausteine gefunden, aus denen ein Atom besteht: Protonen, Neutronen und Elektronen.

Oder wie Phoebe aus der Serie *Friends* es formuliert: »Wasn't there a time when the brightest minds in the world thought the world was flat …? And up until like fifty years ago you all thought the atom was the smallest thing until you split it open and this like whole mess of crap came out.« Das heißt so viel wie: Gab es nicht mal eine Zeit, als die klügsten Köpfe glaubten, die Welt wäre eine Scheibe? Und noch vor ungefähr fünfzig Jahren dachte jede*r, das Atom sei die kleinste Einheit, bis man es teilte und jede Menge Mist dabei herauskam. Alle dachten, okay, das war's jetzt aber wirklich, aber dann? Physiker*innen haben entdeckt, dass Protonen und Neutronen aus Quarks sind. Also noch kleineren Teilchen.

Der italienische Physiker und Bestsellerautor Carlo Rovelli schreibt in seinem Buch *Die Wirklichkeit ist nicht so, wie sie scheint*: »Die Antworten der Wissenschaft sind also nicht deshalb vertrauenswürdig, weil sie endgültig, sondern weil sie die besten sind, über die wir IM AUGENBLICK verfügen. Eben das Bewusstsein unserer Unwissenheit gibt der Wissenschaft ihre besondere Vertrauenswürdigkeit. Wir brauchen Vertrauenswürdigkeit, keine Gewissheiten. Denn echte Gewissheiten haben wir nicht und werden wir nie bekommen. Erkenntnisstreben speist sich nicht aus Gewissheiten. Die Welt enthält mehr Staunenswertes und Tiefgründiges als jedes Märchen.« Mehr Staunenswertes und Tiefgründiges als jedes Märchen! Ich fühle ihn.

Mittlerweile wissen wir aber, dass es einen Atomkern gibt und eine Atomhülle drum herum. Ich habe darüber in meinem Podcast »Kopf über Herz« mit Ingrid Gregor und Jochen Küpper gesprochen, die beiden haben mir das schön erklärt. Ingrid ist Teilchenphysikerin am Deutschen Elektronen-Synchrotron DESY in Hamburg. Da wird der Mikrokosmos erforscht. Außerdem leitet Ingrid eine Forschungsgruppe am CERN, der bereits erwähnten Europäischen Organisation für Kernforschung in Genf. Jochen ist Physiker und Chemiker, auch vom DESY und ist außerdem Professor an der Universität Hamburg.

Ingrid: »Wenn wir uns das Atom als ein Fußballstadion vorstellen, ist der Atomkern eine Kirsche in der Mitte des Spielfelds und das Stadion die Hülle drum herum.« Das heißt, wir bestehen vor allem aus Nichts, oder man könnte auch sagen: aus Energie. Der Atomkern, die Kirsche, ist aus positiver Ladung, und die Elektronen in der Hülle sind aus negativer Ladung, die Ladung gleicht sich dann genau aus im Atom. Also, ich und du und der Balkon, auf dem ich sitze, bestehen aus Atomen, aus Energie, aus Nichts. Ich falle gerade nur nicht durch den Stuhl und den Balkon, weil sich die Elektronen gegenseitig abstoßen. Die magnetischen Felder sorgen für Stabilität. Wir sind Energie.

»Es gibt zwei Arten, sein Leben zu leben. Entweder so, als wäre nichts ein Wunder, oder so, als wäre alles eines. Ich glaube an Letzteres«, hat Albert Einstein gesagt.

Dass es uns gibt, dass wir existieren, dass dieses Spermium

seinen Weg ins Ei unserer Mutter gefunden hat, dass Atome aus Nichts bestehen und wir ein so wundersames Gehirn und damit ein Bewusstsein haben – all das ist ein Wunder!

Denn warum wir ein Bewusstsein haben, was das eigentlich ist und wo das sitzt, wissen wir auch nicht. Das menschliche Bewusstsein ist eine der großen Fragen der Menschheit. Die amerikanische Bestsellerautorin Annaka Harris hat ein Buch namens *Das Bewusstsein* geschrieben und sie sagt: »Der Augenblick, in dem Materie ein Bewusstsein erlangt, scheint mindestens so geheimnisvoll wie der Moment, in dem Materie und Energie überhaupt zu existieren beginnen.«

Wir sind uns unserer selbst bewusst, wir können über unser Leben, über unser Schaffen und Fühlen nachdenken, wir können uns selbst wahrnehmen und darüber nachdenken, was wir hier tun und warum. Bewusstsein bedeutet »Wachheit«, »Absichtlichkeit« oder »Aufmerksamkeit«. Über unser Bewusstsein und darüber, was das überhaupt ist, gibt es bereits meterweise Literatur aus psychologischer, theologischer und philosophischer Sicht – das würde hier den Rahmen sprengen. Aber wir alle wissen ja, dass wir ein Bewusstsein haben, dessen sind wir uns bewusst.

Als ich frisch verliebt war, habe ich oft den Satz gehört: »Genieße es! Bald ist das wieder vorbei!« Dieser Satz ist für mich der Inbegriff dafür, dass wir die Welt, uns und unser Leben nicht als Wunder begreifen. Denn der Satz sagt: Wer verliebt ist, fühlt sich lebendig und wunderbar, aber wenn das vorbei ist, fühlen wir uns wieder nach Alltag. Dann bringen wir den Müll raus und beschweren uns übers Wetter, alles wird wieder grau werden.

Dann ist das Wunder vorbei. Alles, was wir tun können, ist, darauf zu warten, dass uns ein anderer Mensch, durch das Bild, das wir uns von ihm gemacht haben, lebendig fühlen lässt. Deswegen daten wir verzweifelt, erwarten von unserem Partner, dass er die Wäsche »richtig« auf die Leine hängt, und haben Bilder darüber im Kopf, wie »man« lebt, wie es geht und wie es zu sein hat. Und wenn die Außenwelt dem nicht entspricht, sind wir enttäuscht, fühlen uns betrogen, sind eingeschnappt und sauer. Wir sehen die Welt nicht wie ein Wunder aus Energie, Zufällen, Wahrscheinlichkeiten, Entdeckungen, Ideen und Kreativität, sondern als To-do-Listen: Altglas, Jobs, Verpflichtungen und Angriffe. Ich habe zwei Kinder und ein paar Jobs. Ich habe einen Haushalt und sehr viel schmutzige Wäsche, es ist jetzt nicht so, dass ich keine Verpflichtungen hätte, aber trotzdem sehe ich die Welt mittlerweile als Wunder. Aber dafür musste ich erst betrogen werden. Vorher habe ich gedacht, alles spielt sich in festen Bahnen ab, ich muss Regeln beherrschen, mich daran halten, und dann wird alles einigermaßen okay ausgehen. Aber nur, wenn ich keine allzu großen Fehler mache. Das Leben ist Herausforderung und Abenteuer, wenn wir es so wollen, oder Mühsal und Arbeit, wenn wir es so sehen. Das Wort »Arbeit« kann man übrigens auf seinen indogermanischen Stamm zurückführen, dort bedeutet es »Mühsal«, das russische Wort »rabota« für Arbeit kommt von »Sklaverei«. Das französische »travailler« stammt von »sich selbst Leid bereiten« ab. Ach, du liebe Güte, da hat man eigentlich keine große Chance auf Spaß bei der Arbeit. Die Beispiele zeigen, welche Auswirkung unsere Sprache auf unser Denken hat. Wenn wir denken, dass wir uns selbst Leid bereiten, dann tun wir das auch. Wenn wir alles wie ein Wunder wahrnehmen, tun wir das aber auch.

Wir haben ja schon besprochen, dass es davon abhängt, was wir erlebt haben, wie wir das Erlebte bewerten, wie wir darüber nachdenken und uns entschieden haben, die Welt zu sehen. Aber wie sprechen wir über unsere Welt, unser Leben, unsere Erlebnisse? Welche Worte benutzen wir, und was bedeuten diese Worte? Welche Auswirkungen hat unsere Sprache auf unser Leben und damit auf unsere Beziehungen?

Das englische Wort »purpose« wird bei uns als »Zweck« übersetzt. Aber wenn es darum geht, seinen »purpose in life« zu finden, stehen wir als Pragmatiker ganz schön lieblos da, wenn wir einfach unseren Zweck definieren sollen. Mein Zweck ist wahrscheinlich, mich fortzupflanzen, mein »purpose« aber etwas wesentlich Größeres.

Kapitel 9

FORMT UNSERE SPRACHE UNSERE GEDANKEN, ODER FORMEN GEDANKEN UNSERE SPRACHE?

Die Grenzen meiner Sprache
bedeuten die Grenzen meiner Welt.
– Ludwig Wittgenstein

Den ganzen Tag lang hören wir uns beim Denken zu, das ist echt nicht immer schön. Wir haben ja schon im ersten Kapitel besprochen, dass wir ungefähr 60 000 Gedanken pro Tag haben. Und wie denken die meisten von uns? In ganzen Sätzen, also meistens genau so, wie wir auch sprechen, wenn wir laut denken. Wir benutzen Worte, ganz normale Worte, wie sie im Duden stehen. Aber da geht's ja schon los: Was sind denn eigentlich »ganz normale Worte«? Die gibt es gar nicht, jedes Wort bedeutet etwas und hinterlässt einen Eindruck in uns. Jede Sprache der Welt ist anders, jedes Wort hinterlässt einen emotionalen Fußabdruck in unserer Seele. Im Russischen gibt es zum Beispiel zwei verschiedene Wörter für »blau«: Dunkelblau heißt »sini« und Hellblau »goluboi«. Sehen deswegen Russinnen und Russen andere Blautöne als ich, die ich Deutsche bin? Als ich in Russland gelebt habe, haben mir meine russischen Freunde immer gesagt, dass das Wort »Duscha«, was »Seele« bedeutet, eigentlich nicht übersetzbar ist. »Duscha ist mehr als Seele, Duscha ist tiefer, größer und mächtiger als das Wort Seele!«, haben sie gesagt.

Das hat zu dem Running Gag geführt, dass die russische Seele einfach größer ist als die deutsche. Außerdem haben mir meine Freunde dort ein Lexikon für Schimpfwörter geschenkt, in dem der größte Eintrag dem ordinären Wort für das männliche Geschlechtsteil gewidmet ist: »Chui«, was so ähnlich klingt wie das deutsche »Hui«. Dazu folgende Geschichte: Meine Reise durch Russland hatte mich zu einer zauberhaften kleinen Familie in der kaukasischen Republik Kabardino Balkarien geführt. Ich lebte ein paar Wochen in ihrer Wohnung, wir machten Ausflüge und aßen zusammen. In der Hauptstadt Naltschik spielte ich mit dem Kind im Supermarkt, der Dreijährige saß im Einkaufswagen, und die Frau aus Deutschland drehte den Wagen, immer schneller. Dabei rief sie: »Hui! Huuiiiii! Huuuuiiii!« Das Kind kicherte ausgelassen. Nach ein paar Minuten der unschuldigen Freude sah ich auf und blickte in schockierte und erschütterte Gesichter. Ich hatte im Supermarkt beim Spielen mit einem Kleinkind laut »Schwanz! Schwanz!« gerufen. Wir nehmen die Welt unterschiedlich wahr, auch durch unsere Sprache.

Die Autorin Kübra Gümüsay formuliert es in ihrem Buch *Sprache und Sein* so: »Sprache in allen Facetten – ihr Lexikon, ihre Wortarten, ihre Zeitformen – ist für Menschen wie Wasser für Fische. Der Stoff unseres Denkens und Lebens, der uns formt und prägt, ohne dass wir uns seiner in Gänze bewusst wären. Wenn ich dieses Bewusstsein herstelle, wenn ich die Grenzen meiner eigenen Wahrnehmung spüre, dann löst das Demut in mir aus. Demut vor der Welt, die ich nur aus meinem eingeschränkten Blickwinkel betrachte. Ich bin dankbar für das Bewusstsein um die Existenz dieser Grenzen – ich hoffe, sie bewahren mich davor, mit unwandelbaren Prämissen und Grundannahmen durch die Welt zu gehen.«

Und genau diese Demut und die Vorsicht davor, mit

unwandelbaren Prämissen durch die Welt zu gehen, hilft uns auch in der Liebe weiter. Es gibt keine unwandelbaren Prämissen, auch in unseren Beziehungen nicht.

Denn es sind nicht nur verschiedene Sprachen, die uns unterschiedlich denken lassen, es sind auch Worte und Formulierungen in unserer eigenen Sprache. Es sind unsere Gedanken, die diese Worte, Formulierungen, Annahmen, Muster und Erwartungen formen, unseren Blick auf die Welt und wer wir in ihr sind. Und diese Gedanken werden zu Sprache und die Sprache zu Gedanken.

In meinen alten Geschichtsbüchern wurde das Wort »Reichskristallnacht« noch für die Pogrome am 9. November 1938 benutzt, als die Nationalsozialisten in der Nacht zum 10. November mehr als 1400 Synagogen zerstörten, auch Geschäfte und Orte, an denen sich Juden aufgehalten haben. Hunderte Juden wurden dabei ermordet, haben sich selbst getötet, wurden in Konzentrationslager interniert, verloren ihre Geschäfte, ihre Wohnungen und alles, was sie hatten. Das Wort »Kristall« bezieht sich auf die zurückgebliebenen Glasscherben. Kristall ist ein poetisches Wort, dabei denkt man an Reichtum, Eleganz und Schönheit. Ist das eine poetische Nacht gewesen oder eine Nacht voller Gewalt und Grausamkeit? Haben die Vorkommnisse etwas mit – wunderschönem – Kristall zu tun oder mit Tod, Demütigung, Leid und Macht? Die Nazis haben im eben genannten Beispiel grausame Ereignisse poetisch geframed. Mittlerweile nennen wir diese Nacht »Reichspogromnacht«, um dem Framing der Nazis nicht mehr auf den Leim zu gehen.

Je nachdem, welche Worte wir benutzen, denken wir über die Welt. Framing bedeutet auch »Rahmungseffekt«, es geht beim Framing also darum, etwas einzurahmen. In diesem Fall mit unserer Sprache. Mit Framing können wir Deutungsmuster erschaffen, also neue Wege, uns die Welt zu erklären. Die Werbung macht das jeden Tag, die Politik, die Rechten, die Linken, Marketingagenturen, Medien, nur wir machen es nicht in unserem Leben.

Wir sprechen einfach so vor uns hin und fragen uns, was in der Kommunikation mit unseren Partnern schiefläuft, während Wirtschaftsbosse teure Seminare bekommen, um zu lernen, welche Worte sie benutzen sollen und welche nicht. Wir leben in unserer privaten Welt, als gäbe es all das nicht. Keine Sorge, ich werde keine Seminare geben, in denen ich euch sage, wie ihr zu sprechen habt. Alles, was ich will, ist, dass wir darüber nachdenken, wic wir mit uns selbst und mit unserem Partner sprechen. Dass wir uns dessen bewusst sind. Wir müssen wissen, was Framing ist, um eine Sensibilität für unsere Sprache zu entwickeln. Das macht am Endes des Tages dann auch den Sex besser – oder am Anfang des Tages oder zwischendrin, je nachdem, wann ihr es am liebsten mögt.

Wir müssen über unsere Sprache nachdenken, um über unsere Gedanken sprechen zu können. Wenn wir wissen, wie Framing geht, wissen wir, dass die Rechten beispielsweise das Wort »Mainstream Medien« mit einer gewissen Intention erfunden haben, als würden die *taz* und die *Bild* jeden Tag das Gleiche schreiben. Die Geschichte dahinter ist ganz klassisch: »Die dort – wir hier.« Dabei gibt es ein solches »Wir« und »Die« nicht, es ist lediglich geschicktes Framing. Wir sind alle Menschen mit verschiedenen Geschichten, Kindheiten und Träumen. Gleichzeitig haben wir die gleichen Bedürfnisse: Wir wollen sicher, satt und geborgen sein, geliebt und sinnvoll. Mit einer offenen Art zu denken können wir jedes Framing entlarven, entdecken, spüren und sehen. Wir können bewusst wahrnehmen, warum jemand diese Worte benutzt oder dieses Storytelling bemüht. Was steckt dahinter? Warum spricht jemand so?

Ich habe mit neunzehn Jahren mein Fachabitur Wirtschaft gemacht und erinnere mich nur gerne an die Stunden im Fach BWL, als wir Marketing durchgenommen haben. Den Rest der Betriebswirtschaftslehre habe ich in einem Dämmerzustand des Desinteresses verlebt. Wir sollten damals eine kleine Werbekampagne für einen fiktiven Pelzmantel-Hersteller entwerfen. Damals wurde noch nicht so viel über Tierrechte diskutiert, aber das ist eine andere Geschichte.

Für unsere Kampagne haben wir eine Liste mit Adjektiven an die Hand bekommen: »elegant, luxuriös, warm, weiblich, sexy« und so weiter. Meine Sitznachbarin wählte lediglich das Wort »warm« aus. Ich meinte belustigt, dass sie so aber keine Pelzmäntel verkaufen wird. »Aber wieso, Pelzmäntel sind doch warm!?«, hatte sie völlig konsterniert erwidert. Ja, das ist richtig. Aber das ist die Multifunktionsjacke von Tchibo auch. Damals hatte ich bereits eine erste Ahnung davon, dass unsere Wahrnehmung der Welt unsere Wortwahl bestimmt und andersherum.

Kübra Gümüsay schreibt in *Sprache und Sein*: »Wenn Sprache unsere Betrachtung der Welt so fundamental lenkt – und damit auch beeinträchtigt –, dann ist sie keine Banalität, kein Nebenschauplatz politischer Auseinandersetzung. Wenn sie der Stoff unseres Denkens und Lebens ist, dann müsste es selbstverständlich sein, dass wir uns immer wieder fragen, ob wir einverstanden sind mit dieser Prägung.«

Das heißt, wir müssen uns immer wieder fragen, ob wir die Worte, die wir benutzen, auch wirklich benutzen wollen, ob die Witze, Sprüche und Kommentare, Bemerkungen und Bonmots eben genau die Autobahnen in unserem Gehirn bauen, die wir auch tatsächlich bauen wollen.

Die Linguistin Dr. Simone Burel hat mir ein paar Beispiele genannt, wie Framing – meist unbewusst und ungewollt –

auch eine Rolle in unseren Beziehungen spielt. Das Wort »Junggesell*innenabschied« bedeutet beispielsweise, dass wir von etwas Abschied nehmen. Wir besaufen uns bis zur Besinnungslosigkeit, feiern mit unseren Boys oder Girls, schauen uns Stripper an oder was man sonst noch so macht, um sich von der wilden Zeit des Singledaseins zu verabschieden. Denn jetzt beginnt … ja, was eigentlich?

Die Zeit des Eingesperrtseins? Die öde Ehe, in der wir Pflichten zu erfüllen haben? Die Männer werden ans Haus gekettet, müssen ab jetzt ihre Frauen um Erlaubnis bitten, um mit den Jungs saufen gehen zu dürfen? Die Frauen sind nun für die Nahrungsherstellung zuständig und haben keine Zeit mehr für Prosecco mit den Mädchen? Es gibt ein Narrativ, das sagt, dass Männer freiheitsliebend und Frauen klammernd sind. Wir verabschieden uns also von der Freiheit um – ha, ha, ha, lustig und ironisch augenzwinkernd natürlich – uns freiwillig in Gefangenschaft zu begeben. Nach dieser Deutung ist Liebe also ein Gefängnis.

Ein ähnliches Bild malt das Wort »sturmfrei«. Wir haben eine »sturmfreie Bude«, wenn der Partner oder die Partnerin nicht da ist. Also nur, wenn wir allein sind, herrscht kein Sturm? Sonst leben wir in einem ewigen Sturm aus »Räum die Teller in den Geschirrspüler! Sind das deine Socken? Wir brauchen noch Windeln!«

Hinter Sprachmustern stecken Denkmuster, und Denkmuster können uns ganz schön im Weg stehen, wenn wir doch eigentlich nur glücklich in unserer Beziehung sein wollen.

»Denk- und Sprachmuster sind Ansammlungen von einzelnen Variablen, die sich verfestigt haben«, sagt Dr. Simone Burel. Also welche Witze machen wir, mit welcher Intention? Welche Metaphern und Vergleiche benutzen wir, und was sagt das darüber aus, was wir von der Welt denken? Wenn wir glückliche Beziehungen mit uns selbst und anderen führen wollen, müssen wir uns diese Fragen stellen.

Wenn wir unsere Partnerin nur noch »Schatz« oder »Schatzi« nennen, hat die arme Frau leider ihre Identität verloren und ist lediglich noch die Person, die mit dem Schatz-Sager zusammen ist. Dr. Simone Burel sagt, »Schatz« ist das Sprachmuster hinter dem Denkmuster »Liebe als Objekt und Liebe als Besitz«. Wenn Hannelore nicht mehr Hannelore ist, sondern nur noch »mein Schatz«, kann ich den Sack zumachen, sie ist dann eben meins. Hannelore verliert dann ihre Identität, ihre Eigenheiten, ihre eigenen Bedürfnisse, Gelüste, ihre eigene Sexualität, alles, was sie individuell macht. Vielleicht will Hannelore mal einen Dreier haben, lieber in die Berge reisen statt ans Meer oder Holzmöbel beizen, aber wenn ich, Manfred, sie nur noch »mein Schatz« mit dem entsprechenden Sprachmuster im Hinterkopf nenne, hat sie ihre – wahrscheinlich heimlichen – Gelüste an der Beziehungstür abgegeben. Sie hat ihr Recht auf eine eigene Sexualität verloren, ihre eigenen Bedürfnisse, alles, was sie von anderen unterscheidet. Alles, was übrig bleibt, ist »Manfreds Schatz«. Es ist wie ein Stempel, ein Etikett. Das ist mein Schatz, Finger weg!

Es ist eine Art Grab, in das wir unsere Partner legen, weil sie auf die Weise keine Möglichkeit zur Veränderung haben, zu Wachstum und zu Individualität. »Bleib so, wie du bist!«, wünschen wir uns oft von Menschen, die wir besonders lieben. Das soll signalisieren: Du bist gut, wie du bist. Das ist natürlich nett gemeint. Tatsächlich ist aber »so bleiben, wie man ist« das Schlimmste, was man jemandem wünschen kann.

Bin ich jetzt so, wie ich vor zehn Jahren war? Nein, Gott sei Dank nicht. Ich bin klüger und mutiger geworden, gelassener und begeisterter. Das ist doch der Spaß am Leben, dass man nicht so bleibt, wie man ist. Ein »Schatz« kann aber dazu gezwungen sein, ein »Schatz« zu bleiben. Ein weiteres Sprach- und dadurch auch Denkmuster, das uns oft im Wege steht, ist: »Ich muss.« Wir müssen arbeiten gehen, den Müll wegbringen, noch die E-Mail abschicken. Mit diesem »Ich muss« manövrieren wir uns selbst in eine Unmündigkeit, Hilflosigkeit, Abhängigkeit und bauen uns Autobahnen im Kopf, die sich nicht gut anfühlen. Wir sagen uns jeden Tag, dass wir Dinge tun müssen. Wenn ich den ganzen Tag rumgerannt bin, weil ich wieder irgendetwas musste, hatte ich wahrscheinlich wenig Spaß. Im Urlaub sagen wir ja auch nicht: »Ich muss noch Sangria trinken und an den Strand.«

Aber zu Hause sagen wir: »Ich muss den Müll runterbringen, weil meine Frau das gesagt hat.« Ist das wirklich so? Oder wollen wir vielleicht den Müll runterbringen, damit wir nicht im Schmutz versinken? Oder wollen wir das wirklich einfach nicht und im Schmutz versinken? Vielleicht wollen wir aber auch, dass die Frau alles alleine macht – was bedeutet das dann für unsere Ehe? Was bedeutet es, wenn ich partout nichts im Haushalt machen will?

Die Autorin und Bloggerin Katja Berlin hat mal getwittert: »Ich brauche keinen Mann, der mir im Haushalt hilft. Es reicht, wenn er seine Hälfte der Hausarbeit macht, meine Hälfte schaffe ich alleine.«

Entweder wir tun etwas, oder wir lassen es sein. Wenn wir uns selbst beim Denken und Sprechen zuhören, haben wir eine Chance, freier zu werden. Ein weiteres, wie ich finde sehr gutes Beispiel sind die Aussagen: »Ich bin halt so!«, »Männer sind so!« oder »Frauen sind so!« Das deutet alles auf das bereits erwähnte deterministische Weltbild hin. Wir nehmen die Welt als eine feste, unveränderbare Realität wahr, in der wir keinerlei Gestaltungsspielraum haben. Wir werden Opfer unserer eigenen Art zu denken und nehmen dementsprechend auch unsere Beziehung als ein in Stein gemeißeltes Konstrukt wahr, auf das wir keinen Einfluss haben. Susanne sagt zum Beispiel sehr oft: »Ich verliebe mich immer in die falschen Männer.« Dahinter steckt das Denkmuster, das irgendein nicht veränderbares Wesen in ihr steckt, dass sie fernsteuert und zielgerichtet zu den »falschen Männern« führt. Susanne kann nichts dafür, das ist halt so. Susanne hat keine Möglichkeiten, etwas daran zu ändern, sie zementiert ihre Zukunft, indem sie sich die Vergangenheit anschaut. Irgendwie waren in der Rückschau die Männer immer »falsch«. Das heißt, dass Susanne jedes Mal, wenn sie diesen Satz sagt, selbst dafür sorgt, dass sich daran nie etwas ändern wird. Was »falsch« genau bedeutet, ist ebenfalls Interpretationssache, weil Menschen ja gar nicht per se »falsch« sein können. Die Männer hatten vielleicht keine Lust auf Kinder, waren noch verliebt in ihre Ex oder steckten grad in einer Lebenskrise. Das macht sie ja nicht falsch. Die Beziehung zu Susanne hat nur nicht funktioniert.

Nach meiner Trennung habe ich jede wache Sekunde Musik gehört, es war, als wären die Kopfhörer angewachsen. Die Melodien haben meiner Seele Geborgenheit gegeben, die Texte haben mich getröstet, die ständige Beschallung hat mir Kraft gegeben, mich lebendig fühlen lassen. Unter anderem war auch die wundervolle Christine and the Queens auf meiner Playlist. Sie singt im Song *Tilted*: »I'm actually good, can't help it if we tilted.«

Ich bin eigentlich gut, ich kann nichts daran ändern, dass wir nicht funktioniert haben. Habe ich mich nach elf Jahren und zwei Kindern im Nachhinein »in den Falschen« verliebt? Habe ich einen Fehler begangen? Ich habe mich, wie gesagt, damals dafür entschieden, es nicht so zu sehen. Natürlich erst, nachdem ich meinem Ex Vorwürfe gemacht und ihn angeschrien habe, das gehört zum Game, ich bin ja nicht Mutter Teresa. Er war der Richtige, damals. Wir haben alles richtig gemacht, wir waren zwei Menschen, die zusammen sein wollten. Wir wollten neue kleine Menschen in diese Welt bringen und haben es getan. War das falsch, oder hätte ich es anders gewollt? Nein.

Kann man nach elf, fünfzehn oder dreiundzwanzig Jahren Ehe davon sprechen, dass sie »gescheitert« ist? Klar kann man, man kann sich auch ein Loch ins Knie schießen. Aber wollen wir so über die jüngst vergangenen Jahre unseres Leben denken und sprechen?

Wir könnten genauso gut sagen, die »Ehe hat sich erfüllt«. Sie war eine gewisse Anzahl von Jahren gut, bis es sich geändert hat. Dann war sie nicht mehr gut oder »zerbrach«. Aber ist sie wirklich zerbrochen? Ist die Ehe eine Vase? Ja, das mag jetzt alles spitzfindig klingen, aber ist unser Leben nicht viel zu wertvoll, als dass wir es uns leisten könnten, uns selbst mit den Worten in unseren Köpfen tagtäglich zu vergiften?

Welche Realität schaffen wir selbst mit unseren Worten? Nicht nur mit den Worten, die wir tatsächlich aussprechen, sondern mit den Worten, die in unseren Köpfen widerhallen, die uns ständig begleiten, wenn wir bewerten und versuchen, uns die Welt zu erklären. Da verbringen wir unsere Schulzeit damit, Gedichte und Novellen zu interpretieren – Was hat der Autor gemeint? Was bedeutet jenes Sprachbild? –, und vergessen dabei die meiste Zeit, unsere eigene Interpretation der Welt zu interpretieren. Welche Sprachbilder verwenden wir, wenn wir über unsere Partnerin sprechen? Welche Worte beschreiben unsere Beziehung, unser Leben, unser Dasein? »Wir müssen unsere Sprache, auch die Sprache, die wir jeden Tag durch Medien konsumieren, dekonstruieren«, sagt Dr. Simone Burel. Wenn wir alles einfach so hinnehmen, womit wir tagtäglich so beballert werden, übernehmen wir ständig die Denkmuster der anderen und damit auch ihre »Wirklichkeitsentwürfe«. Wir machen uns ja, wie gesagt, jeden Tag selbst eigene Entwürfe der Wirklichkeit. Und wie diese Entwürfe aussehen und wie wir dann damit leben, bestimmt ganz oft eben auch, wie es uns am Ende des Tages ganz konkret geht. Wenn ich den Wirklichkeitsentwurf habe, dass ich unsportlich bin, werde ich entweder gar keinen Sport machen oder mich schlecht gelaunt und leidend dazu zwingen. Beides keine guten Voraussetzungen für ein spaßiges Leben. Wenn ich denke, dass man als Eltern eben keinen guten Sex mehr hat, weil Johannes-Finn schlecht schläft, werde ich nichts daran ändern können. Wenn mein Entwurf vorsieht, dass ich Muffins für die Kita backen muss und deswegen keine Zeit für meine eigene Kreativität bleibt, werde ich ewig seufzen: »Eigentlich wollte ich Sonaten komponieren, aber dann kamen ja die Kinder.«

Und da sind wir wieder bei der privaten Logik von Alfred Adler, über die wir ja schon gesprochen haben. Dass wir eigene Entwürfe der Wirklichkeit haben, ist völlig normal, die Frage ist, wie wollen wir sie haben? Haben wir den Wirklichkeitsentwurf von der eigenen Oma übernommen? Oder vom Onkel? Welche Rolle haben die Meinungen der Nachbarn im Dorf meiner Kindheit gespielt, und woher kommt es, dass ich meine, Muffins wären sinnvoller als Sonaten?

Oder umgekehrt. Ich will hier nicht Muffins diskreditieren.

Ich sehe diese Erkenntnis nicht als Arbeit, Mühsal oder weiteren Punkt auf der To-do-Liste, den man abhaken muss, sondern als wahnsinnige Befreiung. Ich als halbes Arbeiterkind hatte den Wirklichkeitsentwurf, dass ich immer am Existenzminimum leben werde. Als Deutsche hatte ich den Wirklichkeitsentwurf, dass es zu aufwendig und quasi unmöglich ist, eine Weile im Ausland zu leben. Seit vier Jahren habe ich neue Wirklichkeitsentwürfe geschaffen, unter anderem mit dem Instrument meiner Sprache. Ich habe mich gefragt: Wie beschreibe ich die Welt? Welche Bilder, Wörter und Formulierungen benutze ich, und wie kann ich das ändern?

Dr. Simone Burel rät, wir sollen mal über unsere Beziehung, über die Liebe oder unser Singledasein sprechen und uns dabei mit dem Smartphone aufnehmen. Wenn wir uns danach selbst aufmerksam zuhören, können wir gewisse Sprach- und damit auch Denkmuster erkennen. Welche Worte oder Formulierungen benutzen wir oft? Worauf deutet das hin, und was könnte dahinterstecken? Wie könnten wir stattdessen über unsere Beziehung und uns sprechen, welche Wörter können wir benutzen, die besser zu uns und unserem Denken passen? Welche Formulierungen können weg, und was wollen wir stattdessen sagen? Wir haben ja eben schon darüber gesprochen, dass wir eigentlich gar nichts »müssen«. Mir hat in meinem Schmerz, in meinem Verlassensein, die Frage geholfen: Welche Worte formen eine Realität, in der ich leben will, eine Realität, die mir gefällt? Welche Worte und Formulierungen bringen mich weiter, helfen mir, eine Welt und eine Wirklichkeit zu gestalten, die mich glücklich macht? Und welche Worte und Formulierungen stehen mir dabei im Wege?

Wir hören uns selbst, wenn wir denken:

»Das kann ich nicht!«

»Das wird ja eh nichts!«

»Meine Alte will das so.«

»Er hört mir nie zu.«

»Es gibt keine guten Männer da draußen.«

»Nach drei Monaten ist die Verliebtheit weg.«

»Eine Ehe ist eben Arbeit, Kompromiss und anstrengend.«

»Dann werde ich wohl für immer allein bleiben.«

Diese Worte erschaffen unseren Wirklichkeitsentwurf. Niemand zwingt uns dazu, all das zu denken und die Wörter, Formulierungen und Sätze zu benutzen. Wir formen die Sprache, wir benutzen die Wörter, aber wir können einfach jederzeit neue Wörter benutzen. Nicht, weil uns jemand dazu zwingt, sondern weil wir das Bewusstsein dafür haben, dass jedes unserer Worte die Realität unseres Lebens schafft. Im Guten wie im Schlechten.

Kapitel 10

WIE STILLE UND DAS NICHTS BEI DER LIEBE HELFEN

Meditationspraxis ist keine passive,
luxuriöse Nabelschau für Menschen, die der Härte
unserer komplexen Welt entfliehen möchten.
Bei Achtsamkeit und Meditation geht es darum,
uns tiefgreifend zu verändern, um selbst die Veränderung
zu sein, die diese Welt braucht.
– Larry Yang

Und was machen wir jetzt mit unserem neuen Bewusstsein? Wir achten auf unsere Worte, wissen, dass wir uns durch Interpretationen der Vergangenheit heute verwickelt haben. Wir wissen, dass wir aus Energie bestehen und die gerade vergangene Situation mein aktuelles Verhalten geprimed hat. Wir wissen, dass wir nicht die Realität wahrnehmen, weil es keine universelle Realität gibt.

Aber was sollen wir jetzt tun?

Nichts. Genau, absolut nichts.

Vor allem lassen wir unsere Partner jetzt in Ruhe, hören auf zu streiten und zu fordern, zu brauchen und zu wollen. Wir lassen die Menschen, mit denen wir zusammen sind, jetzt einfach mal so sein, wie sie sind, wir lassen sie existieren. Wir hören auf, an ihnen rumzuzerren, zu zetern oder sie ändern zu wollen. Wir geben ihnen keine Anweisungen, Aufträge oder Wünsche. Wir hören auf, einen Partner zu suchen, den oder die »Richtige« zu wollen. Wir lassen jetzt alles so sein, wie es ist.

Ich weiß, gar nicht so einfach.

Aber es ist völlig ernst gemeint: Wir machen jetzt erst mal gar nichts.

Wir machen nämlich alle immer viel zu viel. Wir rennen rum, shoppen, treffen uns mit Leuten, gehen mit der Kollegin Mittagessen, abends Kinder ins Bett bringen, Netflix gucken, TikTok-Videos schauen, Insta-Fotos anderer konsumieren und gucken, wie viele Likes und Herzen man selbst abgestaubt hat. Sport, kochen, Facebook, LinkedIn, telefonieren, Tinder, Dates, Schuhe kaufen, Regenrinne säubern, Papageienkuchen backen.

Was wir nicht so gut können, ist: nichts machen.

Aber auch Nichtstun hat mir nach der Trennung den Arsch gerettet. Nachdem ich es, wie gesagt, mit Alkohol versucht hatte. Fair enough, da kommt man halt schneller dran als an Erkenntnisse. Ich habe irgendwann angefangen, geplant nichts zu tun, weil man sonst nämlich keine Zeit dafür hat. Ich hatte Verabredungen mit mir selbst, um nichts zu tun. Ich habe mir Stille erschaffen, weil mein Leben zu laut war. Die Normalität ist Lärm, die Ausnahme ist Stille.

Durchs Stillwerden, Alleinsein, Mich-Abschotten von der Außenwelt habe ich gelernt, mir selbst zu vertrauen, selbst für mich da zu sein, mir zuzuhören. Dieses Vertrauen in mich selbst und die neue Geborgenheit, die ich dadurch plötzlich gespürt habe, haben mir neue Energie gegeben und eine uneitle Selbstliebe, die ich vorher noch nicht kannte. Ich habe mich durch das Weniger an Aktivität, durch das geplante Alleinsein und die gewollte Stille mit mir verbunden.

Ohne Räucherstäbchen oder Gott. Einfach so.

Aber wie geht Nichtstun?

Indem wir Dinge weglassen, die uns wie einen Hamster

im Rad rennen lassen. Wobei wir das Rad natürlich selbst in unserem Käfig installiert haben, auch wenn wir es nicht wahrhaben wollen. Wie zum Beispiel: Christian.

Christian hat etwa vier Dates pro Woche, weil er auf der Suche nach der perfekten Partnerin ist. Christian ist seit sechs Jahren Single, hatte ein paar Affären, aber will jetzt auch mal eine Familie und jeden Sonntag mit einer Frau im Arm Tatort gucken. Dieser junge Mann ist jetzt also der Meinung, dass die Lösung seines Problems ist, sehr schnell viele Frauen zu daten. Dieser Verabredungs-Marathon ist Christians Hamsterrad. In einer Großstadt geht das dank Datingplattformen relativ easy.

Vier Dates pro Woche bedeutet, dass man sich vier Mal auf einen neuen Menschen einstellen muss. Man lädt also vier Mal pro Woche ein komplett neues Leben in sein eigenes: »Wie war deine Kindheit? Oh, deine Mutter ist gestorben, als du zwölf warst! Hast du Geschwister? Magst du Sneakers? Ah, Philosophiestudium und Tischlerlehre, interessant. Ja, ich mag auch Avocados und die FDP. Willst du Kinder? Welche Serie guckst du gerade? Ja, Volleyball und Hundewelpen sind toll!«

Jeder dieser Abende soll dazu dienen, möglichst schnell und effektiv auszuchecken, ob diese Person sich für den eigenen Plan eignet. Echte Begegnung, Offenheit und Neugierde gibt es nicht an diesen Abenden. Mit seinem Plan im Kopf verbringt Christian unzählige Abende mit fremden Seelen, Wünschen, Zielen, Ideen und Vergangenheiten. Aber keinen Abend mit seinen eigenen Wünschen, seinen Zielen, Ideen und seiner Vergangenheit. Christian fühlt sich in sich selbst nicht zu Hause. Vielleicht möchte Christian nämlich eigentlich etwas ganz anderes im Leben, vielleicht sucht Christian nur eine Frau, weil das alle anderen in seiner Umgebung gemacht haben und gerade Vater werden. Vielleicht hat Christian das Gefühl, all das tun zu müssen, weil seine Mutter wirklich endlich Enkelkinder will. Oder Christian will endlich wieder Schmetterlinge im Bauch haben, er will sich wieder spüren, endlich wieder lebendig sein. Der Auslöser dafür möge bitte diese ihm noch unbekannte Frau sein. Wir wissen es nicht, aber noch schlimmer ist: Christian selbst weiß es auch nicht. Weil er die ganze Zeit mit dem Kennenlernen fremder Frauen beschäftigt ist. Er lebt im Außen und weiß nicht, wie es innen aussieht. Dadurch tut er immer mehr statt weniger. Er versucht, mit Aktionen im Außen die Leere im Inneren zu füllen.

Kennt ihr das Gefühl, wenn man eigentlich (!) alles hat und sich trotzdem irgendwie leblos fühlt? Wir sind eben nicht bettelarm, leben nicht von einem Dollar pro Tag, haben fließend Wasser, einen Job, Freunde, vielleicht sogar einen Partner, Kinder und ein Haus in der Vorstadt – also alles, was man gemeinhin zum Leben braucht. Trotzdem ist da dieses Loch, das gestopft werden will.

Besonders deutlich wird dieses Loch oft im Urlaub. Das ganze Jahr freuen wir uns auf unseren Urlaub, endlich raus aus dem Wahnsinn, endlich Nichtstun. Leckt mich alle, ich bin raus!

Und am Strand oder in den Bergen spüren wir, dass auch Nichtstun ein gewisses Unbehagen auslöst. Und jetzt? Wir müssen nicht arbeiten, können tun, was wir wollen. Wir schauen uns Kathedralen an, gehen vielleicht wandern, spielen Beachvolleyball, trinken tagsüber Caipis an der Poolbar oder machen eine Fahrt mit einem Katamaran. Aber ist es das, worauf wir uns seit Monaten freuen? Ist es das, was wir eigentlich brauchen in unserem Leben? Hilft uns der Katamaran dabei, unser inneres Loch zu stopfen? Ist die Lösung lediglich, nicht arbeiten zu gehen? Es gibt Paare, die sich im Urlaub häufiger streiten, weil sie aufeinander zurückgeworfen sind. Ich habe Paare am Strand der Ostsee beobachtet, die um elf Uhr vormittags mit einem großen Bier im Strandkorb sitzen, sich anschweigen und nachmittags zwar einen Sonnenbrand, aber nicht einmal gelacht haben.

Ich habe Paare in Zürich belauscht, die beim Raclette so langweilige Gespräche geführt habe, dass ich dachte, da bleibe ich lieber für immer Single, bevor ich mir DAS antue. Er hatte permanent mit Wissenswertem über Käse glänzen wollen, sie sonderte daraufhin in regelmäßigen Abständen ein »Aha« ab und rollte mit den Augen. Wir können uns ein teures Raclette kaufen, aber keine erfüllte Partnerschaft. Wir können uns trotz einer elektrischen Markise für 6000 Euro leer fühlen oder unzufrieden sein, obwohl wir erfolgreich Jura studiert haben, genau wie unser Vater gesagt hat. Weder die neue Freundin noch Urlaub oder Raclette werden jemals dafür sorgen, dass wir uns in uns zu Hause fühlen. Es führt kein Weg daran vorbei: Wir müssen uns selbst um uns kümmern.

Dr. Tobias Esch ist Arzt und Gesundheitswissenschaftler und hat unter anderem das Buch *Mehr Nichts!* geschrieben, in dem es genau darum geht, dass wir »weniger vom Mehr« brauchen. Wirtschaftlich, aus ökologischen, aber auch aus spirituellen Gründen. Denn dass es Christian mit seinen vier Dates pro Woche richtig gut geht, kann man ja nicht behaupten. Dr. Esch schreibt: »Um zur Leere vorzustoßen, dürfen wir nicht mehr nur nach außen wirken und agieren. Im stetigen Auftrag, an uns gerichtete Erwartungen zu erfüllen, auch die eigenen, sind wir zunehmend gefangen in Abhängigkeiten – bis zur Bewegungslosigkeit. Wir sind gehalten, stattdessen dem ›unkonditionierten‹ Bewusstsein mehr Raum zu geben, außen wie innen. Uns zu öffnen – offen zu sein, für das, was kommt. Für das, was ist, für das Sein an sich. Kein Müssen oder Werden mehr, kein ›um zu‹, wo alles einem Zweck dienen muss, wo alles ein vordefiniertes Ziel hat. Sondern das Sein für sich, einfach so. Jenseits von Konzepten.«

Christian ist komplett konditioniert, er ist nicht offen, er tut alles aus einem Zweck heraus, »um zu«, wie Tobias Esch es formuliert.

»Das funktioniert nicht!«, möchte ich ihm zurufen, denn ich bin diesen Weg schon erfolglos gegangen. Ich habe eine Familie gegründet, Kinder bekommen, einen Garten bestellt, Kinderklamotten genäht und Betten bezogen, als hinge mein Leben davon ab. Das hat auch alles Spaß gemacht, ich möchte nichts davon missen. Ich liebe frisch bezogene Betten und vor allem natürlich diese kleinen Menschen. Aber nichts davon hat die Leere in mir gefüllt.

Ich musste erst am Boden liegen, um von dort einen neuen Weg zu sehen. Manchmal muss man eben die Perspektive wechseln. Und mit dem Weinglas in der Hand vom Badezimmerboden aus habe ich plötzlich Dinge gesehen, die mir in der Happy-Family-Welt der frisch bezogenen Betten verschlossen gewesen waren, weil ich sie vor lauter Geschäftigkeit nicht sehen konnte: die Stille.

Was sich am Anfang irgendwie abstrakt und esoterisch anhört, sorgt am Ende des Weges aber für Vertrauen in sich selbst, und ich kann gar nicht oft genug betonen, wie schön sich das anfühlt. Dieses Gefühl ist besser als jede durchtanzte Nacht im Klub, jede Netflix-Serie und jeder One-Night-Stand. Es gibt viele verschiedene Wege zum Nichts, zur Stille und zu sich selbst.

Mein erster Schritt war die Meditation. Damit habe ich mein Leben, mein Sein, mein Energielevel, meine Begeisterung und meinen Sinn auf ein komplett neues Level gebracht. Nicht um »performen« zu können, sondern um emotional zu überleben. Und nur, damit wir hier nicht in die Vorurteilsschublade rutschen: ich bin keine Zen-Buddhistin geworden, trinke immer noch gerne Wein, esse das fettige Essen, vor dem einen die Krankenkasse warnt, und werde auch oft richtig sauer. Das alte Denken schrillt ja sofort auf: »Oh, sie spricht von Meditation, dann muss ich Räucherstäbchen kaufen, jeden Tag Yoga machen, vegan essen, darf dies nicht und jenes nicht. Und weil ich das aber alles nicht will, meditiere ich nicht. Das ist nichts für mich, ich kann das nicht, ich bin so nicht, und ich will mich nicht ändern.«

Wir müssen gar nichts. Wir können einfach leben, Dinge ausprobieren, gucken, was das mit uns macht, normal weiterleben, fluchen und Burger essen. Wir müssen unser bisheriges Leben auch nicht komplett infrage stellen, weil wir jetzt etwas Neues ausprobieren.

Nur weil jemand vegan lebt, kann er trotzdem Auto fahren. Wenn jemand meditiert, muss er nicht Aromaöle kaufen. Wir können in die Stille gehen und uns danach mit zwanzig Freunden treffen. Wir können machen, was wir wollen!

Alles, was wir dafür brauchen, ist Offenheit. Wir sind Welle *und* Teilchen, wir sind frei, und wir leben in unserer eigenen Realität, die wir jeden Tag wieder neu erfinden. Denn wenn ich jetzt mit dem Meditieren beginne, wird meine Realität morgen eine andere sein. Wenn ihr anfangt, euch selbst besser kennenzulernen, indem ihr in Stille Zeit mit euch verbringt, werdet ihr merken, dass weniger mehr ist. Ohne jedoch mit dem Alten komplett aufhören zu müssen. Wir müssen nicht auf einem Berg sitzen oder teure Meditations-Retreats buchen, wir müssen keinem Kult beitreten, nicht in die Kirche gehen oder zu einem anderen Menschen werden. Wir müssen nur mal kurz aufhören, uns selbst permanent zu stressen. Oder wie der Neurologe und Psychiater Dr. Viktor Frankl, der das KZ überlebte, gesagt hat: »Man muss sich von sich selbst nicht alles gefallen lassen.«

Wir müssen uns nicht uns selbst ergeben, uns nicht selbst quälen, nerven und kaputt denken, wir haben eine Wahl.

Der Philosoph Descartes hat gesagt: »Ich denke, also bin ich.« Er wollte damit sagen, dass wir unseren Sinnen nicht bei der Wahrnehmung der Welt trauen können, sondern nur unserem Zweifel an unseren Sinnen, also unseren Gedanken. Soweit gehe ich d'accord, aber ich sage jetzt trotzdem: »Ich denke mal nicht, also bin ich.« Denn erst seit ich die vielen sinnlosen Gedanken zum Verstummen bringen kann, kann ich wirklich sein. Ich lasse mir von mir selbst nicht mehr alles gefallen.

Christian muss aufhören, sich mit all diesen Frauen zu treffen, er muss sich mit sich selbst treffen. Sobald Christian mehr Zeit mit sich selbst verbringt, in Stille, in sich horcht und sich zuhört, wird der Dating-Wahnsinn von alleine aufhören. Er wird neue Bedürfnisse entdecken, das Gefühl des puren Seins und das In–sich-zu-Hause-Sein.

Ich habe das selbst erlebt und es immer, wenn ich es einer Freundin erzählt habe, Seelen-Orgasmus genannt. Den ersten hatte ich – viele Grüße an die Deutsche Bahn – in einem ICE zwischen Köln und Berlin. Damals hatte ich bereits ein paar Monate lang meditiert, jeden Tag, manchmal sogar zwei Mal am Tag, zwanzig Minuten, konsequent.

Ich habe all die Dinge getan, die man so tun soll, achtsam durchs Leben gehen, versuchen, im Moment zu bleiben. Ich habe ein Dankbarkeitstagebuch geführt und jeden Abend zehn Dinge aufgeschrieben, für die ich an dem Tag dankbar war. Ihr habt das alles sicherlich schon mal gehört. In meiner emotionalen Notlage dachte ich: »Ich probier das halt mal aus, schlimmer als jetzt kann's ja nicht werden.«

Ich saß an einem der Tische im ICE und schrieb Tagebuch. Das mache ich schon, seit ich fünfzehn war, dieser Vorgang ist mir also nie fremd gewesen. Ich blickte auf, die Nachmittagssonne schien mir direkt ins Gesicht, draußen flog Nordrhein-Westfalen an mir vorbei. Es ist nichts Besonderes passiert, im Außen. Es war sogar außergewöhnlich banal, ich saß schon vorher etwa 136 Mal in einem ICE und habe Tagebuch geschrieben. Aber in mir war plötzlich alles gut. Es war ein Gefühl des Einsseins mit der Welt. Ich fühlte, dass alles richtig war, was passiert war. Dass das das Leben ist. Meine schwierige Kindheit, der Tod meines Vaters, die Trennung, das Alleinsein jetzt, der Schmerz, die Angst, die Wut, die Unsicherheit. Alles war genau so, wie es sein musste, es war weder schlecht noch gut. Es war einfach. Und ich war einfach, und es war gut, dass ich war. Dass ich bin. Es war, als hätte ich das erste Mal in meinen Leben gefühlt, dass es gut ist, dass es mich gibt. Und dass es mich irgendwann nicht mehr geben wird, und dass auch das gut ist.

Diesen Seelen-Orgasmus hat mir niemand gemacht, ich hatte keinen Erfolg zu feiern, keinen Lottogewinn, war nicht frisch verliebt, hatte nichts erreicht oder getan. Ich saß einfach nur da und spürte, dass alles gut ist. In mir.

Die Stimme in meinem Kopf, die sonst immer plappert, die 60 000 Gedanken, das ewige Beurteilen, Verurteilen, Kritisieren und Leidverursachen. Das ständige »Warum ist das passiert?« – all das war weg.

Alles, was war, war die Sonne, das Rauschen des ICEs und mein Sein. Mehr nicht.

Und das nach etlichen Heulkrämpfen, Panikattacken, depressiven Phasen, in denen ich nicht aufstehen konnte, und den Angstzuständen. Ich hatte das Gefühl, da etwas Großem auf der Spur zu sein. Wo ich vorher nur verzweifelt und wider den Schmerz unkontrolliert meditiert hatte, wollte ich wissen, was dahintersteckte. Ich wollte verstehen, woher dieser Zustand kam. Ja, die Menschheit meditiert wohl seit etwa 600 v. Chr., mag ja sein, aber für mich war das neu.

Daraufhin habe ich Bücher über Meditation gelesen und mit Professor Dr. Peter Sedlmeier gesprochen. Er beschäftigt sich seit gut zwanzig Jahren mit dem Thema Meditation und ist Professor am Institut für Psychologie an der technischen Universität Chemnitz. Außerdem ist er Autor des Buchs *Die Kraft der Meditation*. Eine seiner Studien hat ergeben, dass es aktuell 309 verschiedenen Meditationstechniken gibt. Gemeinhin können wir uns vielleicht erst mal darauf einigen, dass meditieren mit Konzentration zu tun hat, mit Stille und Einkehr. Irgendwie gilt es, den Geist zu beruhigen. »Das Ziel ist schon, den Gedankenfluss zu verlangsamen oder sogar zu stoppen«, sagt Dr. Sedlmeier. »Aber es gibt auch andere Techniken, bei denen man sich einfach selbst beim Denken zuschaut. Es geht da also nicht darum, das Denken zu stoppen, sondern darum, zu sehen, was man denkt.«

Also wir brauchen uns nicht einzubilden, dass wir die Augen schließen und einfach mal nichts denken, wenn es so einfach wäre, wären wir alle immer megaentspannt. Ich habe während meiner ersten Meditationsversuche geweint, weil der Schmerz zu groß war. Ich habe mich manchmal gefühlt, als würde ich mich selbst damit quälen, die Gedanken sind auf mich eingeprasselt wie Gewehrkugeln, manchmal bin ich eingeschlafen oder habe an ein Kochrezept gedacht.

Viele meiner Freundinnen sagen: »Ich kann das nicht, ich bin nicht der Typ dafür.« Und jedes Mal antworte ich: »Wenn dir jemand eine Geige in die Hand drückt, sagst du auch nicht, ich bin nicht der Geigentyp. Du weißt, dass man üben muss.«

Es gibt keinen Geigentypen, und es gibt niemanden – behaupte ich jetzt mal kühn – der direkt meditieren kann. Geiger müssen Geige üben, sonst sind sie keine Geiger.

Und niemand von uns ist ein »Meditierer«.

Es ist allerdings ein Dilemma, das mit dem Meditieren, ich gebe es zu. Wenn man eine gewisse Zeit regelmäßig meditiert, wird man automatisch gelassener. Allerdings ist man ja am Anfang eben nicht gelassen, was einem das Meditieren schwer macht. Denn wenn wir beim Meditieren permanent an den Geburtstag von Oma denken, unsere To-do-Liste, daran, wie peinlich wir gestern auf der Party waren oder dass wir Angst vorm Verlassenwerden haben, verurteilen wir uns genau dafür: »Du Depp kannst nicht mal an nichts denken! Mist, wieder ein Gedanke! Mann!« Das heißt, wenn wir es wirklich ernst meinen, müssen wir uns zum Meditieren zwingen, anders geht's nicht. Gelassenheit fällt nicht vom Himmel.

Wenn wir uns also selbst beim Denken zusehen, nennt man das »offenes Gewahrsein«. Wir können unsere Gedanken wahrnehmen und loslassen. »Ach, schau, da kommt ein Gedanke an meine Steuererklärung, interessant, den lasse ich jetzt wieder los.« Und so geht das dann in einem fort: »Ich denke daran, dass Amelie in der vierten Klasse gemein zu mir war. Und lasse den Gedanken wieder wegziehen.« Die kleinen Lücken, die zwischen den Gedanken entstehen, würden nicht entstehen, wenn wir in dieser Zeit eine Serie gucken oder Reels bei Instagram sehen würden. Diese Lücken zwischen den Gedanken SIND die Meditation. Das Gefühl, dass Gedanken kommen und auch wieder gehen, IST Meditation. Die absolute Stille, von der wir immer denken, dass wir sie erreichen müssten, weil wir sonst Versager sind, ist dann für später mal. Das kommt dann schon. Vielleicht.

Meditation ist quasi das Weiterführen des Gedankens,

dass wir Welle und Teilchen gleichzeitig sind. Wir denken und meditieren gleichzeitig, das geht. Zwei Zustände, beide sind richtig. Wir hören uns zu, nehmen uns wahr, sehen, was kommt, akzeptieren die Funktionsweise unseres Gehirns, akzeptieren, was ist, und hören endlich auf, vor uns selbst davonzulaufen. Vielleicht weinen wir dabei, sind gestresst und nehmen das wahr. Vielleicht finden wir uns kacke oder schämen uns. Aber wir laufen nicht mehr vor uns selbst weg. Wir bleiben hier, mit uns, mit allem, was ist. Wir halten uns aus. Harte Nummer, ich weiß.

Vielleicht nur einige Sekunden, am Anfang. Einige Minuten, später. Vielleicht geht es Montag ganz okay, und Mittwoch würden wir lieber die gesamte Buchhaltung von Siemens erledigen, als auch nur eine Sekunde mit uns allein zu verbringen. Jeder Tag ist anders, jede Meditation ist anders, wir sind jeden Tag unseres Lebens anders. Und das ist auch völlig in Ordnung so.

Die Meditationspraxis hilft uns, genau das anzunehmen, uns anzunehmen, wie wir sind. Wir müssen nichts leisten, sondern nur still werden, und wenn es mal nicht funktioniert, dann funktioniert es eben mal nicht. Hauptsache, wir geben nicht auf. »Bis man einigermaßen stabile Effekte hat beim Meditieren, dauert es etwa drei bis vier Wochen«, sagt Dr. Peter Sedlmeier. »Und wenn man länger meditiert, dann hilft und funktioniert es auch, wenn man besonders aufgeregt ist oder sich eben nicht wohlfühlt oder krank ist. Es lohnt sich also, dranzubleiben.«

Wir haben ja schon ausführlich über die Neuroplastizität gesprochen, dass wir also mit unseren Gedanken und damit, was wir jeden Tag tun, unser Gehirn selbst aktiv formen können. Und natürlich kommt hier auch die Meditation ins Spiel. Denn unser Gehirn verändert sich, wenn wir meditieren. Der Hippocampus ist ein wichtiger Bestandteil unseres limbischen Systems und unter anderem auch für die Emotionsregulation zuständig. Er bildet zum Beispiel mehr Nervenzellen, wenn wir meditieren. Das heißt, dass wir besser in der Lage sind, unsere Gefühle zu akzeptieren, sie da sein und sie genauso wieder wegziehen zu lassen. Wir lernen und fühlen mit der Zeit, dass ein Gedanke uns nicht niederstrecken muss. Er kann kommen, da sein, aber er ist ein temporärer Zustand, er wird wieder gehen. Und je mehr wir das trainieren, genau wie unseren Bizeps im Fitnessstudio, desto mehr werden wir genau das fühlen. Dass wir uns eben von unseren Gedanken und Gefühlen nicht alles gefallen lassen müssen.

Wer jeden Tag für ein paar Minuten übt, seine Gedanken loszulassen, wird genau das irgendwann verkörpern. Nicht, dass wir gefühllose Monster werden, sondern dass ein Gefühl einen Anfang und ein Ende hat. Das Gefühl der Einsamkeit, Liebeskummer, Verlustangst, Schmerz, Wut, all das hat seine Berechtigung, all das können und sollen wir fühlen, weil Gefühle zum Fühlen da sind. Aber sie haben irgendwann wieder ein Ende. This too shall pass.

»Meditation hat positive Effekte auf fast alles, was man sich vorstellen kann«, sagt Dr. Peter Sedlmeier. »Ganz zentral dabei ist die sogenannte Deautomatisierung. Also die Effekte, die automatisch ablaufen, werden verlernt.«

Wenn uns also bestimmte Situationen, Menschen oder Tätigkeiten triggern, nerven und wir sie ablehnen, kann uns die Meditation dabei helfen, damit umzugehen. Unsere negativen Emotionen werden quasi nebenbei schwächer. Und das wiederum hilft uns ganz konkret in unserer Beziehung. Dr. Sedlmeier hat nämlich gleich zwei Metaanalysen gemacht, also Analysen, in denen viele verschiedenen Studien zusammengefasst und ausgewertet wurden, und dabei kam heraus, dass Meditation den größten Effekt auf unsere zwischenmenschlichen Beziehungen hat. Also Meditieren macht unsere Beziehungen besser. Wenn wir gelassener und gleichmütiger werden, bringt uns unser Partner nicht mehr so auf, und unser Zusammenleben wird harmonischer. Einfach so. Es klingt fast zu leicht, um wahr zu sein.

Wir erwarten oft, dass die großen Momente unseres Lebens jene sind, die wir später als »Glück« in unserer Bilanz des Lebens verbuchen. Hochzeit, ein Kind wird geboren, ein Lottogewinn, eine Beförderung, ein großer Auftrag. Aber meine Seelen-Orgasmen sind oft klein und scheinbar unbedeutend. Ich gucke in den Himmel, sehe eine Schwalbe und fühle – wie ich es einmal in einer geführten englischen Meditation gehört habe: »The joy it is to be alive.« Mehr nicht. Einfach die Freude, die es macht, am Leben zu sein. Und das alles nur, weil ich zwanzig Minuten am Tag versuche, zu sein. In Stille. Nicht weil es cool, in oder angesagt ist, nicht weil irgendwelche Hipster es mir auf Instagram gesagt haben, sondern weil ich es will. Weil ich weiß, dass es funktioniert, ich fühle es, jeden Tag. Ich lese oft von Widerstand und Trotz gegen das Meditieren. Jetzt »müsse man dass auch noch machen.«

Ich werde es noch sehr oft betonen: Ihr müsst gar nichts! Keine Meditations-Cops werden kommen, niemand verurteilt euch, wenn ihr nicht meditieren wollt. Genauso wie niemand denkt, ihr seid schlechte Menschen, weil ihr nicht Geige spielt. Wir müssen damit aufhören, uns ständig von der Außenwelt angegriffen zu fühlen, und einfach unser Leben leben. Wir haben die unermessliche Freiheit hier in Deutschland, so viel selbst entscheiden zu können. Zumindest allemal, ob wir meditieren wollen oder nicht. Ihr könnt das hier alles lesen, das Buch in den Müll werfen und euch nie wieder mit euch selbst beschäftigen. Ist das nicht geil?! Ihr seid frei!

Ich zwinge euch nicht zum Meditieren, die gut aussehenden Hipster zwingen euch nicht, niemand baut Druck auf, wenn ihr es nicht zulasst. Ihr entscheidet, aber es muss nicht entweder oder sein, es geht auch Welle *und* Teilchen.

Ich verstehe ja den Widerstand, der manchmal in einem aufkommt, wenn alle etwas um einen herum tun und propagieren. Ich war in der Schule offensiv gegen Pferde, weil ich von so vielen Pferde-Mädchen umringt war. In der Psychologie nennt man das übrigens Reaktanz, wenn man sich durch äußere Einflüsse gezwungen sieht, etwas zu tun. Ob das jetzt Verbote sind, Ge-bote oder der Gruppenzwang in der Schule. Nicht die »Wendy« zu lesen war also in dem Fall einfach eine Trotzreaktion. Und genau diese haben auch viele Menschen, wenn jemand anfängt, vom Meditieren zu sprechen.

Aber es ist ja nicht so, dass Meditation von Yoga-Influencern in Spandexhosen erfunden wurde. Außerdem verbaut man sich durch die generelle Opposition so einiges im Leben, reiten ist ganz sicher ein tolles Erlebnis.

Schon etwa 500 v. Chr. soll Buddha gesagt haben: »Wo Wahrnehmung ist, ist auch Täuschung.« Das Zitat wird ihm zumindest zugeschrieben. Und exakt diese Erkenntnis habe ich mir 2520 Jahre später selbst erarbeitet, weil meine Beziehung auf brutale Art beendet wurde. Um sich dieser falschen Wahrnehmung bewusst zu werden, bedarf es einer Geistesschulung, also der Meditation. Denn einfach nur festzustellen, dass wir alle eine unterschiedliche Wahrnehmung der Welt haben, ist eine Sache, es tatsächlich zu fühlen und sich dieser falschen Wahrnehmung bewusst zu sein, eine völlig andere. Liebe, Wut und Trauer können wir ja auch nicht intellektuell begreifen, wir müssen sie fühlen, um kompetent darüber sprechen zu können.

»Falsche Wahrnehmung führt zu falschem Denken und

löst Leiden aus«, sagt der Buddhismus, und ich will mir diesen Satz auf ein T-Shirt drucken lassen, denn das ist es, worum es mir hier geht. Wir sind keine Sklaven unserer Annahmen über die Welt, unserer Vorurteile, Denkmuster und Glaubenssätze. Wir können entscheiden, was uns davon guttut, was uns dient, was uns, unsere Beziehung, unser Sein und die Welt voranbringt. Indem wir meditieren, trainieren wir unseren Geist und haben so den nötigen Abstand, um uns fragen zu können: Denke ich das nur? Warum denke ich das? Bringt es mich weiter, wütend zu sein, weil mein Freund das gesagt hat? Ist es hilfreich, diese Beziehung weiterzuführen, obwohl ich mich wie im Gefängnis fühle? Warum aber fühle ich mich wie im Gefängnis, und habe ich mich da nicht sogar selbst reingesteckt? Welche Macht hat eigentlich meine Partnerin über mich? Wieso lebe ich so? Was, wenn ich nur noch ein Jahr zu leben habe, ist es dann sinnvoll, was ich gerade tue?

Meditation macht uns freier im Denken und auch im Fühlen. Seit ich meditiere, habe ich oft eine Wahl. Ich kann entscheiden, was ich fühlen will. Studien belegen dieses Phänomen. Unsere negativen Gefühle werden milder zu uns, unsere rechte Amygdala, das Zentrum für Emotionen wie Angst und Wut, schrumpft. Die negativen Emotionen können uns irgendwann nicht mehr wegfegen.

Mein Leben lang war ich der Meinung, ich wäre meine Gefühle. Also wenn ich traurig bin, BIN ich traurig. Tatsächlich weiß ich jetzt aber, dass ich mich lediglich jetzt gerade traurig *fühle*, und das ist ein himmelweiter Unterschied! Ich weiß jetzt, dass dieses Gefühl einen Anfang hat und ein Ende. Wenn es regnet, denken wir ja auch nicht, wir SIND Regen. Wir wissen, dass der Regen irgendwann aufhören wird. Wenn ihr das nächste Mal wütend oder verzweifelt seid, haltet mal kurz inne und fühlt: Das bin nicht ich. Das ist ein Gefühl, das kommt und wieder geht. *Fühlt* es. Aber *seid* es nicht.

Das ist zwar keine Meditation, aber eine Art Achtsamkeitsübung, die ich mir selbst ausgedacht habe. Sagt laut: »stopp!«, und dann fühlt, dass die Wut da ist und dass sie wieder gehen wird. Vielleicht nicht jetzt sofort, aber vielleicht morgen. Oder nächste Woche. Aber für euren Körper ist es definitiv besser, wenn sie wieder geht. Wir wissen ja, dass Wut, die nicht aus dem System wieder rausdarf, Blutgerinnsel auslöst. Oder Bluthochdruck, Magenschmerzen oder Migräne. Mehr Übungen und ganz konkrete Dinge, die wir im Alltag tun können, gibt's im dritten Teil. Zu all diesen Dingen empfehle ich immer wieder die Bücher von Dr. Andreas Michalsen und Dr. Tobias Esch, beides tolle Ärzte, die fantastische Bücher darüber geschrieben haben, wie und warum uns unsere Gedanken und Gefühle krank machen. Tobias Esch beschreibt in seinem Buch *Der Selbstheilungscode* wunderbar, dass es kein Eso-Kram ist, sondern »knallharte Wissenschaft«, dass angenehme Gefühle und Gedanken unser Immunsystem stärken und die Konzentration erhöhen. Gedanken und Gefühle können uns Kraft und Energie geben, uns gesund machen. Im Umkehrschluss machen uns natürlich unangenehme Gedanken auch krank. Und das können Ärzte mittlerweile wunderbar belegen.

Wir haben ja eben schon über die Sprache nachgedacht, die wir jeden Tag in unserem Kopf benutzen. »Du Vollidiot hast schon wieder deinen Schlüssel vergessen. Du bist auch zu nichts nütze!« hat eine andere Auswirkung auf unseren Körper und unsere Gesundheit als: »Mist, na ja, passiert jedem mal. Ich werde schon einen Weg finden, wieder in die Wohnung zu kommen.« Es geht nicht darum, nie wütend zu sein. Das will niemand, aber an der Wut jahrelang festzuhalten, macht krank. Isso. An unangenehmen, krank machenden Gefühlen halten wir fest, indem wir sie immer wieder selbst auslösen. Wir sprechen über sie, wir denken darüber nach, wir wiederholen sie – teilweise jahrelang.

Hannah zum Beispiel. Hannah wurde von ihrem Mann für eine Jüngere verlassen. Das ist schon oft in der Geschichte der Menschheit passiert, das ist nichts Ungewöhnliches, nichtsdestotrotz natürlich wahnsinnig schmerzhaft. Seit mittlerweile vier Jahren leidet Hannah nun schon an ihrem Liebeskummer. Sie erzählt ihren Freundinnen immer wieder davon, wie ihr Mann sie verlassen hat, sie wiederholt mantraartig, dass »die blöde Kuh« ihr den Mann weggeschnappt hat. Sie ergeht sich in Erinnerungen an die schöne Zeit mit ihrem Mann. Sie lebt einerseits in der Vergangenheit mit ihrem Mann und anderseits im Schmerz, dass diese Frau an allem schuld sei. Hannah sagt, sie wolle dieser Frau nicht verzeihen, sie wolle sie hassen. Wenn diese Frau nicht gewesen wäre, wäre sie selbst noch glücklich mit ihrem Mann zusammen. Alle anderen Männer seien uninteressant, und keiner sei wie ihr Ex. So geht effektives »an Schmerz und Wut festhalten«.

Aber wie geht loslassen? Unter anderem mit Meditation. Wenn wir wissen, dass wir nicht die Opfer unserer Interpretationen und Gefühle, ihnen nicht hilflos ausgeliefert sind, können wir sie auch genießen. Ja, klingt komisch, funktioniert aber. Denn dass alle Gefühle zu einem voll gelebten Leben gehören, wissen wir ja. Wenn Hannah jetzt also einfach sagen würde: »War ja alles nicht so schlimm, mir geht's super!«, wäre das gelogen und kontraproduktiv. Ein Ausdruck, der im Netz viel diskutiert wird, ist die sogenannte »toxische Positivität«, also dass viele meinen, sie müssten immer glücklich sein. Das wäre jedoch wahnsinnig langweilig, und das sage ich als jemand, der gerne glücklich ist. Ich mag's einfach. Aber wenn ich traurig sein will, dann will ich traurig sein. Mit diesem Wissen können wir in aller Ruhe passende Musik hören oder melancholisch aus dem Fenster blicken. Wenn ich richtig heulen will, gucke ich zum Beispiel den Film *Halbe Treppe* von Andreas Dresen. Wir können Trauer in Songs umwandeln, Gedichte schreiben oder einfach daliegen und es geschehen lassen. Irgendwann sind wir damit dann fertig und können wieder etwas anderes machen. Denn so, wie wir nicht immer glücklich sein können, können wir natürlich auch nicht ewig traurig sein. Das wäre ja genauso bescheuert. Und genau davon spreche ich, wenn ich sage: Geht mit euch selbst in die Stille. Fühlt Gefühle. Ich weiß, das ist anstrengend, und wir wollen eigentlich lieber shoppen, saufen oder diese halbflüssigen Brownies mit Vanilleeis essen. Die schmecken aber besser, wenn sie nicht als Vermeidungsstrategie herhalten müssen.

Wir können in der Stille Dinge weglassen: Wir können aufhören, uns immer wieder zu erzählen, wie schlimm etwas war. Wir können aufhören, uns unsere Interpretation der Geschichte immer wieder ins Gehirn zu brennen. Es ist egal. Es macht keinen Unterschied fürs Jetzt. Die Vergangenheit ist vergangen. Wir können sie loslassen, wie unsere Wut und unseren Schmerz. Wir können uns sogar Notizen machen und uns überlegen, was genau wir aus dem Geschehenen gelernt haben. Aber irgendwann ist dann auch mal gut. Fühlen, sehen, loslassen. Hannah kann sich sagen: »Ja, ich habe diesen Mann geliebt, wir hatten eine tolle Zeit, für die ich dankbar bin. Und jetzt lasse ich ihn los.«

Wir sind alle sterblich, wir haben wenig Zeit, und jeder Tag, den wir aktuell in der Vergangenheit verbringen, ist leider ein Tag weniger, den wir für die Zukunft übrig haben. Ich will hier gar nicht so tun, als wären Stille und Einkehr ein

Spaziergang. Ihr wisst, mein Weg war auch nicht immer sonnig. Wir Menschen versuchen wirklich ALLES, um uns nicht mit unseren Gedanken beschäftigen zu müssen. Wir geben uns mitunter lieber Stromstöße, als mit uns allein Zeit zu verbringen. Das haben die Psycholog*innen um Timothy Wilson von der University of Virginia im Jahr 2014 herausgefunden. Die Probanden sollten sechs bis fünfzehn Minuten lang in einem recht langweilig eingerichteten Raum sitzen und einfach über irgendetwas nachdenken. Ohne Ablenkung, ohne Smartphone, einschlafen war auch nicht erlaubt. Die Menschen waren zwischen 18 und 77 Jahre alt, und alle berichteten danach, wie schwer es für sie war. Ihre Gedanken irrten umher, sie konnten sich nicht konzentrieren. 49,3 Prozent der Teilnehmer*innen haben sogar angegeben, dass die Erfahrung »sehr unangenehm« war.

Im zweiten Durchlauf des Versuchs gab es die Möglichkeit, sich einen Stromschlag zu geben. Klingt absurd, denn das tut ja weh, warum sollte ich so etwas tun? 67 Prozent der Männer haben sich selbst auf diese Weise Schmerzen zugefügt und ein Viertel der Frauen. Lieber Schmerz als Stille. Ein Proband hat sich sogar 190 Mal den Stromschlag gegeben. »Der dafür untrainierte Geist beschäftigt sich nicht gerne mit sich selbst«, haben die Forschenden daraus geschlossen. Wir tun uns lieber weh, als dass wir uns mit unseren Gedanken in Stille beschäftigen. Und nicht nur in Laboren und in Versuchen geschieht das, sondern jeden Tag! Die Geißel der Menschheit ist nicht das Smartphone, sondern das sind wir selbst! Das Smartphone ist nur ein schickes neues Tool, um vor uns selbst wegzulaufen. Wir können die Schuld auch nicht auf die Funktionsweise unseres Gehirns schieben, denn wir haben auch keine Flügel und können trotzdem fliegen! Wenn die Brüder Wright das einfach so hingenommen hätten, gäbe es keine Flugzeuge. Deswegen ist es eine faule

Ausrede, wenn wir sagen: »Mein Gehirn macht das halt so.« Unser Gehirn ist etwas, das wir trainieren können. Wir können unseren normalen menschlichen Wahnsinn bis zu einem gewissen Grad wegüben, wir können damit arbeiten, unser Gehirn formen und so benutzen, wie wir wollen. Indem wir in die Stille gehen. Welle und Teilchen gleichzeitig – nichts ist fest, nichts muss für immer so bleiben.

Ein weiteres Buch, das mir bei meinen Recherchen in die Hände fiel, war *Ändere deine Gedanken, und dein Leben ändert sich – die lebendige Weisheit des Tao* von Wayne W. Dyer. Witzig, dachte ich, genau das mache ich gerade jeden Tag. Ich ändere meine Gedanken, und um mich herum ändert sich mein Leben radikal. Ich werde lebendiger, habe mehr Energie, lache wieder mehr, fühle mich wohl in meiner Haut und erlebe ständig kleine Wunder. Treffe nette Menschen, flirte, bekomme etwas geschenkt, genieße mein Essen mehr und habe ständig neue Ideen für Projekte.

Aber was ist das Tao? Das Tao, oder Dao, ist eine chinesische Philosophie, eine Lehre, eine Art Religion, ein Prinzip, eine Art zu denken. Dao heißt auch so viel wie »der Weg«. Aber auch das ist nicht sicher, denn so richtig übersetzen kann man das Wort nicht. Die Prinzipien des Lebens stehen in einem zigfach übersetzten Buch namens *Tao te King*, das aus Weisheiten und Texten besteht, die uns inspirieren sollen, recht zu leben. Der Begründer des Daoismus soll Laotse gewesen sein, aber so genau weiß man auch das nicht, die Schrift wurde etwa 400 v. Chr. verfasst, aber wer Laotse war und ob er es wirklich geschrieben hat, ist nicht sicher überliefert.

Laut Wayne Dyer ist ein grundsätzlicher Gedanke des Dao, dass »sowohl als auch« möglich ist. Das »Tao sei sowohl benannt wie namenlos«. Dass zwei Dinge gleichzeitig sind, ist uns im Westen ja absolut fremd. Das chinesische Zeichen für Yin und Yang steht für dieses daoistische Paradoxon: zwei gegenteilige Kräfte stehen gemeinsam, sie bekämpfen sich nicht, sondern ergänzen sich. Das weibliche und das männliche, weich, hart, aktiv, passiv, negativ, positiv. All das kann gleichzeitig sein.

Das Dao fordert uns auf, so Dyer, dieses scheinbare Paradoxon zu fühlen und auszuhalten, dann würde sich unser Leben ändern. Sein Buch ist eine Interpretation der Sinnsprüche, Gedanken und Verse des Tao te King. Das Dao hat mich neugierig gemacht, und ich habe mit Kai Marchal darüber gesprochen. Er ist Philosoph, Dao-Experte und Sinologe und lehrt chinesische Philosophie in Taiwan. Zudem hat er das Buch *Tritt durch die Wand und werde, der du nicht bist* geschrieben. Für ihn – und wir wissen ja, dass alles Interpretationssache ist! – ist der Hauptgedanke im Dao, dass sich alles in jeder Sekunde ändert. Die beiden Zustände die Welt in dieser Sekunde und die Welt in der nächsten Sekunde sind völlig unterschiedlich. Die Dinge verwandeln sich ständig. Der Mensch wird in jeder Sekunde ein anderer, aber auch der Baum und der Tisch sind anders als eben noch. Das sind Gedanken, die wir erst mal nicht gleich fühlen können, weil wir ja »Bleib so, wie du bist!« auf Grußkarten schreiben und bestimmte Parteien wählen, damit sich eben nichts ändert (»Keine Experimente: Adenauer!«). Für Daoisten wäre das absurd. Sie gehen davon aus, dass sich die Struktur, also das, woraus wir sind, permanent verwandelt. Wie eben auch die Lichtportionen, die mal Welle und mal Teilchen sind.

»Im antiken Daoismus geht es oft um bestimmte Körperpraktiken. Die Meditation ist sehr wichtig. Wenn man in sich selbst einkehrt, kann man, so haben die Daoisten geglaubt, etwas über die Struktur des Universums verstehen«, sagt Kai Marchal. Gut, die modernen Quantenphysiker bauen riesige

Teilchenbeschleuniger unter die Erde, um etwas über unsere Materie zu erfahren, aber im Grunde machen wir Menschen eigentlich immer das Gleiche: Wir wollen wissen, lernen und erfahren, woraus wir sind.

Die zentrale Idee des Dao ist also, dass alles eins ist, alles ist im Fluss. Auch unsere Identität, von der wir im Westen immer sprechen, ist aus der Sicht des Dao keine feste Größe, das haben wir hier ja schon angesprochen. Nimmt man jetzt also eine offenere Perspektive an und folgt den Daoisten, sind die Gedanken direkt mit allem in der Welt verbunden. Wenn ich also meine Gedanken verändere, werde ich mein Leben verändern und damit wiederum die ganze Welt. Wir hier im Westen sind ja eher der Meinung, dass unsere Gedanken nur uns gehören und keinerlei Einfluss auf irgendetwas haben. »Es gibt da keine Trennwand im Daoismus zwischen mir selbst und der Welt«, sagt Kai Marchal.

Der Gedanke, dass da gar keine Trennwand zwischen uns und der Welt ist, fühlt sich irgendwie ungewohnt an. Das liegt wahrscheinlich auch daran, dass die europäischen Philosophen sehr wohl eine Trennwand zwischen unseren Gedanken und der Welt gesehen haben. Da gab es bei den uns bekannten Philosophen oft ein Wir-hier-drinnen in unserem Kopf und Die-Welt-da-draußen.

Also eine sehr starke Trennwand zwischen dem Ich und der Welt, weil man sich nicht sicher sein kann, ob man überhaupt aus seinem inneren Käfig rauskommt. Ich habe schon die Konstruktivisten und die Existenzialisten erwähnt. Aber auch die Solipsisten sagen zum Beispiel, dass wir Menschen unsere Realität komplett in uns konstruieren und gar nicht herausfinden können, ob es außerhalb unseres Ichs überhaupt eine Realität gibt. Das heißt, in dieser Denkschule ist die Trennwand für uns sogar unüberwindbar. Laut der Solipsisten werden wir nie herausfinden, ob es die Realität gibt, wir haben nur unsere inneren Zustände. »Ich denke, also bin ich.« Ich kann mir die Welt nur über mein eigenes Denken erschließen. Und da sind wir wieder beim Philosophen Descartes, der im 17. Jahrhundert wiederum sagte: »Die Außenwelt könnte auch nur ein bloßer Traum sein.«

Das ist also das genaue Gegenteil der Lehren des Daoismus, in dessen Denken alles eins ist, weil wir aus der gleichen Struktur geschaffen sind. Die Welt da draußen, unser Denken, der Tisch, der Baum und mein fließendes Ich – es gibt keinen Unterschied. Mittlerweile wissen wir ja, dass das auf der energetischen Ebene stimmt. Alles ist aus Atomen, also aus Energie: der Tisch, der Baum und ich. Daraus interpretieren die Daoisten: »Wir sind die Welt, meine Gedanken sind die Welt, und zwischen mir und der Welt gibt es gar keine Trennlinie.«

Das ist das, was ich erlebt habe. Meine Gedanken waren irgendwann, Monate nach der Trennung, andere als zuvor. Ich habe mich verändert, war im Fluss, bewusster, anders, nicht so vorherbestimmt. Ich war plötzlich nicht mehr Mutter, Bettenbezieherin und Abendbrotkocherin. Ich war Yin und Yang, ich war verletzt und gleichzeitig glücklich, dankbar und traurig, Welle und Teilchen. Ich war stark und schwach, frei und gebunden, habe Party gemacht und bin früh schlafen gegangen. Ich habe mich nicht mehr als jemand Festes gesehen, sondern als fließenden Zustand. Damit habe ich anderes erlebt als noch zuvor. Ich habe mit fremden Menschen gelacht, mir sind neue Dinge aufgefallen, ich habe jeden Tag anders gedacht, neue Dinge ausprobiert und bin zum Fitness-Boxen gegangen. Ja, diese Reise ist nicht nur intellektuell oder spirituell, ich habe mit voller Liebe und Leidenschaft auf einen Boxsack eingedroschen und dabei Dinge gefühlt, die ich vorher nie gefühlt habe.

Descartes hat natürlich auch recht: Die Welt könnte auch bloß ein Traum sein. Nur haben wir ja nichts anderes, womit wir arbeiten können. Dieses Buch hat keine Antworten. Dieses Buch enthält Gedanken, meine Erkenntnisse, meine Sicht auf die Welt, meine Erlebnisse und meine Interpretationen und die Zusammenhänge, die ich hergestellt habe. Meine Strategien, meine Übungen, Meditationen, meine Leseempfehlungen. Aber vielleicht ist das alles ganz großer Quatsch. Das entscheidet ihr für euch selbst! Ihr übernehmt die Verantwortung für euer Denken, Empfinden und Wahrnehmen. Vielleicht bestehen wir in echt auch aus ferngesteuerten Gummibärchen, und das Obergummibärchen auf dem Mars entscheidet nach Gutdünken, wer hier auf der lustigen kleinen Erde glücklich und wer verbittert wird. Oder die Antwort auf die Frage nach dem Sinn des Lebens lautet 42. Wer weiß das schon.

Kapitel 11

HANDELN FÜR DIE LIEBE – WAS WIR JETZT TUN KÖNNEN

Was nützt die Freiheit des Denkens,
wenn sie nicht zur Freiheit des Handelns führt.
– Jonathan Swift

Jetzt, wo wir still sein können, es üben, es integrieren und verkörpern, trainieren und priorisieren, können wir richtig Action machen. »Wenn ich den ganzen Tag meditiere und mich mit mir selbst beschäftige, ändert sich doch nichts.« So etwas Ähnliches habe ich neulich wieder im Netz gelesen.

Erstens: Doch, wetten?

Und zweitens: Wer will eigentlich den ganzen Tag meditieren? Und wer hat bitte gesagt, dass wir das tun sollen? Ich nicht. Wenn wir gute Beziehungen in unserem Leben haben, etwas ändern und bewegen wollen, müssen wir natürlich handeln. Wir wissen ja jetzt, dass der Buddhismus, der Daoismus, Quantenphysiker und Heraklit sagen: alles Seiende zeichnet sich durch seine Eigenschaft aus, unbeständig und im Wandel zu sein. Ohne Wandel und Bewegung gäbe es niemanden von uns, keinen Baum und keine Milchstraße. Es gibt weder im Mikro- noch im Makrokosmos Stillstand. Die Elektronen flitzen rum, und Atome zerfallen, das Universum dehnt sich aus, Unternehmen wandeln sich, die Partnerin ist jeden Tag eine andere, die Kinder wachsen, und die Breitmaulnashörner sterben aus. Deswegen ist Nicht-Handeln gar keine Option. Wenn wir abwarten, keine Entscheidungen treffen, nur reagieren, anstatt zu agieren, wandelt sich trotzdem alles um uns herum, nur dass wir keinen Einfluss darauf haben. Wir sind keine Gestalter, der Wandel findet dann ohne uns statt. Wir dürfen aber unsere Welt gestalten, auch wenn wir oft das Gefühl haben, völlig hilflos zu sein. Das Gefühl der Hilflosigkeit wird übrigens durch Meditation schwächer. Einfach so. Meditieren ist schließlich auch eine Handlung.

Alle Psychologen und Psychologinnen, mit denen ich gesprochen habe, haben mir gesagt, dass das Gefühl der Hilflosigkeit gefährlich für unsere Psyche ist, es kann uns sogar krank machen. Ich habe hier ja bereits die Psychologin und Bestsellerautorin Stefanie Stahl zitiert: »Handeln ist das Gegenteil von Depression.« Wenn wir uns selbst als in der Welt wirksam, als aktiver Teil der Welt wahrnehmen, geht es uns besser. Handeln ist also keine Option von vielen, sondern die einzige Option für den Menschen. Wir können nicht nicht handeln. Wir können uns lediglich als passiv wahrnehmen und aus dieser Weltsicht heraus Entscheidungen aufschieben und anderen überlassen. Aber die Entscheidungen werden gefällt werden, entweder von uns oder von jemand anderem. Wir können uns einreden, dass wir erst mal drüber nachdenken müssen, und dadurch unser Leben verpassen.

Wir können Ausreden finden, uns einreden, dass wir davon keine Ahnung haben, dass andere das besser können, dass die Frau das entscheidet oder der Mann die Finanzen macht. Wir können uns in eine Schublade setzen und so tun, als könnten wir nie wieder raus. Der Staat, der Partner, die Wirtschaft, die Umstände, die Deutschland GmbH. Irgendwann fühlen wir uns dann hilflos. Und dieses Gefühl macht uns wütend, wir werden Reichsbürger, verklagen unsere

Geschäftspartner, schreien unseren Mann an und beginnen eine Affäre. Aus Unsicherheit, Hilflosigkeit und einem Gefühl heraus, man könne ja sowieso nichts ändern. Aus einem Gefühl heraus, im falschen Leben gefangen zu sein. Gibt es wirklich kein richtiges Leben im Falschen, und was heißt das überhaupt? Ich sage: Bevor wir die Welt ändern können, müssen wir uns erst einmal selbst ändern. Denn wie soll ich die Ungerechtigkeit in der Welt abschaffen, wenn ich im ersten Stock nach Atem ringe und sechs Pillen brauche, um meinen Blutdruck in den Griff zu kriegen? Wie kann ich wirklich etwas beitragen, wenn ich die ganze Zeit damit beschäftigt bin, kraftraubende Machtkämpfe mit meinem Partner auszutragen? Die Freundlichkeit, die wir unserem Partner, Freunden, Kindern und Kollegen entgegenbringen, spiegelt immer die Freundlichkeit wider, die wir uns selbst entgegenbringen. Wenn ich innerlich zerrissen bin, unsicher und nicht weiß, wozu ich eigentlich morgens aufstehe. Wenn mein Leben leer ist, können die Globalisierung und meine Partnerin erst mal nichts dafür. Wer eine glückliche Beziehung mit einem anderen Menschen führen will, muss eine glückliche Beziehung mit sich selbst führen. Bevor wir uns fragen, was in unserer Beziehung eigentlich falsch läuft und warum wir unglücklich Single sind, uns der Partner auf den Sack geht oder die Dates so öde sind, müssen wir uns erst mal fragen: Wie geht es mir denn eigentlich?

Wir erinnern uns an Christian. Hätte er sich wirklich gefragt, wie es ihm geht, was er braucht und was er selbst tun könnte, damit es ihm besser geht, wäre die Antwort sicher nicht »noch ein Date« gewesen.

Was kann ich tun, damit es mir besser geht?

Macht euch Notizen, eine Liste, sammelt Schlagworte, macht Diagramme oder malt Bilder. Hauptsache, ihr fragt euch selbst, was ihr braucht, damit es euch gut geht, und was ihr selbst dafür tun könnt. Wir können uns eine Art Masterplan basteln. Meine Liste sieht zum Beispiel so aus: Selbstfürsorge, Sport, Verbundenheit, Wachstum, Begeisterung und Kreativität, Musik, Lernen und Abenteuer und wird sicherlich noch weiter wachsen. Zu den einzelnen Punkten erzähle ich euch jetzt jeweils etwas mehr:

SELBSTFÜRSORGE

Das bedeutet für mich, zu meditieren, ausreichend zu schlafen, gesund zu essen, Tagebuch zu schreiben. Musik hören, Sport treiben und Zeit für mich allein. Manchmal sitze ich auch einfach nur da und starre in der Gegend rum, das hilft auch. Ich esse auch mal Mist und schlafe zu wenig. Aber ich weiß, was mir guttut, und gebe mir Mühe. Ich folge Brendon Burchard auf Instagram, er ist einer der berühmtesten Coachs zum Thema persönliches Wachstum und Erfolg in den USA und Bestsellerautor. Er hat in einem Video mal so schön gesagt: »Such dir eine Sache, die dich heute glücklich macht. Eine Sache! Plane sie, überleg dir, was dir heute Freude bringt.«

Es klingt so einfach. Tatsächlich stolpern wir aber meistens in den Tag hinein, lesen Schlagzeilen im Bett und haben davon schon mal schlechte Laune, sind zu spät, das Kind verschüttet Müsli, man selbst hat schon die ersten Termine im Kopf und muss noch an Klopapier und Nudeln denken. Wir laufen unseren To-do-Listen hinterher, den Meinungen anderer auf Social Media, wir arbeiten unser Leben ab wie ein Jump-and-Run-Spiel, weil man ja Abendbrot auf den Tisch bringen muss, und im letzten Level brechen wir vor einem Bildschirm zusammen, um *Stranger Things* zu gucken. Das ist nicht handeln oder leben, sondern auf die Außenwelt reagieren. Fragt euch morgens im Bett doch mal, was ihr euch heute Gutes tun wollt, anstatt aufs Handy zu gucken.

Eine Freundin hat mir neulich erzählt, dass sie sich mal wieder Maulbeeren gekauft hat und sich den ganzen Tag darauf gefreut hat, sie zu essen. Sie liebt Maulbeeren, und ihr Supermarkt hatte sie aus dem Sortiment genommen, weswegen sie so lange keine hatte. Manchmal reichen schon Maulbeeren.

Nehmt eure Freude in die Hand. Und jetzt kommt mir nicht mit »Ich habe keine Zeit für Freude.« Der durchschnittliche Deutsche guckt täglich 252 Minuten fern. Täglich! Es gibt keinen geheimen Stundenvorrat, der nur einer erfolgreichen Elite vorbehalten ist, nehmt euch die Zeit.

SPORT

Für Sport bleibt am Ende des Tages ja oft keine Zeit, wenn ihr aber eine glückliche Partnerschaft haben wollt: macht Sport! Ja, Diane, quatsch mich nicht voll, ich weiß, dass ich Sport machen soll. Ich weiß, dass ihr das wisst. Trotzdem hat die Weltgesundheitsorganisation gerade wieder vor Bewegungsmangel gewarnt. Der Sportwissenschaftler Professor Dr. Ingo Froböse hat es sogar »Bewegungsmangel-Pandemie« genannt. Wir wollen uns partout nicht bewegen. Wenn wir aber selbstwirksam unser Leben gestalten wollen, müssen wir das aktiv tun. Sport stärkt das Immunsystem, unser Selbstbewusstsein und unser Herz, Sport beugt Diabetes und Schlaganfällen vor. Trainieren baut neue Knochensubstanz auf, Bewegung beugt Demenz und Alzheimer vor. Yoga hilft gegen Angst, vermindert das Schmerzempfinden, steigert die Konzentration und hilft bei chronischen Rückenbeschwerden. Sport macht glücklich! Das wissen wir. Und wir brauchen dafür auch keine Motivation, wir müssen es einfach tun, ob wir es nun fühlen oder nicht. Ich frage mich morgens im Bad auch nicht, ob heute ein guter Tag ist, um

Zähne zu putzen, und ob ich mich eigentlich stark und fit genug fühle, um mir heute die Zähne zu putzen. Ich putze einfach meine Zähne! Entweder wir machen regelmäßig Sport, oder wir lassen es bleiben. Punkt. Neuroplastizität ist nämlich nicht nur, was wir denken, sondern auch das, was wir jeden Tag tun. Wir bauen unser Gehirn auch mit unseren Taten. Deswegen muss man sich auch nicht geißeln, verurteilen oder beschimpfen, wenn man es nicht getan hat. Entweder wir machen Sport oder eben nicht. Bewegung ist ein Muss, wenn wir uns gut, stark und glücklich fühlen wollen. Trotzdem sehe ich Sport nie als etwas, das ich »noch machen muss«, sondern als ein Geschenk an mich. Ich schenke mir Zeit zum Schwimmen, ich schenke mir 15 Minuten Hanteltraining, weil starke Oberarme mir gut gefallen und mein Selbstvertrauen stärken, ich schenke mir 20 Minuten Yoga für mein Wohlbefinden. Und es ist sicher auch kein Zufall, dass ich nach der Trennung mit dem Fitness-Boxen begonnen und glücklich bis zur absoluten Erschöpfung auf einen Sandsack eingeprügelt habe.

Wir Frauen können nicht so gut wütend sein, uns wird dann schnell mal Hysterie vorgeworfen. Das Wort stammt aus dem Altgriechischen und heißt »Gebärmutter«, also hysterisch sein ist laut Männern seit der Antike erst mal nur ein Problem von Frauen. Von wegen. Das Boxen hat mir dabei geholfen, adäquat wütend zu sein. Sport kann so viel für uns tun, wenn wir ihn lassen. Wir können jeden Tag kleine Stellschrauben in unserem Denken verändern, wir können jeden Tag ein bisschen aus alten Denkmustern herausschlüpfen und mal gucken, wie es sich anfühlt. Wenn wir den Gedanken ernst nehmen, dass wir unsere Gefühle selbst machen, dann müssen wir es auch tun. Ihr wisst, dass ihr euch nach dem Sport besser fühlt als davor. Das ist kein Geheimnis und keine revolutionäre neue Erkenntnis.

Ich schreibe jeden Tag in mein Journal »Sport«: – mit Doppelpunkt. Damit ich dann abends etwas zum Reinschreiben habe, sorge ich irgendwann am Tag dafür. 20 Minuten Yoga, 11 000 Schritte, 40 Minuten Fahrradfahren, 5 Minuten Bauch-Work-out, 20 Minuten Hanteltraining, 15 Minuten Schwimmen. Irgendetwas soll da dann stehen. Gamification, ich spiele ein Spiel mit mir und will nicht verlieren. Wenn ihr jetzt aber doch, aus irgendwelchen Gründen, partout in der Bewegungslosigkeit verharrt, hab ich noch einen Tipp, der super hilft: Die »5-second-Rule« von Mel Robbins. Sie ist Motivationscoach, Anwältin, Moderatorin, Autorin und eine extrem inspirierende Frau. Ich liebe sie!

Auch in ihrem Leben gab es eine schwere Zeit, ihr Mann ging mit seiner Restaurantkette pleite, sie hatte einen Job verloren, die beiden hatten massive Geldsorgen und Angst. Sie trank jeden Abend, um schlafen zu können, und stand jeden Morgen zu spät auf, der Snooze-Button war ihr bester Freund. Weil sie sich den Problemen nicht stellen wollte, hatte ihr Geist entschieden, nie pünktlich aufstehen zu wollen. Sie hatte Angst vorm Handeln und machte damit alles nur noch schlimmer. Eines Abends, nach ein paar Drinks, sah sie einen Raketenstart im Fernsehen – 5–4–3–2–1 – Take-off – und dachte: »So werde ich morgen aufstehen. Wie eine Rakete, mit Countdown. Morgen werde ich es schaffen, morgen werde ich mein Leben in die Hand nehmen.« Genau das tat sie am nächsten Morgen. Statt den Snooze-Button zu betätigen, zählte sie 5–4–3–2–1: und stand auf!

Sie machte ihren Kindern Frühstück und stellte sich dem Tag. Nein, danach wurde nicht direkt alles gut, aber ein erster Schritt war getan, sie war wach, angezogen und musste sich nun den restlichen Problemen widmen. Und das tat sie, Schritt für Schritt. Sie suchte sich einen neuen Job: 5–4–3–2–1. In ihrem Buch *Die 5-Sekunden-Regel: Wenn du bis fünf zählen kannst, kannst du auch dein Leben verändern* beschreibt sie ausführlich, warum diese Methode funktioniert und wie man sie einsetzen kann. Das Rückwärtszählen stoppt unser unfruchtbares Grübeln. Wir stören damit unseren im Automatismus gefangenen Geist und sagen ihm: Und jetzt machst du mal etwas anderes als das, was du gewohnt bist. Vorwärtszählen funktioniert nicht, ans Vorwärtszählen ist unser Gehirn gewöhnt. Um das Alte zu verlassen, müssen wir rückwärts zählen, disruptiv.

Ihr habt euch vorgenommen, heute zum Squash zu gehen, ihr wisst, ihr liebt Squash, ihr wisst, wie gut ihr euch danach fühlt, ausgepowert, verschwitzt und glücklich. Trotzdem sucht euer Gehirn jetzt, nach neun Stunden Arbeit und ungemachter Wäsche, Gründe, doch nicht zum Squash zu gehen. »Ich bin wirklich müde, es war ein harter Tag, man muss auch mal …« 5–4–3–2–1: Go! Ihr stoppt euren Gedankenfluss dabei, Gründe gegen Squash zu suchen, ihr steht auf und geht. Probiert es aus! Ich habe es getan, und es funktioniert. Als Hörbuch im Original macht das Buch übrigens am meisten Spaß, weil Mel Robbins so toll erzählt und eine so angenehme Stimme hat. Da wollte ich direkt den ganzen Tag rückwärts zählen. Es müssen keine stundenlangen Work-outs sein, ihr müsst nicht für den Ironman trainieren oder olympisches Gold im Bodenturnen anstreben – wir müssen uns einfach mehr bewegen.

VERBUNDENHEIT

Das sind tiefe Gespräche, Diskussionen, Sex und laut lachen mit meinem Partner. Zeit mit den Kindern, kuscheln, Quatsch machen, vorlesen und Ausflüge. Freundinnen und Freunde treffen, dummes Zeug reden, auf Konzerte gehen, tanzen und einfach abhängen.

WACHSTUM

Ich will jeden Tag lernen und höre deswegen Hörbücher auf dem Fahrrad. Ich lese Bücher vorm Schlafengehen, lerne Spanisch mit meiner App und überlege, welche nervige Situation im Alltag heute dazu geführt hat, dass ich eine andere bin als gestern. Was hat mich wachsen lassen? An welcher Herausforderung bin ich heute gewachsen, was habe ich gelernt?

BEGEISTERUNG UND KREATIVITÄT

Ich frage mich jeden Tag wieder: Was begeistert mich heute? Ist es, dieses Buch zu schreiben? Oh ja, das begeistert mich sehr! Selten so viel Spaß gehabt.

Morgen will ich vielleicht ein Bild malen oder bewegungslos am See verharren, mit den Kindern Stand-up-Paddle fahren oder einen wundervollen Roman lesen. Eine richtig leckere Veggie-Lasagne, die ich selbst zubereitet habe, löst meine Begeisterung aus, genauso wie Pläne für neue Projekte, Ideen haben und umsetzen. Vielleicht mache ich irgendwann Holzskulpturen, lerne schweißen oder spiele Theremin. Fitness-Boxen begeistert mich, schwimmen und vietnamesisches Essen. Andalusien, gute Musik, Kunstmuseen und Gärtnern. Begeisterung zu fühlen ist eine meiner obersten Prioritäten im Leben geworden, seit ich mich mit mir selbst auseinandersetze. Ich warte aber nicht, bis sie mir geschieht, ich stelle sie selbst her.

Was habt ihr als Kind gemacht? Haben wir als Kind nicht alle etwas mit Inbrunst getan? Ich habe gemalt und Kurzgeschichten geschrieben, bei mir ist die Detektivarbeit relativ schnell abgeschlossen. Ich mache exakt das immer noch mit Liebe und Begeisterung. Wenn wir etwas finden, von dem wir Schmetterlinge im Bauch bekommen, wenn wir es tun, und dabei die Zeit vergessen, wenn wir uns im Tun verlieren, unser Selbst mit seinen ganzen kleinen Problemchen mal nicht im Vordergrund steht, dann nennt die Psychologie das »Flow«. »Meine Gedanken sind klar und fokussiert. Ich bin ganz im Hier und Jetzt versunken in dem, was ich gerade tue. Ich fühle mich gut. Es ist, als ob es aus mir herausfließt. Die Welt da draußen ist weit weg. Ich nehme mich und meine Sorgen kaum wahr.« So haben Künstler*innen, Sportler*innen und Wissenschaftler*innen beschrieben, was Flow für sie bedeutet. Der Psychologe Mihály Csíkszentmihályi beschäftigt sich bereits seit 1975 mit dem Flow-Erleben und damit, wie wir es selbst auslösen können. Es gibt einen TED-Talk aus dem Jahr 2004, in dem er darüber spricht. Die Idee der TED-Talks stammt von der TED-Konferenz, die in den 1980ern in Nordamerika gegründet wurde. In den TED-Talks werden Innovationen und Forschungsergebnisse in kurzen, unterhaltsamen Vorträgen für jeden zugänglich gemacht. Zurück zum Flow: Wenn wir im Flow sind, ist unser Gehirn so sehr damit beschäftigt, etwas zu erschaffen, dass wir nicht in der Lage sind, uns Sorgen zu machen. Wir haben ja schon im ersten Teil dieses Buchs darüber gesprochen, dass wir nicht alle Informationen, die auf uns niederprasseln, aufnehmen und verarbeiten können, wir müssen uns fokussieren. Tun wir etwas, in dem wir voll und ganz aufgehen, ist der Arbeitsspeicher unseres Gehirns damit voll. Es ist also unmöglich, im Flow zu sein und sich gleichzeitig darüber Gedanken zu machen, ob man wohl allein sterben wird oder warum der Partner nicht abgewaschen hat. Wer in etwas aufgeht, hat nicht mal Hunger oder spürt sich nicht selbst.

»Freude entsteht an der Grenze zwischen Langeweile und Anspannung. Dort wo Herausforderung und Handlungsfähigkeit im Gleichgewicht sind«, sagt Mihály Csíkszentmihályi.

Wir brauchen also eine Tätigkeit, die uns weder unter- noch überfordert. Aber da kommen wir erst hin, wenn wir diese Tätigkeit üben. Meditieren, Geige spielen, kochen, malen, Tische bauen. Wenn wir es zum ersten Mal tun, wird sich kein Flow-Gefühl einstellen. Dann werden wir noch hadern, Fehler machen, uns verurteilen und frustriert sein. Deswegen können wir nur etwas lernen, wenn wir es wirklich wollen. Denn Begeisterung ist Dünger für unser Gehirn. Wir werden die Frustration darüber, dass es beim ersten Mal nicht klappt, besser aushalten, wenn wir bewusst mit uns umgehen, sprechen und unseren Geist trainiert haben. Deswegen gehört hier in diesem Buch alles zusammen. Schnitzarbeiten, Biochemie, Meditation, unser Selbstbild und Liebemachen. Am Ende ist das alles eins.

Neues auszuprobieren ist gut für unseren Dopaminspiegel im Gehirn, es macht kreativ und verlängert unser Leben. Denn wenn wir in unserem Leben viele neue Dinge erleben, haben wir am Ende das Gefühl, mehr erlebt zu haben, als wenn wir immer das Gleiche tun. Menschen, die Neues erleben, offen sind und neugierig, haben weniger Zeit, um sich Sorgen zu machen. Das ist reine Mathematik. Der Tag hat vierundzwanzig Stunden, verbringe ich die meiste Zeit damit, das Leben zu entdecken, Neues zu lernen, Begeisterung zu schürfen? Oder damit, im Autopilot vor mich hin zu existieren? Jede neue Erfahrung, jeder neue Gedanke und alles, was wir selbst erschaffen und voranbringen, lenkt uns von unseren Sorgen ab, unserem ewigen Katastrophisieren, unserem »Aber was ist, wenn …?«. Selbst im Supermarkt kann man Neues ausprobieren und entdecken oder im eigenen Job, indem wir Dinge einfach mal anders machen als sonst. Wir können mit den Kindern einen neuen Spielplatz entdecken, mit ihnen über neue Themen sprechen oder einfach mal losspazieren und gucken, wo wir landen. Neue Wege gehen kostet nichts und verbraucht keine Ressourcen. Veganen Käse ausprobieren tut nur selten weh.

Ich habe dieses Buch hier zum Beispiel noch nie in meinem Leben vorher geschrieben, ich wusste nicht, ob ich in einen Flow-Zustand kommen würde, wenn ich es schreibe. Ich habe einfach damit angefangen, und tatsächlich habe ich manchmal das Gefühl, irgendwer anders schreibt es durch mich hindurch. Abends habe ich dann Rückenschmerzen und den ganzen Tag nichts gegessen. Aber ich schreibe ja nicht, um in den Flow zu kommen. Er kommt einfach manchmal, während ich es tue. Wir können keinen Flow bei Lieferando bestellen, wir müssen ihn selbst herstellen, wenn wir ihn wollen. Und das geht eben durch eine Tätigkeit, die uns wirklich bewegt.

Ich behaupte mal, dass es das ist, was uns oft fehlt im Alltag. Deswegen bekommen wir Burn-out, sind leer, latent traurig, uninteressiert oder von der Negativität der Welt erschlagen. Das ist nicht so, weil wir zu viel tun, wir tun einfach das Falsche. Wir rennen rum und sind beschäftigt mit Dingen, die uns nichts bedeuten. Dabei denken wir, dass wir glücklicher und freier wären, wenn wir nicht arbeiten müssten, wenn wir mehr Freizeit hätten. Aber das ist falsch. Wir wollen etwas tun, sonst wären ja Langzeitarbeitslose die glücklichsten Menschen der Welt. Eine Studie im *Journal of Personality and Social Psychology* beschreibt, dass unendlich viel Freizeit nicht glücklicher macht. Bei dem Experiment haben die Forschenden 6000 Freiwilligen gesagt, sie sollten sich vorstellen, dass sie entweder eine Viertelstunde, dreieinhalb oder sieben Stunden am Tag nur für sich hätten. Die Menschen mit den fünfzehn Minuten fühlten sich gestresst und die mit sieben Stunden zu wenig produktiv. Am wohlsten fühlten sich die Teilnehmenden mit den dreieinhalb Stunden Freizeit. Es sei denn, und jetzt kommt's, die mit den sieben Stunden hatten Ideen, wie sie ihre Freizeit gut nutzen konnten, um etwas Sinnvolles zu tun, dann fühlten sie sich genauso gut wie die mittlere Gruppe. Freizeit ist nicht die Lösung unserer Probleme, Sinnhaftigkeit ist die Lösung. Wenn wir etwas tun, das uns und unserem Dasein Sinn verleiht, dann ist da dieses lebendige, wache Gefühl. Auf der Suche nach der eigenen Begeisterung können wir uns auch erst unsere Wut ansehen. Gefühle sind ja, wie gesagt, keine Probleme, sondern Wegweiser. Sie wollen uns helfen und eine Richtung geben. Nutzt eure Wut zu eurem Vorteil und leitet die Energie weiter, um die Welt besser, schöner und gesünder zu machen.

Was macht euch so richtig wütend?

- Trockene Pflaumenkuchen? – Werdet Bäcker.
- Tierleid? – Werdet Aktivistin für Tierrechte.
- Hässliche Lampen? – Entwerft schönes Design.
- Sexismus? – Werdet Feminist.
- Heiße Innenstädte? Macht euch für mehr Bäume in eurer Stadt stark und beschäftigt euch mit Stadtplanung.

Und was hat das jetzt alles mit meiner Beziehung zu tun? Wenn wir alle für ein Thema brennen und die Begeisterung durch unsere Venen pumpt, wenn wir Ideen und Ziele haben, werden wir unseren Partnern weniger auf den Keks gehen und sie uns. Wenn wir leuchtende Augen bekommen, weil wir es geschafft haben, dass der Stadtrat zweihundert neue Bäume in die Fußgängerzone pflanzen lassen wird oder wir den besten Pflaumenkuchen von hier bis Timbuktu gebacken haben, werden wir keinen Bock darauf haben, abends einen Streit vom Zaun zu brechen oder an unseren Partnern herumzunörgeln. Weil wir etwas viel Besseres vorhaben! Wir leben dann einfach unser eigenes geiles Leben. Und das ist verdammt sexy. Wir alle haben schon mal jemanden getroffen, der für etwas brennt, sich damit auskennt und leidenschaftlich von seinem Thema erzählt. Diese Menschen üben eine wahnsinnige Anziehungskraft aus. Ich hatte das große Glück, als Radiomoderatorin in der Vormittagssendung beim Sender FluxFM viele Interviewgäste in meinem Studio zu haben, die sich etwas ausgedacht und im Radio davon erzählt haben. Da waren Leute, die sich mit Kaffee auskannten und erzählt haben, wie sie ihn nachhaltig anbauen und fair verkaufen. Leute, die ganz besondere Gewürze vertreiben, Musiker und Musikerinnen, Filmemacher und Filmemacherinnen, Menschen, die sich mit der Zukunft der Arbeit auseinandersetzen oder nachhaltige Mode produzieren. Für meinen Podcast »Kopf über Herz« habe ich fantastische Wissenschaftler und Wissenschaftlerinnen interviewt, die mir von ihrer Forschung erzählt haben.

Ich habe unzählige TED-Talks gesehen und Biografien gelesen. Paula Modersohn-Becker, Frida Kahlo, Ingeborg Bachmann, Max Ernst, Walter Gropius, Doris Lessing, Paul Eluard, Françoise Sagan, Leonora Carrington, Picasso, Anne Frank, Simone de Beauvoir, Susan Sontag, Hannah Arendt, Hugo Ball, Hermann Hesse, Ljudmila Ulitzkaja, Dostojewski, Angelika Schrobsdorff. Alle diese Menschen haben mich geprimed, sie haben Autobahnen in meinem Kopf hinterlassen, sie hatten einen Einfluss auf mich, man kann sagen: Sie haben mich inspiriert. Alle diese Menschen waren oder sind von etwas beseelt, und der Sog, der von ihnen ausgeht, ist stärker als der von Menschen, die sich langweilen oder voller Hass und Verbitterung sind. Die Begeisterung macht also nicht nur uns als Individuum lebendiger und wacher, sondern damit auch unsere bestehende Partnerschaft, und die Begeisterung macht uns auch attraktiver.

Wenn Christian aus unserem Beispiel also einfach seiner

Begeisterung folgen würde, meinetwegen Angeln, würde er im Angelklub vielleicht ganz von allein ein wunderbares Anglergeschöpf treffen, das mit ihm über Würmer fabulieren möchte. Begeisterung zieht die richtigen Menschen in euer Leben, ganz von allein. Begeisterung kann uns, unsere Partnerschaft und die Welt retten. Stellt euch mal vor, Milliarden von Menschen würden ihrer Begeisterung folgen, lernen, erschaffen und Neues erdenken, statt zu konsumieren, schlechte Stimmung zu verbreiten und aus Langeweile und Antriebslosigkeit andere Menschen zu mobben. Ja, ihr habt vielleicht Angst, eurer Begeisterung zu folgen, das mag sein. Aber Angst zeigt uns ja nur, dass es uns wichtig ist. Und das ist großartig. Angst gehört zum Leben, wie alles andere auch.

MUSIK

Als es mir nach der Trennung am schlechtesten ging und ich Probleme mit dem Aufstehen, Atmen, Denken und Leben hatte, war mein täglicher Begleiter die Musik. Ich hatte es ja bereits erwähnt. Selbst wenn ich nur kurz zum Supermarkt gegangen bin, habe ich mir Kopfhörer aufgesetzt, ich wollte nicht allein sein mit meinen Gedanken. Ich brauchte die Musik, es war, als würde sie mich heilen oder zumindest erst mal den größten Schmerz stillen. Musik war mein Pressverband. Ich habe mitgesungen, hatte Gänsehaut, habe Texte und Melodien in mich aufgesogen, Hauptsache keine Stille. Musik war wie ein Elixier, sie hat mir Kraft gegeben. Damals habe ich natürlich nicht weiter drüber nachgedacht, warum das so ist, ich wollte einfach überleben. Jetzt kann ich euch sagen, ich habe es mir offiziell bestätigen lassen: Musik gibt uns Trost.

Prof. Dr. Eckhart Altenmüller ist Neurologe und Professor für Musikphysiologie. In seinem Buch *Vom Neandertal in die*

Philharmonie: Warum der Mensch ohne Musik nicht leben kann beschreibt er, dass Musik direkt in unser limbisches System eindringt. Letzteres habe ich ja bereits mehrmals erwähnt, dort sitzen unsere Emotionen und unser Belohnungszentrum. »Im limbischen System wird dann, wenn uns die Musik gefällt, Adrenalin und Dopamin ausgeschüttet«, sagte mir Dr. Eckhart Altenmüller im Gespräch. Das fühlt sich also aufregend und gut an, und wir wollen mehr davon. Er sagt auch: »Musik, die mir gefällt, kann kurzfristig die Durchblutung des Gehirns anregen, vor allem die rechte Gehirnhälfte, was dann dazu führt, dass ich bestimmte Denkleistungen schneller erbringen kann.« Musik kann uns also sogar, kurzfristig zumindest, schlauer machen. Welchen Einfluss Musik auf unsere Gefühle hat, wissen natürlich auch Filmkomponist*innen und wir selbst, die wir zuschauen und -hören und dabei eine Gänsehaut bekommen. Das nennt man »Gänsehaut-« oder »Chill-Effekt«, wenn Musik eine körperliche Reaktion bei uns auslöst. Hört mal bei Gelegenheit den *Kanon in D* von Johann Pachelbel. Der Song löst eine so starke Reaktion aus, dass er in 77 Songs gesampelt und 43 Mal gecovert wurde.

Samples des *Kanon in D* finden sich in Coolios *C U when U get there*, *Cryin'* von Aerosmith oder *Go West* von den Pet Shop Boys wieder.

Dr. Tobias Esch schreibt in *Mehr Nichts!* auch davon, dass das Hormon Oxytocin produziert wird, wenn wir Musik als besonders angenehm empfinden. Oxytocin ist für das Gefühl der Verbundenheit zuständig und wird während der Geburt ausgestoßen, damit Mutter und Kind eine enge Verbindung zueinander knüpfen. Ich habe mich tatsächlich mit meiner Lieblingsmusik verbunden gefühlt, glücklich, eins mit der Welt und allem in ihr. Das war nicht mein singuläres Empfinden, sondern ist vielfach wissenschaftlich nachgewiesen. Wenn es uns schlecht geht, können wir also Musik hören, damit es uns besser geht. Musik hilft sogar gegen Schmerzen, kann Ängste lindern und ist eine Therapieform. »Musiktherapie ist der gezielte Einsatz von Musik im Rahmen der therapeutischen Beziehung zur Wiederherstellung, Erhaltung und Förderung seelischer, körperlicher und geistiger Gesundheit«, schreibt die Deutsche Musiktherapeutische Gesellschaft. Ich habe mich also, ohne es zu wissen, selbst therapiert. Das soll man ja eigentlich nicht machen, aber es hat funktioniert. Es ist übrigens völlig egal, welche Musik ihr hört, Hauptsache, sie macht euch glücklich.

LERNEN

Im Kapitel über das Denken haben wir bereits festgestellt, dass unser Gehirn Futter haben will. Wenn wir unser Gehirn verhungern lassen, langweilt es sich und generiert Probleme, damit es etwas zu tun hat. Oder wir sehen Probleme, die gar nicht vorhanden sind. Ihr kennt sicher auch Menschen, die immer damit beschäftigt sind, Probleme herzustellen. Da gibt es zum Beispiel die:

- **Lebensproblem-Hersteller*innen:**
  »Ich kann das Wohnzimmer ja nicht aufräumen, weil ich dafür Platz im Keller brauche. Den Keller kann ich allerdings nicht ausräumen, weil der Sperrmüll erst nächste Woche abgeholt wird. Nächste Woche bin ich allerdings nicht da.«

- **Die Organisationsproblem-Hersteller*innen:**
  »Ich würde mich ja gerne am Mittwoch mit dir zum Wein treffen, aber da treffe ich mich vielleicht mit Rolf. Der versucht, seine Arbeit bis Dienstagabend zu schaffen, und

sagt mir dann, ob er am Mittwoch für mich Zeit hat. Also ich würde dir dann Dienstag sagen, ob ich Mittwoch kann, weil, wenn Rolf es nicht schafft und Mittwochabend auch arbeiten muss, dann habe ich Zeit, sonst würde ich eben Zeit mit Rolf verbringen.«
(Meistens melden diese Menschen sich weder am Dienstag- noch am Mittwochabend, sondern erst drei Monate später, und das, obwohl Rolf am Mittwoch gearbeitet hat.)

- **Die Familienproblem-Hersteller*innen:**
  »Wir würden wirklich gerne am Sonntag zum Brunch kommen, aber Charlotte Linda Blue macht immer von 11.30 bis 12.15 Uhr ihren Mittagsschlaf und ist danach immer noch sehr übel gelaunt, weswegen wir ihr nach dem Mittagsschlaf tschechische Volkslieder vorsingen, damit es ihr wieder besser geht. Das hilft sehr gut! Deswegen können wir leider nicht kommen.«

- **Oder die Arbeitsproblem-Hersteller*innen:**
  »Diesen Job kann nur jemand machen, der das studiert hat und jahrelange Berufserfahrung hat. Bevor wir diesen jemanden nicht gefunden haben, können wir das Projekt leider nicht beginnen, außerdem brauchen wir noch einen Projektmanager und einen Onliner, der auch Grafikkenntnisse hat, Photoshop im Schlaf bedient und niemals Fehler macht. Ohne dieses Team geht's halt nicht!«
  O MEIN GOTT: Räum dein Zimmer auf! Triff dich zum Wein! Geh zum Brunch! Fang mit dem Projekt an!

Manchmal sucht sich unser Gehirn auch eine andere Beschäftigung und baut auch mal Mist. Falsches Investment, Drogen, Menschen ausgrenzen, lästern, betrügen, Gewalt, shoppen, Rassismus, Pornosucht, Fotos liken, fremde Menschen im Netz beschimpfen. Unser Gehirn will Action! Es will, dass da oben was los ist! Unser Gehirn will Dopamin. Das heißt, wir wollen Aufregung und Belohnung. Und da wären wir wieder in unserem limbischen System: Der Neurotransmitter Dopamin ist dort, im Emotionszentrum, der Hauptüberträgerstoff.

Über die Chemie in unserem Kopf habe ich mit Stefan Oswald gesprochen, er ist Pharmakologe und Experte für Bioanalytik am Institut für Pharmakologie an der Uni Greifswald. Er sagt: »Dopamin ist für jede Form des angenehmen Gefühls zuständig, bis hin zur Sucht. Dopamin spricht unseren Antrieb und unser Wohlgefühl an. Alles, was wir uns zuführen, was uns Spaß macht, hat dort im limbischen System, mit dem Überträger Dopamin, ein bestimmtes Feedback. Dopamin ist ein mächtiges Instrument, was die Evolution uns da gegeben hat. Einerseits, um uns etwas Gutes zu tun, aber deswegen ist es andererseits auch unglaublich schwer, von diesen Süchten wegzukommen.«

Wir sind also biochemisch darauf angelegt, süchtig zu werden. Bleiben wir mal beim Shoppen. Die Werbung sagt uns: Kauf das, dann geht's dir besser. Dann bist du glücklicher, siehst besser aus, dann bist du männlicher, erfolgreicher, strahlst Macht aus oder siehst jünger aus – je nachdem, was unser aktuelles Verlangen ist. Auf die jeweilige Werbung springen wir an und wollen ein bestimmtes Produkt haben. Wenn wir es uns dann kaufen, sind wir tatsächlich erst mal glücklicher als vorher. Weil das Dopamin einschießt. Das heißt, wir fühlen dann am eigenen Leib, dass die Werbung recht hat! Und was machen wir, wenn wir das nächste Mal traurig sind, verlassen wurden, zu viel gearbeitet haben oder uns etwas Gutes tun wollen? Richtig. Shoppen gehen. Hat ja beim letzten Mal auch geklappt. Auf diese

Weise bauen wir – mit Neuroplastizität – die Autobahn in unserem Kopf: Shoppen macht mich glücklich.

Wir haben am Ende dann den Dispo ausgereizt, die Wohnung ist voll mit Dingen, die wir gar nicht brauchen, und irgendwie sind wir langfristig nicht glücklicher geworden bei diesem gesamten Vorgang. Genau das zerstört natürlich unseren Planeten, weil wir Ressourcen verbrauchen, die wir gar nicht haben und eigentlich auch gar nicht brauchen würden. Wenn wir unseren Dopaminlevel anders unter Kontrolle hätten, könnten wir die Welt vielleicht noch retten. Aber solange wir den Kick darin suchen, zu konsumieren, und uns nicht anders zu helfen wissen, sind wir krank und der Planet auch. Wie innen, so außen. Das heißt, wir müssen lernen, allein dafür zu sorgen, dass wir glücklich sind, bevor wir mit einem anderen Menschen glücklich werden können. Am besten mit einem Plus auf dem Konto, ohne Fettleber oder von Drogen und Alkohol zerstörten Nervenzellen im Gehirn. Das biochemische Wissen hilft uns also an dieser Stelle. Seit ich mich damit beschäftigt habe, gebe ich meinem Gehirn geplant und mit Absicht, was es will: Wenn ich schwimmen war und deswegen stolz auf mich bin: Dopamin.

Wenn ich meine To-do-Liste am Ende des Tages abgehakt habe: Dopamin. Wenn ich ein Bild gemalt, ein Essen gekocht, einer Freundin etwas geschenkt oder einen Kassierer zum Lächeln gebracht habe: Dopamin. Ich suche aktiv Dinge, die mich kicken. Neue Projekte, neue Leute kennenlernen, sich selbstständig machen, Neues ausprobieren. Nett sein, gute Beziehungen führen – auch zu einem mir fremden Kassierer –, etwas erschaffen, anderen helfen, Sport machen, lachen, Ideen haben, sich für etwas begeistern, sich engagieren. All das schüttet Dopamin aus. Und dafür musste kein Plastikschrott aus China in Containern übers Meer gefahren werden. Dieses »Find what you love and do more of it« gibt's vielleicht als peinliches Wandtattoo oder als Sonnenuntergangskachel bei Pinterest, aber es ist trotzdem wahr. Wenn wir uns Wandtattoos intellektuell überlegen fühlen, machen wir die Welt auch nicht besser. Wenn ich die Leute, die hinter der Kasse sitzen, dumm anpampe, habe ich niemandem geholfen. Nur wenn wir es schaffen, unser Dopamin selbst in den Griff zu kriegen, können wir gute und tiefe Beziehungen aufbauen und heilen. Uns, unsere Partnerschaft und die Erde.

WAS IST EUER SINN?

Dies ist keine Richtig-oder-falsch-Frage. Füttert einfach euer Gehirn, lernt malen, backen, Tische bauen, Solaranlagen installieren, pflanzt Bäume oder werdet Imker. Egal, was euch interessiert, was euch begeistert: lernt etwas darüber, schaut YouTube-Videos, bucht Kurse, geht zur Volkshochschule, fragt einen Freund, der sich damit auskennt, guckt TED-Talks. Macht euch euer eigenes Dopamin!

ABENTEUER

Reisen, fremde Menschen kennenlernen, Neues lernen, Dinge wagen, die ich mich früher nicht getraut hätte, über meine Grenzen gehen und gucken, wie weit ich komme. Kann ich überhaupt ein Buch schreiben? Keine Ahnung, mal sehen.

Mit einem solchen – oder ähnlichen – Plan ausgestattet, kann man quasi gar nicht mehr so vor sich hin leben, ohne zu wissen, wozu. Lasst euch vom Leben nicht wie eine Kickerkugel rumschubsen. In einer Zeit, in der es vorgekochte Kartoffeln im Glas, geschälte Ananas in Plastik und Kreuzfahrtschiffe gibt, sind die Abenteuer ausgestorben, sollte man meinen. Ich sehe das – natürlich – anders. Für mich ist jeder Tag ein Abenteuer, und nein, ich nehme kein LSD. Die Frage ist, was wir als Abenteuer ansehen, wie unsere Wahrnehmung (!) ist. Mit jedem Schritt, den ich aus meiner Komfortzone heraustrete, beginnt ein neues Abenteuer. Jedes Mal, wenn ich etwas Neues versuche, bin ich im Abenteuermodus. Manchmal ist man aber einfach von allem angeödet. Nichts macht Spaß, Job doof, Partner doof, Leben doof. Dann hilft es, mal zu gucken, ob man nicht eine Stellschraube ändern kann, bevor man alles hinschmeißt und in ein Kloster zieht.

Irgendetwas kann man immer machen, zum Beispiel mit Life Design. In meinem Podcast »Kopf über Herz« habe ich mit Sebastian Kernbach gesprochen, der positive Psychologie studiert hat und an der Universität St. Gallen als Life Designer arbeitet. Von ihm ist das Buch *Life Design. Mit Design Thinking, positiver Psychologie und Life Loops mehr von sich in das eigene Leben bringen.*

Life Design klingt ein bisschen wie nach einem 30-Tage-Drill-Programm mit Smoothies, Schmerz und 5-Uhr-Jogging-Termin. Sebastian hat mir aber erklärt, dass Life Design bedeutet, dass man erst mal das Problem findet. Warum fühle ich mich denn leer und gelangweilt? Warum macht mich mein Alltag so müde? Was genau fehlt mir, oder was muss ich weglassen? Was würde mir guttun?

Sebastian hat mir die Geschichte eines Klienten erzählt, der irgendwie unzufrieden war. Er dachte, es läge am Job. Mit Life Design, den richtigen Tools und Fragen sind sie dann aber darauf gekommen, dass das eigentliche Problem das stundenlange Pendeln ist, über eine Stunde hin und über eine zurück. Die ewige Fahrerei hatte er als quälend und absolut überflüssig empfunden. Zusammen haben sie herausgearbeitet, dass der Mann früher gerne Electro Tunes gemacht hat. Mit einem neuen Tablet, der passenden App und einem guten Kopfhörer ist der Zug jetzt zu seinem Musikstudio geworden, der Job war sowieso nie das Problem. Ihm geht's wesentlich besser, er fühlt sich lebendiger und hat mehr Spaß am Leben. Bäm: Life Design. Abenteuer warten überall in unserem Alltag, wenn wir uns kurz Zeit nehmen, sie zu sehen. Was kann euer nächstes Abenteuer sein?

Teil 3

KICK ASS ODER: LEBENS-ENTFALTUNG – ALLES FÜR EUER ORCHESTER

Kapitel 12

DU BESTIMMST ÜBER DEINEN ROSA HASEN

Wir sind, was wir denken. Alles, was wir sind,
entsteht in unseren Gedanken.
Mit unseren Gedanken erschaffen wir die Welt.
– Buddha

Unsere Gedanken haben einen Einfluss auf unsere Gefühle und damit auf unser Körperempfinden. Es gibt keinen Anfang, es ist ein Kreislauf: Gedanken – Gefühle – Körperempfinden – Gedanken – Gefühle – Körperempfinden.

Wenn sich unser Körper hart und verspannt anfühlt, werden wir uns innen anders fühlen, als wenn wir auf dem Rücken im Meer treiben und die Palmwedel sich leicht im Wind wiegen. Dementsprechend denken wir auch andere Dinge. Aber wir brauchen nicht zwingend Palmwedel, wir können uns unsere eigenen Palmwedel im Kopf machen. Es gilt also, aus dem Karussell aus Gedanken, Gefühlen und Körperempfinden etwas zu machen, das uns wirklich gefällt, aktiv und selbstbestimmt. Ich erzähle euch hier, im dritten Teil des Buchs, was mir am besten geholfen hat, was mir Spaß gemacht hat und was für mich effektiv war. Ihr könnt es ähnlich machen oder ganz anders, Abwandlungen finden und euch die Übungen, Tricks und Tipps aussuchen, die euch am besten gefallen. Es gibt keine Reihenfolge, es ist kein Kursus im Glücklichsein. Es sind einfach viele Ideen, die ich mir in meiner Stunde der Not ausgedacht habe und teilweise heute noch praktiziere. Es sind Inspirationen, keine To-do-Liste! Einiges habe ich bereits erwähnt, anderes ist neu. Okay, let's go!

MEDITATION

Ich hatte ja schon erzählt, dass mir die Meditation am meisten dabei geholfen hat, das zu denken, was ich denken will. Viele Menschen leiden ja an sogenannter Prokrastination, also Aufschieberitis. Bei Mel Robbins (ihr wisst schon: 5–4–3–2–1 –Take-off!) habe ich gelernt, dass Prokrastinierer nicht einfach faul sind, sondern sich mit dem Aufschieben Entspannung verschaffen. Stundenlang tanzende Menschen auf TikTok oder Katzenvideos angucken ist eine Art, dem Stress aus dem Weg zu gehen, den wir uns selbst in unserem Leben gebaut haben. Unser Gehirn will mal kurz nicht im Alarm-Modus sein, deswegen putzen wir, statt die Formulare auszufüllen oder die Hausarbeit zu schreiben. Wir wollen uns entspannen. Das mag für euch irgendwie banal klingen, aber wenn man deswegen nichts gebacken kriegt im Leben, ist das ganz schön frustrierend. Denn jetzt wissen wir: Wenn wir Entspannung aktiv und anders herstellen, haben wir mehr Kapazitäten, uns um die wirklich wichtigen Dinge im Leben zu kümmern. Die Dinge, die uns weiterbringen. Ich muss allerdings zugeben, dass ich wahnsinnig gerne Reels bei Instagram gucke, aber mir genauso gern Zeit zum Meditieren nehme.

Stille ist die beste Entspannung, Stille ist wie Urlaub von sich selbst. Die negativen Gefühle werden schwächer, das Wohlbefinden steigt. Wenn man lange übt, kann man sogar irgendwann sagen: »Nö, diesen Gedanken will ich nicht denken.« Und hört einfach auf damit. Hätte ich vorher auch nie gedacht. Freiheit ist, nicht Sklave unserer Gedanken und

Gefühle zu sein, sondern aktiv selbst darüber zu bestimmen. Wie schon erwähnt: Es gibt mindestens 309 Arten zu meditieren, hier sind meine **Top 5:**

1. Apps

Es gibt tolle Apps, die uns ganz einfach sagen, was zu tun ist. Das kann wirklich jede*r! »Atme ein und atme aus, deine Gedanken sind eine Wolke, die am Himmel vorbeischwebt.« Einfach hören, atmen, fertig. Manchmal gibt's noch eine Belohnung für jede Session, die wir gemacht haben. Gamification, hier ist das Spiel mit uns selbst gemeint, soll uns auch zum Meditieren motivieren. Wobei ich es natürlich nicht für das alberne Männchen tun würde, das mir die App als Auszeichnung schenkt, sondern für meine geistige Gesundheit, aber jede*r so, wie er oder sie will.

2. Weitere geführte Meditationen

Es gibt die sogenannte »Liebende Güte«-Meditation, bei der man sich und anderen Glück, Liebe und Gesundheit schickt, anschließend einem Menschen, den man liebt, und dann einem Menschen, mit dem es gerade schwer ist. So lernt unser Gehirn, dass wir alle das Gleiche wollen: Liebe, Glück und Gesundheit. Diese Metta-Meditation sorgt dafür, dass wir uns nicht mehr als getrennt voneinander sehen, sondern als miteinander verbunden.

Außerdem gibt es Body-Scans, Dankbarkeits- und Selbstliebe-Meditationen. Es gibt Meditationen, um Blockaden aufzulösen, Traumreisen und die sogenannte »Bergmeditation«, die uns Halt und Ruhe geben soll. Es gibt diese geführten Meditationen als CDs, bei Spotify, Audible, in Büchern, als Podcasts, die Welt ist voll davon. Sucht euch ein paar Stimmen und Menschen raus, die ihr angenehm findet. Das ist tatsächlich nicht so einfach, ich sag's ganz ehrlich: Die meisten machen mich wahnsinnig! Dieses Gehauche und Gegonge kann einem ganz schön auf den Keks gehen. Aber ich habe meine eigene Playlist zusammengestellt und habe meine *all time favorites* gefunden. Sucht euch eure.

3. **Musik**
   Es gibt wunderbare Meditationsmusik, der Geist hat damit einen Anhaltspunkt. Wir sind unseren Gedanken dann nicht so allein ausgeliefert. Auch da gibt's wieder tausend Möglichkeiten. Sucht euch raus, was euch gefällt, und lasst euch Zeit.

4. **Geht zu Meditationstreffen.**
   Es gibt in allen großen Städten buddhistische Zentren oder andere – auch säkulare – Einrichtungen, in denen sich Menschen treffen, um gemeinsam zu meditieren. Das ist praktisch, weil wir nicht wegkönnen. Wir können uns keinen Kaffee holen, es besteht ein gewisser Druck, tatsächlich auf seinem Meditationskissen sitzen zu bleiben und die Session durchzuziehen. Außerdem gibt's da Leute, die einem etwas übers Meditieren erzählen und einem helfen, falls es einem nicht ganz so leichtfällt.

5. **Sorgt für gute Entspannung.**
   Ihr könnt dabei liegen oder sitzen. Es gibt viele Anleitungen, die sagen, dass man in einer bestimmten Haltung meditieren soll, am besten ist wohl im Schneidersitz oder auf einem Stuhl sitzend. Ich liege allerdings am liebsten, weil ich nur dann das Gefühl habe, wirklich alles loslassen zu können. Aber auch da ist wieder euer Gefühl gefragt. Wenn euch beim Lotussitz die Beine einschlafen oder ihr

im Liegen immer eindöst: Versucht etwas anderes. Es ist eure eigene Zeit der Stille, macht sie euch so schön wie möglich. Nur wenn es wirklich ein schönes Erlebnis ist, werdet ihr es wieder tun. Macht's euch maximal gemütlich!

Wer jetzt sagt: »Das schaff ich nicht alleine, ich brauche Hilfe«, kann beispielsweise auch einen sogenannten MBSR-Kurs besuchen. Wie bereits erwähnt, ist das ein Programm für »Achtsamkeitsbasierte Stressreduktion« oder »Mindfulness-Based Stress Reduction – MBSR«. Dabei lernen wir, unsere Aufmerksamkeit zu lenken, mit unserem Stress umzugehen und bewusster im Moment zu bleiben. Es gibt Übungen, Anleitungen und Gesprächskreise, und dazu gehört zum Beispiel, sehr langsam und bewusst eine Rosine zu essen, auf eine Kerzenflamme zu starren oder bewusst zu atmen. Manche Krankenkassen bezuschussen MBSR-Kurse sogar.

»Der Unterschied zwischen Meditation und Entspannungstechniken ist, dass Meditation mehr ist, als einfach zu entspannen«, hat mir die Psychologin, Verhaltenstherapeutin und Achtsamkeits-Expertin Main Huong Nguyen in unserem Podcast »Achtsam« gesagt. »Meditation geht tiefer, es ist mehr, es kann unser Bewusstsein verändern.«

ENTSPANNUNG

Unser Gehirn kann alles, außer Entspannung. Unser Nervensystem muss aber mal abschalten und zur Ruhe kommen. Was die Antilope qua Antilopesein kann, müssen wir uns mit unserem komplexen Neocortex erst erarbeiten, nämlich abschalten. Eingeschaltet sind wir schon von ganz alleine. Wir stellen Zukunft her, wir rekapitulieren die

Vergangenheit, sorgen uns und malen uns die schlimmsten Szenarien aus.

Hier ein paar Ideen, um da rauszukommen:

- **Autogenes Training**
  Autogenes Training ist ein Entspannungsverfahren, das auf Autosuggestion beruht. Das heißt, wir sprechen auf eine Art und Weise mit uns selbst, die uns zur Ruhe kommen lassen soll. Hier gibt es keine Themen wie bei der Meditation, also keine Dankbarkeit oder liebende Güte. Es geht einfach darum, das vegetative Nervensystem runterzufahren. Der Atem soll zur Ruhe kommen, denn wenn wir langsamer atmen, bekommt unser System die Nachricht: »Es ist alles gut! Du kannst jetzt entspannen!« Als Nächstes werden die Muskeln entspannt, das Blut kann wieder besser fließen, der Blutdruck reguliert sich. Auch hier gibt es verschiedene Programme, CDs, Videos und Anleitungen zum Hören im Netz.

- **Progressive Muskelentspannung**
  Bei der Progressiven Muskelentspannung werden die Muskeln zuerst angespannt, dann wieder entspannt. Wir bringen also unserem Körper ganz praktisch den Unterschied bei. Löwe jagt uns: Anspannung. Löwe ist wieder weg: Entspannung. Genau wie man einen Aufschlag im Tennis übt, können wir das Entspannen auch üben, unser Körper erinnert sich dann an die Abläufe und kann sie später, nach einigem Training, automatisch abrufen. Progressiv heißt hier: Schritt für Schritt. Wir nehmen uns also einen Muskel nach dem anderen vor und spannen ihn für 7–10 Sekunden an, lassen los und spüren nach. Auch hier greift wieder ganz wunderbar die Neuroplastizität. Wir bilden also Autobahnen in unserem Gehirn für die Ent-

spannung, und was zuerst »nur« ein Gedanke ist, wird zu einer Körperempfindung, und diese hat dann wiederum einen Effekt auf unser ganzes System.

- **Yoga**
Yoga hilft gegen Stress, fördert die Konzentration und guten Schlaf, stärkt das Immunsystem, beugt Depressionen vor, hilft gegen Angst und verlangsamt den Alterungsprozess des Gehirns. Yoga hilft gegen Rückenschmerzen und Verspannungen. Yoga ist eine Wunderwaffe. Manchmal habe ich das Gefühl, regelrecht süchtig nach Yoga zu sein, weil es sich so gut anfühlt. Freak, ich weiß. Sucht euch euren Baukasten aus Yogaübungen zusammen, der euch Spaß macht, der euch hilft, der euch entspricht. Im besten Fall haben wir jetzt also ein paar Werkzeuge, die dafür sorgen, dass wir nicht ständig »on« sind, sondern auch mal »off«. Jetzt können wir den nächsten Schritt gehen und checken, was wir eigentlich den ganzen Tag denken.

- **Sich beim Denken zuhören**
Hört euch beim Denken zu. Mehr nicht. Geht raus in die Welt, lebt euer Leben und betreibt heimlich, still und leise Metakognition. Also achtet mal bewusst darauf, was ihr denkt. Allerdings ohne euch selbst zu verurteilen! Manchmal denken wir ja auch Sachen, für die wir uns dann schämen. Lasst das auch einfach da sein. Hört euch nur zu und beobachtet es. In dem Augenblick, in dem wir uns bewusst beim Denken zuhören, können wir schon gar nicht mehr unbewusst sein.

- **Sammeln**
Wenn wir das eine Weile praktiziert haben, können wir mal sammeln, was davon Kunst ist und was wegkann.

Sammelt doch mal all die negativen Dinge, die ihr so tagtäglich zu euch selbst sagt. Schreibt sie in euer Notizbuch. Und jetzt schaut auf eure Ausbeute und fragt euch: Ist das wirklich wahr? Das ist eine völlig ernst gemeinte Frage: Ist das WIRKLICH WAHR, was ich da denke?
Ich bin zum Beispiel eine laute Person, ich lache laut, ich spreche laut, ich denke auch manchmal laut. Ich bin aufgewachsen mit dem festen Wissen: Ich bin zu laut. Ich muss leiser werden, mich verstecken, mich zurückhalten, verschwinden, unsichtbar werden. Ich bin jahrelang mit dem Gedanken durchs Leben gelaufen: So, wie ich bin, bin ich falsch. Irgendwann habe ich dann bei Pinterest eine Zitate-Kachel gesehen, ja, kitschig, ich weiß: »You will be too much for some people – those aren't your people.« (Wenn du manchen Leuten zu viel bist, dann sind das nicht deine Leute.) Obwohl Zitate-Kacheln peinlich sind, habe ich schon wieder Tränen in den Augen, während ich die Worte tippe. Denn diese blöde, kitschige Kachel hat dafür gesorgt, dass ich plötzlich dachte: Vielleicht bin ich ja doch nicht falsch. Oder zu viel. Oder zu laut. Vielleicht muss ich mich gar nicht verstecken. Seitdem fallen mir Menschen, Situationen und Sätze auf, die ich vorher nie wahrgenommen habe. Beweise dafür, dass ich vielleicht doch genau so richtig bin, wie ich bin. Und plötzlich habe ich einen Mann an meiner Seite, der laut und lustig ist. Der so ist, wie er ist, für manche vielleicht zu viel, für mich aber genau richtig. Ich kenne andere laute Frauen mit dreckiger Lache, Menschen, die mir sagen, dass sie mich genau deswegen lieben. I've found my people.

- **Schreiben**

  Ich habe einen ausgewachsenen Notizbuch-Fetisch! In jeder Papeterie muss ich Notizbücher kaufen, von Moleskine zu Leuchtturm, handgeschöpft, dickes Papier, dünnes Papier, egal, Hauptsache ohne Linien und am liebsten DIN A5. Das ist nur mein Ding, keine Ahnung, warum. Habt ihr euch schon ein schönes Buch besorgt? Dann notiert den Satz, den ihr am häufigsten über euch denkt. Wir spielen das mal durch und nehmen zum Beispiel: »Ich werde nie den richtigen Partner finden.« Und jetzt beantwortet mal – zu eurem jeweiligen Satz – folgende Fragen:

- ☐ Ist das wirklich wahr? (Glaubt ihr wirklich, dass ihr NIE den richtigen Partner finden werdet?)
- ☐ Gibt es Beweise für diesen Gedanken? Welche sind das?
- ☐ Was ist in der Vergangenheit passiert, dass ihr das denkt?
- ☐ Seit wann denkt ihr das?
- ☐ Warum denkt ihr das?
- ☐ Wie hilft euch dieser Gedanke weiter?
- ☐ Warum haltet ihr an diesem Gedanken fest? (»Wenn ich das immer denke, bin ich nicht enttäuscht, wenn es nicht klappt, ich habe es ja sowieso vorher gesagt. Ich habe also immer recht.«)

Wir können auf diese Weise Abstand von unseren Gedanken nehmen. In der Therapie nennt man diesen Umgang mit unseren Gedanken »kognitive Defusion«. Also wir können daran arbeiten, unsere (negativen) Gedanken nicht als feststehende Wahrheit zu akzeptieren, sondern sie als das zu sehen, was sie sind: einfach Gedanken. Ihr könnt jetzt euren Gedanken nehmen und umformulieren: »Ich habe den Gedanken, nie den richtigen Partner zu finden.«

Und schon ist er keine Wahrheit mehr, sondern lediglich ein Gedanke, den ihr habt. Ein Gedanke von vielen. Eine weitere Technik ist, seinem Verstand einen Namen zu geben, »Schlaubi Schlumpf« meinetwegen. Immer wenn Schlaubi Schlumpf wieder denkt: »Ich werde allein sterben, niemand interessiert mich, alle da draußen sind dumm und langweilig!«, dann können wir mit Schlaubi Schlumpf sprechen: »So, du glaubst also, dass uns das hier weiterbringt im Leben – dein Ernst?«

»Na ja, ist doch wahr. Ich bin so einsam, und die Menschen bei Tinder sind alle doof.«

»Ja, aber wenn du das immer wiederholst, kommen wir auch nicht weiter. Du weißt doch, Energie folgt Fokus. Komm, wir kochen uns jetzt schnell Nudeln mit Käsesoße und rufen einen guten Kumpel an, mit dem wir dann richtig schön über Gott und die Welt quatschen.«

»Aber …«

»Schlaubi Schlumpf, Ruhe jetzt! Ich lass mir von dir nicht meinen Sonntag verderben!«

Ja, Selbstgespräche können heilsam wirken, schämt euch nicht dafür. Wenn ihr bei Instagram seid, schaut doch mal bei der Britin Hayley Morris vorbei, die unterhält sich sehr unterhaltsam mit ihrem Gehirn, ihrer Menstruation, ihrem Magen, ihrem Herzen und ihrer Vagina.

Wir können uns auch über unsere negativen Gedanken lustig machen. Wenn wir drei oder fünf Gedanken haben, die immer wieder auftauchen, dann können wir jedes Mal sagen: »Ach, du schon wieder! Na, du bist ja echt hartnäckig! Schon wieder die alte Leier von Ich-finde-keinen-Partner, mimimimi.«

Wir spüren dann, dass es kein Gesetz gibt, das besagt, wir müssten alle unsere Gedanken ernst nehmen. Müssen wir nicht. Jedes Mal, wenn der nervige Gedanke kommt, können wir uns wieder und wieder fragen: »Hilft mir dieser Gedanke weiter?« Ist die Antwort »Nein«, denken wir einen hilfreicheren Gedanken. Zum Beispiel: »Da draußen sind viele faszinierende Menschen, mit denen ich viel Spaß haben und tiefe Gespräche führen kann.«

Oder: »Ich werde einen Partner finden, mit dem ich eine tiefe und erfüllende Beziehung führe, in der wir beide viel Spaß haben.«

Wie fühlt sich dieser Gedanke an? Unrealistisch und ungewohnt? Warum ist das so? Wie wärt ihr, wenn dieser Gedanke wahr wäre? Beschreibt euch in vielen Worten. Wie wäre das, was würdet ihr fühlen? Schreibt in der Gegenwart: »Ich habe diese wunderbare Person getroffen, die lustig ist. Wir unternehmen ab und zu was, sind aber auch viel zu Hause und kuscheln, reden, hören Musik und kochen. Es fühlt sich sicher und geborgen an. Ich bin liebevoll und witzig …«

Wie würdet ihr euch verhalten, wäre dieser Gedanke wahr? Was würdet ihr tun?

Gibt es Beweise, dass DIESER Gedanke korrekt ist? Welche sind das? (In diesem Fall könnte ein Argument für die Richtigkeit dessen, dass ihr einen passenden Partner finden werdet, die Weltbevölkerung sein: 7,9 Milliarden Menschen, da wird jemand für euch dabei sein, ich bin mir sicher! Aber ihr macht das schon.)

Ihr könnt alles heranziehen, was ihr wollt. Statistiken, Erlebnisse aus der Kindheit, etwas, das euer Nachbar gestern gesagt hat, und Zitate aus Serien – ganz egal. Es liegt an euch. Und deswegen macht das Ganze auch so viel Spaß. Ihr seid frei. Ihr seid die Autoren und Autorinnen eurer Gedanken. Wenn ihr sie konstruiert habt, könnt ihr sie auch wieder dekonstruieren, es liegt in eurer Macht.

VISUALISIERUNG

Alles, was wir Menschen erschaffen haben, hat sich zunächst einmal jemand vorgestellt. Jemand dachte: Es wäre doch cool, wenn ein Kühlschrank auch Eiswürfel machen könnte, dann hat er es vor sich gesehen, also visualisiert, irgendwann aufgezeichnet und schließlich gebaut. Visualisierung ist kein Hokuspokus, sondern der normale Lauf der Dinge. Also: Alles, was wir denken können, können wir auch tun, leben oder bauen. Das gilt für Eismaschinen, SpaceX-Raumschiffe, Flugzeuge und erfüllte Beziehungen gleichermaßen. Aber erst, wenn wir sehen können, was wir wollen, können wir es erschaffen. Sportler*innen zum Beispiel praktizieren Visualisierung oder mentales Training schon seit über fünfzig Jahren. Als mentales Training bezeichnet man ein Training, das lediglich geistig vollzogen wird. Die Sportler und Sportlerinnen sehen diesen Bewegungsablauf dann von außen, als wären sie Zuschauer*innen, und später im Mentaltraining auch aus der Ego-Perspektive. Das heißt, sie wiederholen immer wieder das Gleiche, sie üben in ihrem Gehirn. Ein Skispringer stellt sich vor, wie er die Skipiste hinunterfährt, welche Muskeln er dabei anspannt, wie sein Körper dabei ausgerichtet ist. Eine Bobfahrerin fährt in ihrem Kopf die Strecke und übt, wie sie sich in die Kurve wirft. Ein Tennisspieler geht geistig seinen Aufschlag durch: Die rechte Hand tut dies, die linke Hand tut das. Sie sehen ihre Bewegungsabläufe wie einen Film, in dem sie selbst die Hauptrolle spielen. Sie spannen dabei Muskeln an und fühlen, was sie tun. Näheres hat mir Oliver Stoll erklärt. Er ist promovierter Sportwissenschaftler, Sportpsychologe und Experte für Mentaltraining. »Zunächst geht es darum, die Bewegung zu beschreiben, mit Worten. Also: Zuerst mache ich das, und dann mache ich das. Danach bricht man die lange Beschreibung des Bewegungsablaufs auf wenige Schlüsselwörter runter. Zum Beispiel: ›Auf!‹ für den Aufschlag, ›Lang!‹ und ›Hopp!‹ fürs Schlagen. Das könnten also drei bis vier Wörter sein, die die lange Bewegungsbeschreibung für mich selbst reduzieren. Diese Worte nutze ich dann und stelle mir dabei vor, wie ich die Bewegung ausführe.«

So viel zur Technik. Was das Visualisieren aber ganz besonders mächtig und effektiv macht, sind unsere Gefühle, sagt Oliver Stoll: »Sehr viel kräftiger sind diese Vorstellungen allerdings, wenn Emotionen beteiligt sind. In unserem Gedächtnis bleiben vor allem die emotional gefärbten Situationen hängen. In dem Moment, in dem ich eine Information mit einer Emotion verbinde, wird die Visualisierung richtig kräftig und stark. Je mehr Emotionen, desto wirksamer ist das mentale Training.«

Visualisieren mit Gefühlen ist also *next level shit*. Ich bin ein großer Fan des Visualisierens. Ich habe zum Beispiel lange und intensiv visualisiert, irgendwann mal in meinem Leben ein Buch in Spanien zu schreiben, immer und immer wieder, und was glaubt ihr, was ich gerade tue? Richtig, ich gehe gleich an den Strand, Abendbrot essen. Die Mischung aus Schreiben und Spanien ist so ziemlich das Erstrebenswerteste, das ich mir vorstellen konnte, und deswegen habe ich es getan. Ich habe mein Gehirn darauf trainiert, alles zu tun, damit es irgendwann wahr wird: Ich habe es vor mir gesehen, eine andalusische Altstadt, enge Gassen, einen Strand. Ich habe die Hitze gespürt, die Freude, die mir das Schreiben bereitet. Ich habe den Kaffee geschmeckt und den Sand unter den Füßen gespürt und mich dabei gefreut wie ein kleines Kind unterm Weihnachtsbaum. Erst viel später habe ich dann von der Bernhardt-Methode gelesen. Der Therapeut Klaus Bernhardt, den ich bereits erwähnt habe, hat ebenfalls eine Art Mentaltraining konzipiert. Er hatte die Methode zwar ursprünglich erfunden, um Panikattacken und Angststörungen zu heilen, aber was wir mit diesem Tool genau erreichen wollen, bleibt ja uns überlassen. Einen Aufschlag üben, eine erfüllte Beziehung erschaffen oder etwas gegen unsere Angst tun, die Visualisierung kann uns bei alldem helfen.

In Klaus Bernhardts Version der Visualisierung formulieren wir zehn Sätze zu unserem Thema. Was auch immer wir wollen. Wenn wir zum Beispiel Angst vor dem Autofahren haben, schreiben wir: »Ich fahre, glücklich und entspannt überallhin, wo ich hinwill. Autofahren gibt mir Freiheit und Unabhängigkeit.«

Dann beschäftigen wir uns 20 Minuten lang mit dem ersten Satz. Mit all unseren Sinnen, also auf allen Kanälen. Wir visualisieren, aber wir schmecken auch, riechen, fühlen und hören. Wir spüren unsere Hände auf dem Steuer, vielleicht kommt Wind durch das geöffnete Fenster zu uns herein. Wir fühlen uns frei und glücklich beim Fahren. Was hören wir? Den Wind? Läuft Musik im Radio? Trinken wir etwas während der Fahrt? Wie schmeckt das Getränk?

Mehrere Wochen lang nehmen wir uns jeden Abend für 20 Minuten einen der zehn Sätze vor und erschaffen einen eigenen Film für uns selbst. Und wenn wir wollen, unser ganzes Leben lang. Irgendetwas fällt uns sicher immer ein. Bei mir klappt es jedes Mal. Im Grunde ist es einfach Training. Ich zeige meinem Geist, was ich will, und höre auf, jeden Tag den Film abzuspielen namens »Was ich nicht mehr will«. Der war eine Weile gut, aber den guck ich mir nicht mehr an. Ich kann ja selbst entscheiden, was in meinem Kopf passiert. Bevor ich meinen Lebensmenschen getroffen habe, und bevor ich wusste, wer er ist und wie er heißt, habe ich schon mit ihm gelacht. In meiner Visualisierung. Ich habe aufregende Projekte mit ihm gestaltet, Kunst gemacht und Musik. Ich bin mit ihm in meinem Kopf gereist und habe gespürt, wie wohl, geborgen und abenteuerlustig ich mich mit ihm fühle. Ich habe mir eine Happy-Patchwork-Situation vorgestellt: Fröhliche Menschen machen Kinder-Übergaben mit fröhlichen Kindern. Exakt das hat sich jetzt in meinem Leben materialisiert. Meine Kinder haben Papa und

Mama plus zwei neue Partner. Wir haben sogar alle zusammen Weihnachten gefeiert. Ich habe das jahrelang trainiert wie ein Tennisspieler seinen Aufschlag. Nicht, falls ich den Aufschlag mal brauche, sondern in dem Wissen, dass es ohne diesen Aufschlag nicht geht. Ich habe ein Ziel vor Augen gehabt: Eine bunte Bande von Menschen, die sich gut versteht, lacht und mal ein Bier zusammen trinkt. Ich hatte den unbedingten Willen, meinen Kindern zu zeigen, dass es ohne Verbitterung geht. Kein Hass, kein Neid, keine Konkurrenz, kein Streit um Geld und darum, wer die Kinder wann wie lange hat. Ich habe harmonisches Patchwork in meinem Kopf geübt. Jeden Abend vor dem Einschlafen. Egal, wie tief mein Schmerz war, wie wütend ich damals noch war, wie verletzt, einsam und *heartbroken*. Ich habe beharrlich mental trainiert wie eine Sportlerin. Ich wusste, dass das möglich ist, obwohl mein reales Gefühl damals noch das Gegenteil gesagt hat. Ich habe meinen Aufschlag trainiert, immer und immer wieder, und ich habe mein persönliches Patchwork-Wimbledon gewonnen. Alles, was wir denken können, können wir auch leben.

STORYTELLING

Schon die wunderbare Astrid Lindgren hat gesagt: »Alles, was an Großem in der Welt geschah, vollzog sich zuerst in der Fantasie eines Menschen.« Und jetzt ist es an der Zeit, selbst unsere Lieblingsgeschichte über uns zu schreiben. Gutes Storytelling ist wichtig, das weiß Netflix, das wissen die Leute bei Disney und Pixar, ebenso PR- und Werbeleute, Kommunikations-Coachs und Schriftsteller*innen. Je besser die Story ist, desto mehr Gefühle werden angesprochen. Wir weinen im Kino, leiden mit und freuen uns. Gute Geschichten gehen direkt ins limbische System und sorgen von da aus für Gänsehaut, Tränen, Stolz und Freude. Die Unternehmerin Rebecca Vogels hilft Firmen und Menschen dabei, ihre Geschichte zu finden und zu erzählen. Sie hat das Buch *Erzähl dein Leben neu: Wie Storytelling dir zeigt, wer du wirklich bist* geschrieben. Darin geht es darum, die eigene Story zu entdecken: Wer sind wir eigentlich und warum? Warum haben wir dies getan und jenes? Was treibt uns an? Und was bedeutet all das für unsere Zukunft, unser Verhalten und unsere Möglichkeiten? Ihr Buch habe ich erst etliche Jahre nach der Trennung gelesen, mein Weg damals war weniger professionell. Ich habe einfach irgendwie losgelegt. Sie zeigt mit einer Schritt-für-Schritt-Anleitung, wie wir uns selbst besser kennenlernen und wie wir dieses Wissen dann nutzen können. Schreibt auf, sprecht euch eine Audionachricht ins Telefon, malt ein Bild oder klebt Fotos auf ein Blatt Papier: Wie ihr eure Story erzählen wollt, bleibt euch überlassen. Ihr könnt Filme drehen, Notizen ins iPad schreiben, Romane verfassen oder ein Comic anfertigen. Hauptsache, euer Gehirn beschäftigt sich mit eurer neuen Zukunft und dem, was ihr wollt. Es zählt nur, was ihr euch wünscht, nicht, was ihr NICHT wollt!

- ☐ Wie sieht eine perfekte Beziehung für euch aus? (Völlig unabhängig davon, wie eure jetzige Beziehung ist.)
- ☐ Was macht sie aus?
- ☐ Wie ist sie, wie fühlt sie sich an?
- ☐ Was ist euch dabei wichtig?
- ☐ Ist eure Traumbeziehung liebevoll, abenteuerlustig, intim, unabhängig, reserviert, leidenschaftlich, zärtlich, pragmatisch, romantisch, wild, praktisch, eng, locker, lustig, ernsthaft, polyamor, monogam, offen?
- ☐ Welche Prioritäten habt ihr, was ist euch wichtig in einer Beziehung?

- ☐ Wie wollt ihr euch in der Beziehung fühlen? Geborgen, frei, kreativ, lebendig, ruhig, sicher, aufgehoben, gesehen, begehrt, bewundert? Alles ist erlaubt, es sind eure Gefühle, eure Gedanken, es ist eure Traumbeziehung.
- ☐ Wie ist euer Partner/eure Partnerin? (Und wieder: Egal, wer da gerade schon ist, völlig unabhängig von realen Personen und ob sie sich ändern werden!) Wie verhält sich diese Person, was macht sie aus? Was ist der Person wichtig, wofür brennt diese Person? Ist sie großzügig oder sparsam, liebevoll, schüchtern, zurückhaltend, mutig, stark, zart, mütterlich, wild, laut, leise, melancholisch, nachdenklich, ungestüm?
- ☐ Was wollt ihr in eurer Traumbeziehung erleben?

Endlich mal Windsegeln? Zu zweit auf dem Sofa sitzen, ohne Familienanhang? Gemeinsam reisen, lesen, kochen, Bondage, Sexpartys, Frankreichurlaub, Tantra, sieben Kinder bekommen, Bungeejumping, Tassen bemalen, Motorradfahren, nach Tibet oder an die Ostsee? Sukkulenten züchten, einen Biobauernhof gründen, Lachse in Aquakultur züchten, in Kanada eine Holzhütte bauen oder eine Doppelhaushälfte in Hannover? Malt euch alles genau aus, wo wollt ihr zusammen hin? Wo soll das hinführen? Ganz praktisch, aber auch metaphorisch. Wollt ihr ein Leben zusammen aufbauen oder mal gucken, was kommt? Ein Weber-Grill im Garten, eine Einbauküche oder ein Hausboot? Erschafft euer Traumleben, seid völlig frei. Vergesst Fragen wie: Ist das realistisch? Das ist völlig egal. Und wer entscheidet außerdem, ob das realistisch ist? Wir selbst.

Es haben bereits Menschen vor euch in Kanada Sukkulenten gezüchtet, an der Ostsee Doppelhaushälften gekauft, waren in Tibet oder haben Bondage in Hannover gemacht. Nichts ist unrealistisch. Und selbst wenn: Elon Musk fragt sich auch nicht, ob es unrealistisch ist, den Mars zu kolonisieren. Er plant, den Mars zu kolonisieren. Befreit euer Denken von unnötigem Ballast und denkt, als würde euch niemand dabei beobachten, denn das tut tatsächlich niemand! Oder, wie wir in der Grundschule gesungen haben:

»Die Gedanken sind frei, wer kann sie erraten?
Sie fliegen vorbei wie nächtliche Schatten.
Kein Mensch kann sie wissen, kein Jäger erschießen.
Es bleibet dabei: die Gedanken sind frei.
Es bleibet dabei: die Gedanken sind frei.«

Den Ohrwurm gab's jetzt kostenlos dazu. Erschafft euch Welten, die euch wie das fernste Beziehungsparadies vorkommen, der Garten Eden der Liebe, eine perfekte Welt als Partnerschaft. Niemand darf euch verbieten, all das zu denken, zu erträumen, es vor euch zu sehen.

Kapitel 13

GELD, SEX UND ROCK 'N' ROLL – WAS WIR FÜR UNSER GLÜCK BRAUCHEN

Die meisten Menschen sind so glücklich,
wie sie es sich selbst vorgenommen haben.
– Abraham Lincoln

Ich möchte, dass du glücklich bist.« Wer diesen Satz zu seinem Partner sagen kann – und ihn auch fühlt! –, ist ein echter Liebender und kein verzweifelt Brauchender mehr. Wer diesen Satz ausspricht, hat dabei möglicherweise ein leichtes Bauchgrummeln: Was, wenn sie glücklicher wäre, wenn sie auch mit Frauen schlafen dürfte? Was, wenn es ihn glücklich machen würde, ein Kind zu bekommen, obwohl ich keins möchte? Wenn sie eigentlich lieber in Argentinien leben würde? Was, wenn es ihn glücklich machen würde, Frauenkleider zu tragen? Was, wenn sie gefesselt und ausgepeitscht werden will? Was, wenn es uns beide eigentlich glücklicher machen würde, wenn wir uns trennen würden? Dieser unschuldige kleine Satz kann so viel bewirken. Möchte ich, dass mein Partner glücklich ist, oder brauche ich ihn eigentlich nur für meine eigenen Zwecke? Wollen wir einen Partner oder eine Partnerin, weil wir jemanden brauchen, mit dem wir in den Urlaub fahren können? Wollen wir einfach nicht abends alleine essen, wollen wir eigentlich nur ein Kind oder uns mit jemandem die Raten für ein Haus teilen? Wollen wir vielleicht einfach, dass unsere Partnerin da bleibt, wo sie ist, und sich nichts ändert? Soll sie einfach weiter den Haushalt machen? Wollen wir unseren Partner kontrollieren, festhalten und den Status quo bewahren, weil wir Angst vor dem Alleinsein haben? Ich fürchte, meine persönlichen Antworten auf diese Fragen waren ein Mal zu oft Ja, weswegen die Trennung tatsächlich eine gute Sache war. Das ist keine Anklage, nur eine Frage, die einen mitunter weiterbringen kann: Was genau wollen wir eigentlich – von unseren Partnern und vom Leben? Ist Angst vielleicht der Grund, warum wir auf Partnersuche sind, weil da einfach jemand sein soll? Oder ist das der Grund, weswegen wir uns nicht trennen, obwohl wir kreuzunglücklich in dieser Verbindung sind? Aus Angst vor dem Alleinsein? Vielleicht können wir Häuser, Abendbrot-Partner und Urlaubsaction auch anders haben.

Es muss unsere erste Priorität im Leben sein, mit uns selbst glücklich zu werden und mit unseren Freunden, unserem Job, unseren Gedanken, Gefühlen und unserem Umfeld. Dann müssen wir nie wieder zu jemand anderem sagen: »Du musst mich glücklich machen, ich brauche dich dafür!« Dann ist unser Partner nämlich kein Dienstleister mehr. Kein Ratenzahler, keine Abendbegleitung, kein Urlaubs- oder Fortpflanzungspartner, kein Hausmeister, sondern einfach genau der Mensch, der er ist – ohne Funktion. Und dann können wir von Herzen sagen: »Ich liebe dich. Weil du du bist. Du musst keine Aufgabe in meinem Leben erfüllen, keinen Job machen. Und: Ich will, dass du glücklich bist.«

Anspruchslose Liebe ist die mutigste Liebe der Welt. Denn wenn er oder sie geht, dann lieben wir ihn oder sie immer noch. Wir lieben, weil Liebe ihren festen Platz in unserem Leben hat. Wir lieben unser eigenes Sein, die Tatsache, dass wir atmen, wir lieben das Leben, die Zeit, die wir mit Menschen haben und hatten. Auch wenn der Partner mittlerweile in Argentinien Frauenkleider trägt. Tatsächlich lieben wir aber oft nur unter Bedingungen: Du musst bei mir sein, du darfst niemanden sonst begehren, du musst im Leben das wollen, was ich auch will. Du musst mir Blumen kaufen, mich anhimmeln, mir helfen, für mich da sein und immer Sex wollen, wenn ich auch will. Wir lieben unsere Partner*innen, wenn sie sich gut betragen und alle unsere Erwartungen erfüllen. Und wenn sie nicht liefern, was niemand in der Lage ist zu liefern, dann beklagen wir uns, sind enttäuscht, verletzt und erschüttert. Wir haben aber leider vergessen, dass der andere ein ganz normaler Mensch ist. Mit eigenen Bedürfnissen, Fehlern, Ängsten und Sehnsüchten. Mit einer eigenen Logik und einem eigenen Wirklichkeitsentwurf.

Natürlich müssen wir miteinander kooperieren, und wenn Klaus sagt, dass er Annika von der Kita abholt, muss Klaus auch Annika von der Kita abholen und nicht im Flieger nach Argentinien sitzen. Das ist ja keine Frage, in diesem Fall haben sich zwei Menschen dazu entschieden, gemeinsam Verantwortung für einen kleinen Menschen zu übernehmen, zusammen ein Unternehmen namens Familie zu führen. Von meinen Kollegen erwarte ich auch, dass sie ihren Job machen, ohne sie zu lieben. Oder: Auch wenn sie ihren Job machen, liebe ich sie deswegen nicht gleich. Aber wie ist das in unseren Beziehungen? Bereichern uns unsere Partner, fügen sie unserem Leben Lachen hinzu, Freundschaft, Inspiration und Zauber? Wachsen wir an und mit ihnen? Oder sollen sie einfach mal die richtigen Staubsaugerbeutel kaufen? Sprechen wir miteinander, fragen wir eigentlich noch: Wie geht's dir? Willst du immer noch so leben oder anders? Welche Vision und welche Sehnsucht hast du? Oder ist all das plötzlich weg, weil irgendjemand ja bei der Kita sein muss? Warum tötet das gemeinsame Leben oft die Abenteuer? Wir müssen unseren Partner nicht lieben, weil wir ein

Kind zusammen haben, weil wir uns die Kindererziehung, die Wäsche und das Zubereiten schmackhafter Mahlzeiten teilen. Wir können! Aber wir sind nicht dazu verpflichtet. Oder andersherum, wir können auch Kinder mit Menschen bekommen, die wir nicht romantisch, sondern als Freunde lieben. Wir können erwarten, dass der andere Brot und Milch aus dem Supermarkt mitbringt, ihn aber dafür lieben, dass er so warmherzig ist. Wenn wir Beziehungen, Liebe und Glück neu denken, haben wir neue Optionen, miteinander zu leben. Im Moment haben die meisten von uns das feste Muster im Kopf: Ein Paar liebt sich und bekommt ein Kind. Wenn sich das Paar nicht mehr liebt, trennt es sich, und das ist eine Katastrophe für alle. Oder das Paar bleibt zusammen, und die Beteiligten versauen sich mit schlechter Laune die restlichen Lebensjahre. Beides ist suboptimal. Vielleicht bekommen wir das ja in Zukunft alles irgendwie anders hin, mit Fantasie, Offenheit, Freude und Kreativität. Und dem afrikanischen Sprichwort: »It takes a village to raise a child«, was so viel bedeutet wie: Man braucht ein Dorf, um ein Kind großzuziehen. Vielleicht finden wir in Zukunft Wege, Kinder zu bekommen, sie zu lieben und für sie da zu sein und uns trotzdem gegenseitig zu sagen: »Ich will, dass du glücklich bist.« Ohne Angst vor den Konsequenzen. Um das sagen zu können, muss sich aber erst mal unser eigenes Leben kohärent anfühlen, also richtig. Wir müssen in unserem eigenen, für uns passenden Leben sein. Wenn wir das Gefühl haben, hier stimmt etwas nicht, ich lebe an meinen Bedürfnissen vorbei und handle jeden Tag gegen alles, woran ich glaube, dann wird eine Partnerin oder ein Partner das auch nicht ändern können. Niemand sonst kann dafür sorgen, dass sich unser Leben »richtig« anfühlt, nur wir selbst. Erst nach dem brutalsten Schmerz meines Lebens habe ich angefangen, konsequent zu leben, wie ich es wirklich will. Ohne Muster,

Schablonen und Denkmuster. Und das ist wahnsinnig anstrengend! Aber geil. Wir können die Situation lieben lernen, indem wir beispielsweise anders über sie denken, sie versuchen anders wahrzunehmen, wir können die Perspektive ändern. Ist wirklich alles so schlimm, wie ich gerade denke? Oder hab ich ein bisschen übertrieben?

Vielleicht können wir uns entscheiden, alles Schöne an dieser Situation aufzuschreiben:

- ☐ Was gefällt mir an meiner Situation, trotz allem?
- ☐ Wofür bin ich gerade dankbar?
- ☐ Was kann ich gerade aus meinem Problem lernen?
- ☐ Wie kann ich gestärkt und gewachsen aus dieser Situation hervorgehen?
- ☐ Was will mir dieses Problem sagen?
- ☐ Was wäre die liebevollste Art, das, was gerade passiert, zu interpretieren?
- ☐ Wenn ich den beteiligten Personen unterstelle, dass sie mich lieben und mein Bestes wollen, wie bewerte ich die Situation dann?
- ☐ Was, wenn dieses Problem ein Geschenk für mich wäre?
- ☐ Welches könnte es sein?

Ich weiß, das klingt absurd, aber ohne die Trennung hätte ich zum Beispiel nicht dieses Buch in Spanien geschrieben und hätte meinen Lebensmenschen nicht kennengelernt. Also jede noch so beknackte Situation kann genauso gut auch ein Geschenk sein, auch wenn ihr mir das jetzt gerade nicht glaubt! Könnt ihr die Situation lieben lernen? Nein?

Aber: Ihr könnt die Situation ändern.

Denkt doch mal über Folgendes nach: Was kann ich jetzt gerade tun, damit es mir in dieser Situation besser geht? TUT

DAS! Denn wenn es euch – völlig unabhängig davon, wer noch in der Situation feststeckt – besser geht, habt ihr sie bereits geändert.

Oder: Wie könnte ich anders fühlen, um die Situation zu verbessern?

Wir haben ja zuvor schon festgestellt, dass wir unsere Gefühle nicht immer so ernst nehmen müssen. Wir müssen uns von uns selbst nicht alles gefallen lassen. Wenn es zum Beispiel zuträglich für die Situation wäre, die Schwiegermutter nicht abgrundtief zu hassen, wäre es vielleicht eine Option, zu meditieren und zu visualisieren, um sie vielleicht doch ein bisschen mögen oder zumindest ertragen zu können. Unsere Gefühle sind nicht unveränderbar. Wir können entscheiden, dass wir anders fühlen wollen. Wir können jeden Tag etwas dafür tun, um aktiv anders zu fühlen. Wenn wir wollen. Wenn nicht, dann nicht. Ihr erinnert euch vielleicht noch an die Konditionierung aus dem zweiten Teil des Buchs, die kognitive Defusion und die Visualisierung. Das sind alles Möglichkeiten, unsere Gedanken, Gefühle und damit unser Leben selbst zu gestalten. Auch die Konditionierung hat sehr gut funktioniert bei mir. Ich habe, trotz Liebeskummers, jedes Mal, wenn ich etwas Leckeres gegessen, etwas Schönes gesehen oder erlebt habe, gedacht: »Ich liebe mein Leben.« Ich habe mein Leben damals nicht geliebt. Ich habe es einfach in meinem Kopf gesagt, wenn ich dachte, dass es passt. Pizza mit der Familie in der Sonne: »Ich liebe mein Leben.« Bier mit Freunden: »Ich liebe mein Leben!« Meditieren und danach Musik hören und allein sein: »Ich liebe mein Leben!« Trotz der Ödnis im Inneren. Irgendwann, nach Monaten, habe ich es plötzlich gefühlt.

»Ich liebe mein Leben tatsächlich! Ich liebe es, einfach am Leben zu sein, zu atmen, diesen Himmel anschauen zu dürfen.« Es war von einem sinnbefreiten Satz zu einem Gefühl geworden, das getriggert wurde, sobald etwas Schönes passierte.

Wir können eine Situation verlassen. Auch wenn wir denken, das ginge nicht. Wir können! Auch wenn man als Frau danach weniger Geld hat, weil man bei den Kindern zu Hause geblieben ist. Auch wenn man Angst vor dem Alleinsein hat, wenn man denkt, man schafft das nicht. Wir haben bei der Geburt keinen Vertrag unterschrieben, in dem steht, dass unser Leben immer sehr einfach verlaufen wird. Oder, wie die wunderbare Schriftstellerin Glennon Doyle es formuliert hat: »We can do hard things!« Dieses Zitat ist mit ihrem Bestseller *Untamed* bzw. *Ungezähmt* um die Welt gegangen, Glennon Doyles Podcast heißt mittlerweile auch so. Manchmal müssen wir eben nur daran erinnert werden, dass wir mehr schaffen, als wir denken. Was wir brauchen, ist Gelassenheit und das Wissen, dass es niemals einen Zustand geben wird, in dem wir austherapiert, perfekt oder angekommen sind. Eine Beziehung ist nicht das Ziel, und wenn wir das erreicht haben, sind wir »fertig« und leben happily ever after auf Liebes-Zuckerwatte. Beziehungen zu anderen Menschen und alles, was damit einhergeht, sind der Weg. Eine Beziehung zu einem Partner ist nicht die Medizin gegen unseren Schmerz. Wir können erst glücklich lieben, wenn wir aufhören, jemanden zu suchen, der uns glücklich macht, und eine Beziehung zu einem anderen Menschen als das sehen, was sie ist: eine Reise voller Herausforderungen, Missverständnisse, zauberhafter Momente, Nähe, intensiver Zweisamkeit, Streit und manchmal Schmerz und Trennung. Eine Beziehung ist ein Abenteuer, kein Endpunkt.

Oft denken wir: »Wenn ich nur den richtigen Mann finden würde, wäre ich glücklich.«

»Wenn sie sich nur ändern würde, wäre unsere Beziehung endlich schön ruhig.«

»Wenn er sich doch nur öffnen würde für mich/sich mehr anstrengen würde/mir mehr zuhören würde.«

»Wenn sie mich nur nicht so stressen/langweilen/anfauchen würde.«

Aber so läuft es nicht. Entweder ihr fühlt das Leben jetzt und so, wie es ist, oder ihr lebt für immer im »Wenn-Dann«-Land. Denn glaubt mir, wenn das eine nicht mehr ist, dann ist irgendetwas anderes. Wir können die negativen Aspekte unseres Seins genauso wenig ausmerzen wie den Stress in einer Beziehung. Denn genau wie unsere Fehler und unsere Angst uns zu echten, lebendigen Menschen machen, macht die Reibung unsere Beziehung zu echtem, atmendem Zusammensein.

Herausforderungen und Probleme müssen nicht abgehakt werden, damit wir endlich wieder »in Ruhe« leben und bewegungslos im Garten verharren können. Wir können sie nicht umgehen, vermeiden, ignorieren, wegdenken oder -wünschen. Der Gedanke: »Ich will das aber nicht!« löst keine Probleme. Im Buddhismus nennt man das radikale Akzeptanz: Das Annehmen dessen, was ich nicht ändern kann, kann uns das größte Leid ersparen. In diesem Fall die Erkenntnis: Ob wir wollen oder nicht: Herausforderungen SIND, was das Leben ausmacht. Aber ich meine nicht das Akzeptieren, um dann nichts zu tun. Sondern das Akzeptieren, um dann frei zu sein, alles zu tun, was wir tun wollen. In meinem Fall habe ich also zuerst akzeptiert, dass wir uns getrennt haben, und dann habe ich alles in meiner Macht Stehende getan, um dafür zu sorgen, dass es mir wieder gut geht. Am besten sogar sehr gut, so gut wie eigentlich noch nie. Aber vor der Handlung stand die Akzeptanz. Sonst würde ich mich nämlich immer noch gegen Tatsachen wehren.

Der systemische Therapeut Johannes Faupel hat zu mir gesagt: »Der beste Weg zu einer Depression ist, die Vergangenheit verändern zu wollen.«

Die Akzeptanz und das Handeln danach kamen aber nicht plötzlich über mich. Keine Glühbirne ging über meinem Kopf an, kein Lichtstrahl erhellte aus dem Nichts meine Existenz. Es war eine Reise, Schritt für Schritt. Einen weiteren Durchbruch im Denken, der mir sehr weitergeholfen hat, hatte ich ein paar Monate nach der Trennung. Ich war über Ostern allein nach Zürich gefahren, die Kinder waren bei Oma und Opa bestens mit bunten Eiern versorgt. Ich ging spazieren, trank Kaffee für etwa 9 Euro die Tasse und las das Buch »Max« von Markus Orths. Das ist einer der besten Romane, den ich je in meinem Leben gelesen habe, und er hat mir geholfen, gedanklich aus meinem Liebeskummer herauszukommen. Es geht im Buch um den Künstler Max Ernst, die Kapitel tragen die Namen seiner Frauen. Sechs Lieben, sechs Kapitel. Jedes Mal, wenn ein Kapitel zu Ende ging, wurde ich etwas melancholisch, Max wird älter, eine Liebe ist vorbei, aber das Leben geht trotzdem weiter. Und plötzlich dachte ich: Das ist es! Ein Kapitel ist vorbei, und das ist völlig in Ordnung, damit ein Neues beginnen kann. Das Kapitel meines Lebens mit dem Namen meines Ex-Mannes war lang und schön, wir haben zwei tolle kleine Wesen hervorgebracht, und jetzt beginnt ein neues Kapitel. Plötzlich war ich nicht mehr traurig, sondern aufgeregt. Ich kann das neue Kapitel selbst schreiben! O mein Gott, was da alles Aufregendes passieren kann! Ich habe ein nigelnagelneues Kapitel vor mir, weiße unbeschriebene Blätter. Ich kann selbst bestimmen, was da stehen soll. Ja, die banalsten Gedanken können uns manchmal helfen. Ich habe aufgehört, emotional im alten Kapitel rumzuhängen, und habe angefangen, mich mit dem neuen Kapitel zu beschäftigen.

Schreibt euer neues Kapitel. Jederzeit, wann immer ihr wollt. Wenn ihr es fühlt, ist das alte abgeschlossen. Was war, ist vorbei. Mit diesem gedanklichen Trick können wir die Vergangenheit besser loslassen. Genau das habe ich damals getan. Ich habe das alte Kapitel losgelassen. Wie soll euer nächstes Kapitel aussehen? Wie soll es heißen, was ist die Überschrift? Schreibt es auf!

Ich habe meine ganze Kindheit und Jugend über das Gefühl gehabt, irgendwie am falschen Ort zu sein. Es gab in meinem Umfeld nichts, was mich begeistert hätte: Ich kannte keine Menschen, die malten, Musik machten, Dinge erfanden oder erschufen. Alles, was es in meinem Umfeld gab, waren billige Pressspanmöbel, die *Bild*-Zeitung, Weißbrot, eine Kicker-Kneipe an der Ecke und Curry Ketchup von Aldi. Ich mochte das alles nicht. Mittlerweile bin ich in meinem eigenen Leben angekommen. Ich erfreue mich an Massivholzmöbeln, Vollkornbrot, kenne Musikerinnen und Schriftsteller, Menschen mit tollen Ideen, ich male große bunte Bilder und spreche mit meinem Lebensmenschen über den Bau von Solaranlagen, Philosophie und nachhaltige Aktien. Dieser Zustand ist natürlich, wie wir wissen (liebe Grüße an die Daoisten), nicht endgültig. Ich frage mich jeden Tag wieder aufs Neue, was denn für mich ein richtiges Leben ist. Was sind meine Werte? Wenn wir allerdings unsere Werte selbst finden, müssen wir uns nicht mehr an die Regeln der anderen halten. Das ist zugegebenermaßen anstrengender, aber ich behaupte mal ganz kühn, dass sich die Mühe, es selbst zu tun, lohnt. Wir können unser eigenes Manifest schreiben, unsere eigenen Lehren formulieren und eine Vision! Genau wie wir es schon mit unserem Glauben weiter oben gemacht haben, können wir jetzt noch konkreter werden und dem Glauben konkrete Handlungen hinzufügen. Also, wie sieht eure Vision aus? Euer Manifest, die Bibel für euer eigenes Leben? Was ist euch wichtig im Leben, welche sind eure Werte? Was bedeutet es für euch heute, gut zu leben? Fühlt sich das gut an, oder wäre etwas anderes auch schön? Macht eine Liste eurer Top-Ten-Werte. Und schreibt auf, was ihr konkret tun könnt, um diese Werte auch wirklich im Alltag zu leben. In etwa so:

- **Kreativität**
  ich male Bilder, ich lerne neue Kunsttechniken, wie Linolschnitt oder Aquarellmalerei. Ich denke mir manchmal eigene Gerichte aus, die ich dann koche. Ich schreibe gerne Konzepte für Podcasts, ich mache lustige kleine Gedichte mit den Kindern beim Abendbrot. Ich überlege mir, welche Blumen in meinem Beet wachsen sollen.

- **Freunde**
  ich telefoniere mit der Freundin, die am weitesten weg wohnt, regelmäßig und lange. Ich schenke einer anderen Freundin ein Fotoalbum mit Bildern von unserem letzten Ausflug. Ich empfehle einer anderen Freundin gerne Bücher, die mir gefallen, von denen ich denke, dass sie sie auch mögen wird. Ich schicke manchmal einfach so Nachrichten und frage, wie es ihnen geht.

- **Freude**
  ich bringe Menschen zum Lachen, ich bin nett zu allen Leuten, die mir im Laufe des Tages begegnen, ich vernetze Menschen in meinem Berufsleben. Ich sage weiter, wenn irgendwo ein Job frei ist, den jemand in meiner Peergroup brauchen könnte. Ich tue jeden Tag etwas, damit es mir gut geht. Ich versuche, so viele Dinge wie möglich zu tun,

die mir Freude bereiten. Schwimmen, Kaffee trinken, lachen und im Park abhängen.

Nehmt euch jeden Tag (mindestens) eine Sache vor, die ihr im Einklang mit euren Werten tun könnt. Ihr werdet sehen, dass sich, je länger ihr das macht, euer Leben immer »richtiger« anfühlen wird. Ich tue mittlerweile ausschließlich Dinge, die mit meinen Werten im Einklang sind. Von morgens bis abends. Und im Schlaf.

Aber wer lebt eigentlich dieses Leben, wer sind wir? Und vor allem: Wer wollen wir sein? ***Schreibt auf,*** wie und wer ihr seid. Entweder in kurzen Notizen oder epischen Worten, wie ihr wollt. Welche Eigenschaften mögt ihr an euch? Was macht euch aus? Welche mögt ihr nicht? Und warum? Könnte es sein, dass auch diese Eigenschaften etwas Gutes haben? Um zu illustrieren, was ich damit meine, hier wieder ein Beispiel. Ich bin ungeduldig. Ich gehe damit Leuten auf den Keks, das weiß ich. Ich dachte immer, ich müsste das »in den Griff« kriegen, es ändern, mich ändern. Mittlerweile habe ich einfach gelernt, damit zu leben. Ich bin ungeduldig, und das hat mich hierher gebracht. Ist doch cool. Ich habe all die schönen Dinge erschaffen in meinem Leben, weil ich eben nicht gewartet habe. Manchmal muss ich warten, dann warte ich eben, meditiere, atme und komme klar. So einfach. Nicht alles, was wir an uns ablehnen, ist ein riesiges Problem, das man wegtherapieren muss. Wir sind Welle und Teilchen. Manchmal steht es uns im Wege, manchmal hilft es uns, wie alles. Yin und Yang. Unser neues Denken kann uns dabei helfen, nicht alles zum Problem zu machen. Manchmal kann ich mich nicht entscheiden – manchmal schon. Manchmal will ich mich nicht festlegen – manchmal schon. Jeder Tag ist neu, und ich kann jeden Tag neu entscheiden, wer ich sein will.

Es gibt dieses berühmte Buch von Carol Dweck, in dem es um das sogenannte *Mindset* geht. Um es kurz zusammenzufassen: Wenn ich eine Fünf in Mathe schreibe und denke: »Mist, ich bin eben einfach dumm, da kann man nichts machen!«, habe ich ein starres, ein »closed mindset«. Wenn ich eine Fünf in Mathe schreibe und denke: »Dann muss ich eben mehr lernen beim nächsten Mal oder irgendetwas ändern!«, habe ich ein »growth mindset«. Also ein Mindset, das mir die Möglichkeit lässt, zu wachsen. Ich mag ehrlicherweise das Wort »Mindset« nicht, weil es in den letzten Jahren so durchgenudelt wurde, aber es ist nichtsdestotrotz ein wichtiger Baustein im neuen Denken. In der deutschen Version des Buchs wurde das Wort »Selbstbild« statt »Mindset« benutzt. Vielleicht macht es das etwas einfacher. Wenn wir ein starres Selbstbild in eine Beziehung tragen, haben wir vor allem Angst, zu versagen. Nicht gut genug zu sein, etwas Falsches zu tun. In der Fachsprache nennt man das auch (eher im beruflichen Kontext) das »Imposter Syndrom«. Imposter heißt Hochstapler, man hat also immer das Gefühl, ein Hochstapler zu sein und »entdeckt« zu werden. »Eigentlich bin ich nicht gut genug!«, sagt da unsere innere Stimme, »wenn er oder sie herausfindet, wie ich wirklich bin, wird er oder sie mich nicht mehr lieben.«

Wenn wir ein lernorientiertes Selbstbild haben, wissen wir, dass wir nicht alles können, wissen oder »richtig« machen. Dass wir Fehler haben, Fehler machen und noch viel zu tun haben. Und wir wissen, dass das menschlich, normal und wundervoll ist. Das Gleiche gilt auch in Beziehungen. Wenn wir versuchen, »alles richtig« zu machen, werden wir scheitern. Exakt das ist mir passiert. Ich wollte »alles richtig« machen. Regelmäßig die Betten frisch beziehen, gesund für die Kinder kochen und mit meinem eigenen Partner Dates haben. Wir hatten mal einen Flyer gefunden, auf dem stand: »Eltern werden – Paar bleiben.« Hat nicht geklappt.

Wenn wir offen sind für den anderen Menschen, die sich wandelnden Situationen, unsere Bedürfnisse, einfach fürs Leben, dann können wir lernen, wachsen und uns entwickeln. Ja, das tut oft weh, ist manchmal peinlich oder geht ordentlich daneben. Leben eben. Aber wenn wir uns selbst mit unserem deterministischen Denken im Weg stehen, kann uns auch keine Reform weiterhelfen, keine Rechtsnovelle oder Quote. Wenn wir denken, es eben einfach nicht anders verdient zu haben, weil wir es nicht können oder weil wir eben »einfach dumm« sind, wird uns all der gesellschaftliche Fortschritt keinen Deut weiterbringen.

Das, was wir hier machen, wenn wir in unser Notizbuch schreiben und neu denken, ändert die Welt. Das ist keine Kleinigkeit, das ist der Grundstein der Zukunft. Ihr braucht gar nicht zu denken, dass ihr egoistisch handelt, wenn ihr euch mit euren Werten und eurer Zukunft befasst. Ihr baut eine bessere Zukunft für alle Lebewesen auf diesem Planeten. Auch wenn es euch eigentlich nur um eure Beziehung geht. Denn wir entwickeln uns weiter, wir finden unseren eigenen Kompass fürs Leben. Wenn wir uns immer mehr zu Hause in uns selbst fühlen, können wir auch immer mehr Menschen dabei helfen, es ebenso zu tun. Und stellt euch mal vor, sieben Milliarden Menschen leben ihr Leben so, wie es sie glücklich macht. Sieben Milliarden Menschen tun, was sie erfüllt, inspirieren andere, helfen, lachen, haben sauberes Wasser und genug Nahrung.

***Also fragt euch*:**

- ☐ Welche Ereignisse aus der Vergangenheit haben dafür gesorgt, dass ich heute so bin, wie ich bin?
- ☐ Wie bin ich damals daran gewachsen?
- ☐ Was denke ich von mir?
- ☐ Habt ihr mal darüber nachgedacht, ob ihr euch respektiert?

Auch das ist wieder so ein negativ behaftetes Wort. Dabei denken wir oft an »Respektspersonen«, Priester, Lehrer oder den Schuldirektor. Und ich benutze mit Absicht die männlichen Formen an dieser Stelle. Wir sind oft dazu konditioniert worden – meist männliche –, Respektspersonen zu achten. Aber was ist mit »Self Respect«? Respektieren wir uns selbst? Wir arbeiten freiwillig zu viel und zu lang, wir ertragen Beziehungen, Zustände und Umstände. Wir ertragen zu wenig Geld, dass unsere Freundin uns versetzt, unser Freund immer zu spät kommt und eine Bekannte uns immer wieder mit ihren Problemen vollnölt. Wie könnte Respekt vor uns selbst aussehen?

Zunächst einmal sollten wir aufhören, Zeit mit Menschen zu verbringen, die uns nicht guttun, die uns runtermachen, beleidigen oder langweilen. Wir können Grenzen setzen und Nein zu Dingen sagen, die wir wirklich nicht wollen. Aber das können wir erst, wenn wir uns und unsere Bedürfnisse tatsächlich kennen. ***Sammelt doch mal*:**

- ☐ Was stört mich?
- ☐ Was kostet mich Energie?
- ☐ Wer raubt mir Energie?
- ☐ Was stresst mich?
- ☐ Was tut mir nicht gut?
- ☐ Wie kann ich es ändern?
- ☐ Kann ich mit XY weniger Zeit verbringen?
- ☐ Kann ich mir bei Tätigkeit XY irgendwo Hilfe holen?
- ☐ Wann muss ich öfter Nein sagen? (Und was kann dann schlimmstenfalls passieren?)

Und was bedeutet Respekt vor dem Partner oder der Partnerin?

Für mich bedeutet »den Partner respektieren«, ihn und

seine Wünsche und Ziele da sein zu lassen. Sein ICH da sein zu lassen, mit allem, was ist. Das Wort Respekt hat mich jeden Tag Demut gelehrt, vor den Bedürfnissen der anderen, meiner Kinder, meines Partners. Lasst uns Respekt lernen. Es klingt komisch und veraltet und lame, aber es ist eigentlich ein so schönes Gefühl. Dann haben wir vielleicht auch wieder mehr Respekt vor der Natur und den Tieren, mit denen wir diesen Planeten teilen.

Wenn wir uns schlecht fühlen, können wir auch schlechter denken und dementsprechend auch nicht so gut urteilen. Während wir gestresst sind, Scham, Wut oder Angst empfinden, können wir schlechter Informationen aufnehmen und anschließend verknüpfen. Das Magazin »Gehirn & Geist« berichtet in seiner Ausgabe 3/2021 über eine Metastudie aus dem Jahr 2016 von Forschern an der Universität Zürich und am Universitätshospital Bern, die genau das herausgefunden hat. Deswegen ist es tatsächlich existenziell wichtig, dass wir uns zunächst mal von unseren negativen Gefühlen distanzieren. Das geht am besten mit – ihr ahnt es – Meditation! Aber auch mit einer kleinen Schreibübung. »Gehirn & Geist« berichtet von einem Versuch des Psychologen Ethan Kross von der University of Michigan. Während der Ebola-Panik 2014 ließ das Team 1200 US-Amerikaner ihre Gedanken zu ihren Gefühlen in Zusammenhang mit der Epidemie aufschreiben. Eine Gruppe tat dies aus der Ich-Perspektive, die anderen Teilnehmenden sprachen von sich in der dritten Person. Im Artikel heißt es: »Die Dritte-Person-Perspektive wirkte beruhigend auf jene, die zu Beginn besonders ängstlich waren, und die Betreffenden nahmen medizinische Fakten nun eher zur Kenntnis.« Wenn wir uns von unseren Ängsten distanzieren und nicht mehr denken, wir wären unsere Angst, dann können wir Informationen und Fakten besser aufnehmen, akzeptieren und verarbeiten. Wir können also einen neuen, nüchternen Blick auf das Geschehene wagen.

Schreibt auf, wofür ihr euch auch heute noch schämt, aber in der dritten Person: »Anneliese hat damals lange ihre liebsten Menschen belogen, weil sie keinen anderen Ausweg sah …« Und fragt euch: Ist das, was Anneliese getan hat, nicht menschlich? Deswegen nicht gut oder erstrebenswert, aber vielleicht nicht so schlimm, dass man sich deswegen sein ganzen Leben lang geißeln müsste? Vielleicht kann Anneliese ihr Verhalten von damals jetzt loslassen, gut sein lassen, dort lassen, wo es ist: in der Vergangenheit.

Neubewertung: Ein Trick aus der Psychologie ist, Geschehenes neu zu bewerten. Wir haben ja schon im ersten Kapitel besprochen, dass wir den Dingen, die uns passieren, eine Bewertung geben. Nehmt euch ein schmerzhaftes Ereignis aus eurer Vergangenheit und bewertet es neu. Hilfreich ist dabei auch, was wir über Sprache gelernt haben. Welche Sprache wir benutzen, um den Ereignissen einen Sinn zu geben, ist wichtig. Auch bei Geschehnissen, von denen ihr glaubt, dass sie ja gar keine andere Bedeutung als eure bisherige haben können! Eure Freundin hat euch beispielsweise betrogen. Wie erzählt ihr die Geschichte bis hierhin? Welche Bewertung gebt ihr der Geschichte und welche Worte wählt ihr?

»Sie hat mich belogen, erniedrigt und hintergangen.« Mit dieser Bewertung habt ihr keine Möglichkeit, daran zu wachsen. Denn wer das Wort »erniedrigt« benutzt, wird dadurch zum Opfer und auf ewig auf Rache aus sein, ihr nie verzeihen und verbittern. Vielleicht wollte sie aber mit euch kommunizieren, und es war ein Hilferuf nach mehr Nähe? Vielleicht hattet ihr euch bereits auseinandergelebt und hättet euch sowieso bald getrennt? Vielleicht war es gut, weil ihr danach gemerkt habt, dass die Beziehung schon immer toxisch war? Vielleicht habt ihr durch den Schmerz so viel gelernt und neu sortiert in eurem Leben, dass es eigentlich ein Gewinn war? Oder ihr habt über euch selbst gelernt, dass ihr lieber eine offene Beziehung führen wollt? Was habt ihr aus dieser Geschichte gelernt, wie seid ihr gewachsen, was habt ihr daraus mitgenommen? Inwiefern seid ihr jetzt ein anderer Mensch als vorher?

Schreibt eure eigene Geschichte neu, findet Bedeutung im Schmerz, denkt an das, was ihr beim Storytelling gemacht habt. Selbst beim Tod eines geliebten Menschen: Ja, er ist gegangen, hat aber davor mein Leben so stark bereichert! Ich bin froh, dass er Teil meines Lebens war und ich ihn oder sie kennenlernen durfte.

Ich bin sehr dankbar, dass ich fünfzehn Jahre meines Lebens mit meinem liebevollen, klugen Vater verbringen durfte! Mich hat sein Tod gelehrt, wie wertvoll das Leben ist. Dadurch, dass ich ihn verloren habe, als ich fünfzehn war, habe ich nie auch nur einen Tag vergeudet, sondern immer getan, was mein Herz mir gesagt hat. Ich habe mir jeden Tag erlaubt, glücklich zu sein, weil alles andere einfach Zeitverschwendung ist. Tröstet euch. Was würdet ihr einem Freund oder einer Freundin sagen, wenn er oder sie euch diese Geschichte erzählen würde? ***Sagt*** euch diese Worte ***oder schreibt*** sie auf. »Du warst damals sehr verwirrt, Anneliese, und wusstest nicht, was zu tun ist. Jetzt bist du so viel klüger und würdest ganz anders handeln. Du hast gelernt …«

Was wollt ihr von euch in die Welt bringen, mit welcher eurer Eigenschaften macht ihr die Welt schöner? Wofür brennt ihr? Hilfreich bei der Beantwortung dieser Fragen kann das **Ikigai**-Modell sein. Ikigai kommt aus dem Japanischen und heißt »lebenswert«. Damit können wir spielen und vielleicht herausfinden, was für uns lebenswert ist. Ich schreibe »vielleicht«, weil das alles hier natürlich keine Garantie für irgendetwas, sondern ein Spiel mit uns selbst ist.

Bei der Suche nach unserem Ikigai sammeln wir Folgendes über uns:

1. Dinge, die ich liebend gern tue.
2. Dinge, die die Welt von mir braucht.
3. Dinge, mit denen ich Geld verdienen kann.
4. Dinge, für die ich Talent habe.

Normalerweise liegt unser Fokus auf den Dingen, die wir nicht gut können. Wir sehen unsere Fehler, das, was wir wieder versemmelt haben, das, was wir uns nicht trauen oder nie tun würden und was peinlich war. Deswegen ***schreibt*** ausführlich eure Stärken auf, vielleicht steht da am Ende etwas, von dem ihr gar nicht wusstet, dass es eure Stärke ist, weil ihr noch nie darüber nachgedacht habt. Könnt ihr gut zuhören, Leute zum Lachen bringen, seid ihr geduldig oder neugierig? Akribisch, ausdauernd, impulsiv? Könnt ihr schnitzen, kochen, schleifen, Kindern vorlesen, eine gemütliche Atmosphäre schaffen, Leute zusammenbringen? Seid ihr diejenigen, die sich um andere kümmern, oder jene, die tatkräftig anpacken? Seid ihr Ratgeber oder kennt euch mit einem Thema besonders gut aus, bei dem ihr anderen helfen könnt? Wie zeigen sich eure guten Eigenschaften? Hat euch schon mal jemand drauf angesprochen? Wie könnte das jemandem helfen? Was davon macht besonders Spaß? Wie bereichert ihr damit eure Familie und eure Freunde? Wie macht ihr das Leben der Menschen um euch herum damit schön?

1. & 2. zusammen ergeben, was meine Aufgabe im Leben sein könnte – die **Mission.**

2. & 3. zusammen ergeben, wozu ich berufen sein könnte – die **Berufung.**

3. & 4. zusammen ergeben den perfekten Beruf für mich – meine **Profession.**

1. & 4. sind das, wofür ich leidenschaftlich brenne – die **Passion.**

Jetzt können wir uns auf Basis dessen folgende Fragen stellen:

- ☐ Kann ich mir vorstellen, das den ganzen Tag zu machen?
- ☐ Will ich das überhaupt machen? Stimmt das mit meinen Werten überein?
- ☐ Ist es das, was ich der Nachwelt hinterlassen möchte?
- ☐ Kann und will ich das zu meinem Beruf machen?
- ☐ Kann und will ich davon leben?
- ☐ Was kann ich damit machen? Kann ich hier noch mehr lernen?
- ☐ Die Schnittmenge aller vier Bereiche ist **unser Ikigai.**

Das Ikigai-Modell

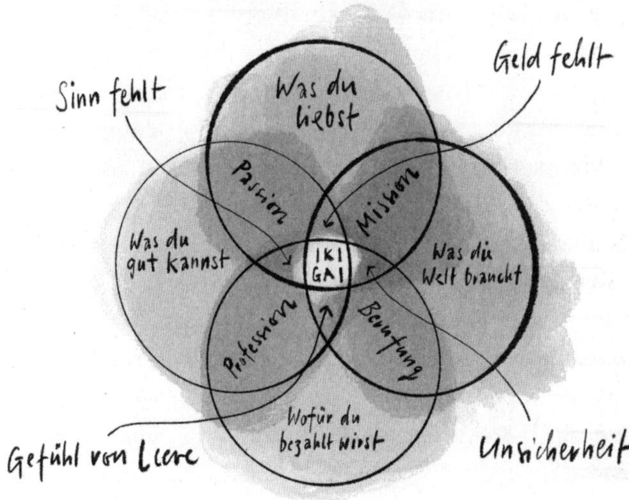

Ihr könnt immer wieder mal euer Ikigai bestimmen, weil sich die Antworten im Laufe eures Lebens immer ändern werden.

Was denken eigentlich die Menschen, die ich liebe, von mir? Fragt sie doch mal!

Mir hat mal eine Freundin gesagt, ich sei die minimalistischste Person, die sie kennt. Ich würde immer so lange darüber nachdenken, ob ich etwas wirklich brauche, dass ich es am Ende dann doch nicht kaufen würde. Das war eine Eigenschaft, von der ich nicht gedacht hätte, dass sie zu mir gehört. Niemals hätte ich mich selbst als »minimalistisch« beschrieben. Aber ich mag's! Sich selbst durch andere Augen zu sehen, kann unseren Horizont erweitern. Durch den Blick der anderen können wir uns besser und vor allem anders kennenlernen.

Welche Erwartungen habe ich an eine Beziehung? Und: Helfen mir meine Erwartungen oder stehen sie mir im Weg? Wir haben hier ja schon über Erwartungen und erwartungsfreie Liebe gesprochen. Aber was heißt das? Das finde ich selbst auch wahnsinnig knifflig, habe für mich aber ein Koordinatensystem entwickelt. Bevor wir aber dahin kommen: ***Schreibt*** erst auf, welche **zehn Erwartungen** ihr an euren Partner oder eure Partnerin habt.

Und auch, welche zehn Erwartungen ihr an eure Partnerschaft habt. Schauen wir mal, welche davon ihr überdenken, behalten oder löschen wollt. Ich habe mir drei Arten von Erwartungen überlegt.

Kategorie 1: Erwartungen, die unbedingt erfüllt werden müssen.

Das sind Sachen wie: Ich erwarte von meinem Partner, dass er mich nicht mutwillig verletzt – körperlich oder seelisch. Ich erwarte vom Vater meiner Kinder, dass er sich um die Kinder kümmert. Ich erwarte, dass mein Partner mich respektiert. Ich erwarte, dass meine Partnerin ihre schlechte Laune nicht an mir auslässt.

Kategorie 2: Grauzonen

Die größte Grauzone und das grausamste Schlachtfeld in Beziehungen ist: der Haushalt! (An dieser Stelle bitte dramatische Musik in eurem Kopf abspielen.)

Ja, ich erwarte, dass die andere Person etwas macht, sich kümmert und mich nicht als Reinigungsfachkraft ansieht – so weit, so normal. Jetzt wissen wir aber alle, dass manche Menschen Chaos sehr lange ignorieren können. Ich schreibe diese Zeilen. während Socken, Zeitschriften und angelesene Bücher vor mir auf dem Boden liegen, außerdem ein Ladekabel und eine Flasche Wasser. Es stört mich absolut nicht. Andere Leute bekommen Stressflecken, wenn der Schlüssel nicht am Schlüsselbrett hängt. Von Wollmäusen, Fettflecken oder grau verschleierten Fenstern will ich gar nicht anfangen. Deswegen müssen wir hier in der Grauzone miteinander reden. Sprecht über eure Erwartungen! Erwartet nicht einfach, dass der andere das gleiche Chaos-Empfinden hat wie ihr. Und fragt, was der andere braucht, und zwar genau so: »Was brauchst du jetzt gerade von mir?« Egal, ob es um den Haushalt oder ein anderes Thema geht.

Allerdings haben wir darauf wiederum nur eine Antwort, wenn wir selbst wissen, was wir eigentlich wollen, brauchen und wie wir miteinander leben wollen. Deswegen die ganze Selbstreflektiererei hier. Zuerst müssen wir selbst checken, was wir brauchen und wollen, dann können wir uns gegenseitig fragen und im dritten Schritt wiederum Antworten geben. Auf Grundlage dieser Gespräche können wir dann ein gemeinsames Leben gestalten. Nicht über Haushaltserwartungen zu sprechen ist der sichere Todesstoß für jede Beziehung, in der zwei (oder mehr) Menschen zusammenleben. Es sei denn, ihr lebt im Buckingham Palast. Aber dann habt ihr andere Probleme.

Kategorie 3: Erwartungen, die mich unglücklich machen und die deswegen wegkönnen.

Kann ich wirklich erwarten, dass mein Partner nie wieder eine andere Frau attraktiv oder anziehend findet?

Kann ich erwarten, dass er immer weiß, was ich fühle, warum ich traurig oder enttäuscht bin? Kann ich erwarten, dass sie romantisch ist und das Gleiche darunter versteht wie ich? Kann ich erwarten, dass wir immer das Gleiche wollen und uns blind verstehen? Kann ich erwarten, Blumen geschenkt zu bekommen? Kann ich erwarten, dass mein Partner mir immer zuhört, wenn ich jemanden zum Reden brauche? Ist es okay zu erwarten, dass ich der Mittelpunkt seines Lebens bin? Kann ich erwarten, dass unser Sexleben sich nie

ändert und immer bleibt wie in den ersten Monaten? Kann ich erwarten, dass meine Partnerin weiß, wie ich die Wäsche gern aufgehängt haben will? Kann ich erwarten, dass er die Socken so faltet, wie es mir gefällt? Und ist das wirklich wichtig?
In meinen Augen sind genau das die Erwartungen, die dafür sorgen, dass wir uns irgendwann wieder trennen. Oder unglücklich zusammenbleiben und uns heimlich nach etwas anderem sehnen. Wir sind enttäuscht, weil völlig unrealistische Erwartungen nicht erfüllt wurden. Es ist, als würden wir erwarten, dass ein grüner Elefant jonglierend Aperol Spritz serviert, und dann sind wir total enttäuscht, wenn er nicht kommt. Genauso ist es mit Beziehungen. Wir haben ein festes Bild im Kopf davon, wie wir meinen, dass eine Beziehung zu funktionieren oder wie sich unsere Partnerin oder unser Partner zu verhalten hat. »Wenn wir wirklich zusammengehören würden, wüsstest du, wie es mir geht!« Und dieses unrealistische Bild schießt uns immer wieder ins Knie. Es boykottiert uns, sorgt für Leid, Enttäuschung und Trennung.

Sortiert jetzt eure zwanzig gesammelten Erwartungen in diese drei Kategorien ein. Was ist Kategorie 1 und unverhandelbar? Was gehört in Kategorie 2, worüber wollt ihr mit eurem Partner oder eurer Partnerin sprechen, und was gehört in Kategorie 3 und kann weg, weil es im Weg steht?

Ich weiß, Erwartungen als hinderlich zu identifizieren tut oft weh. Wie sehr hing ich mit Mitte zwanzig beispielsweise an meiner Erwartung, dass ich die Sonne meines Partners bin und er als Planet darum zu kreisen hat. Aber jetzt, mit 42, bin ich froh, ohne diese Erwartung zu leben. Erwartungen los lassen macht frei, und wir können ohne sie wie ein Heißluftballon höher steigen. Wenn die Art, wie der andere die Socken faltet, in Kategorie 1 gelandet ist, wünsche ich euch starke Nerven und viel Geduld!

Wie aber lässt man Erwartungen los?

Auch da gibt es – natürlich – Hunderte Möglichkeiten. Aufschreiben und zerreißen hat zum Beispiel etwas Symbolisches und Haptisches. Aber auch Gedankenspiele gehören dazu. Stellt euch mal vor, wie euer Leben aussehen würde, wenn ihr nicht DEN EINEN RICHTIGEN Partner suchen würdet, falls das eine Erwartung von euch ist. Wie wäre es, euch als zwei Menschen zu sehen, die versuchen, miteinander zu wachsen, zu leben, zu verhandeln, zu lachen und zu weinen? Kein richtig oder falsch mehr, kein Zurechtbiegen oder erdrücken mit Erwartungen. Sie dürfen einfach existieren. Malt euch aus, wie eure Beziehung, eure Dates oder euer Leben aussehen würde, wäre diese Erwartung weg.

Oder wir überziehen die Erwartungen so sehr, bis sie uns selbst absurd vorkommen. »Sie muss immer perfekt aussehen, gut gelaunt sein, im Bett eine Granate, die perfekte Mutter, hot and sexy, witzig, unterhaltsam, bestens gelaunt, den Haushalt machen und das Geld ranschaffen.« Merkt ihr selber, wa?! Ich glaube, diese Rolle gibt es nicht mal in einer Sitcom. Weil es dann nicht mehr lustig wäre. Weder die Sitcom noch unser Leben.

Was ist mit euren Ängsten? Hier können wir genauso verfahren wie mit den Erwartungen.

Schreibt zehn **Ängste** auf, die ihr habt. Und zehn Ängste, die ihr in Bezug auf eure Beziehung habt.

Wenn ihr gar nicht über so viele Ängste verfügt, feiert das!

Für alle anderen: Wir wissen mittlerweile, dass Meditation wissenschaftlich bewiesen gegen Angst hilft. ***Meditiert.*** Konsequent, jeden Tag 20 Minuten. Mindestens. Glaubt mir, ihr werdet sehen, dass sich dadurch alles verändert. Denkt an eure Amygdala, die vom Meditieren schrumpft. ***Macht regelmäßig Sport, geht in die Natur, schreibt Tagebuch***, all das sind mächtige Maßnahmen gegen Angst. Genau wie Obst, Gemüse, gute Gespräche, Freunde, Musik und Lachen. ***Holt das aktiv*** in euer Leben und wartet nicht, bis es euch geliefert wird. Niemand wird es je liefern.

Und wenn ihr das etwa sechs Wochen lang verfolgt habt, können wir wieder kategorisieren.

Kategorie 1: Völlig berechtigte Ängste

Das wiederum heißt nicht, dass wir sie für immer behalten oder – Gott bewahre – auch noch füttern müssen. Es ist völlig normal, beispielsweise vor der Klimakatastrophe, Fluten, Hitze und Wassermangel Angst zu haben. All das ist lebensbedrohlich für unsere Spezies. Aber wir können trotzdem den Bodyguard für unseren Geist spielen und den Konsum der Horror-Nachrichten begrenzen. Außerdem haben wir noch das Ass »Selbstwirksamkeit« im Ärmel: Was kann ich jeden Tag tun? Was steht in meiner Macht?

Und wir können die Angst akzeptieren: Ja, ich werde immer Angst um meine Kinder haben. Aber was ändert das konkret? Geht es ihnen besser, wenn ich innerlich verkrampfe und mir die schlimmsten Szenarien ausmale, wenn sie allein unterwegs sind? Sind sie dann sicherer? Nein. Die Angst vergiftet nur mich, mein Wohlbefinden und meine Gesundheit. Wir können uns sagen: »Ja, ich habe Angst, dass ihnen etwas passiert. Aber ich entspanne mich jetzt trotzdem und tue alles dafür, dass mein sympathisches Nervensystem sich beruhigt.«

Dazu kommt auch das völlig abstrakte Vertrauen. Vertraut euren Kindern, eurem Partner und vor allem euch selbst! Vertrauen kann man nicht messen oder herstellen, chemisch mixen oder backen. Vertrauen ist nur in uns. Oder eben nicht. Fühlt da mal rein: Wie fühlt sich Vertrauen an? Wie wäre es, wenn ihr euch selbst vertraut, dass ihr mit allem irgendwie einen Umgang finden werdet, egal, was kommt? Ihr habt schon so viel geschafft und gerockt in eurem

Leben. Und wir alle werden noch so viel schaffen, aushalten und rocken. Wenn wir müssen. Darauf können wir vertrauen.

Kategorie 2: Ängste, die wir besprechen können.
Ich sage meinen Kindern, dass ich sie liebe und mir deswegen wünsche, dass sie bei der großen Straße lieber den Zebrastreifen benutzen. Sie verstehen das, sie finden mich nicht verrückt deswegen, peinlich oder hysterisch. Sie wissen, dass schnelle Autos tödlich sind.
Ich bespreche mit meinem Partner Ängste, die ich habe. Jedes dieser Gespräche bringt uns einander näher. Ich verstecke keine Ängste mehr, tue nicht cool oder »stark«. Wenn wir uns selbst lieben, sind wir es uns wert, unsere Ängste ernst zu nehmen, und können sie äußern, ohne Angst davor zu haben, deswegen abgelehnt zu werden. Sprecht über eure Ängste, so lame dieser Spruch auch ist, und denkt die Sache mit dem rosa Hasen. Wenn wir versuchen, nicht an ihn zu denken, wird er irgendwann so groß und mächtig, dass er uns frisst. Der rosa Hase, aka unsere Angst, ist sowieso da – ihn zu ignorieren ist wissenschaftlich erwiesen keine Lösung.

Kategorie 3: Ängste, die uns im Weg stehen, uns kleinhalten, uns daran hindern, glücklich zu sein.
Das sind Dinge wie:
Angst davor, zu scheitern – na und?
Angst davor, gesehen zu werden – na und?
Angst davor, Fehler zu machen – na und?

Ich will das jetzt überhaupt nicht banalisieren. Ich hatte all diese Ängste auch, aber bleiben wir bei diesen Beispielen. Ja, wir werden scheitern! Das sollte uns aber nicht davon abhalten, es zu versuchen. Uns selbstständig machen, einen Malkurs zu besuchen, weil wir kreativer werden wollen, das Business nebenbei zu starten, die Lösung für ein Problem zu finden, das wir haben. Die Chance zu scheitern ist real und nicht eingebildet, aber die Frage ist ernst gemeint: na und? Niemand interessiert sich dafür, niemand lacht uns aus, alle sind mit ihrem eigenen Leben so beschäftigt, dass es tatsächlich einfach völlig wurscht ist. Der Legende nach hat Thomas Edison neuntausend Versuche unternommen, bis er die Glühbirne erfunden hat. Er hat nicht gesagt: »Oh, nein, ich bin gescheitert, ich vergrabe mich jetzt in einem Erdloch und komme nie wieder raus, wie krass peinlich ist das bitte!« Er hat gesagt: »Ich habe neuntausend Wege gefunden, wie man keine Glühbirne baut!« Scheitern ist geil, scheitern ist Wachstum! Scheitern führt zum Erfolg.

Die Angst davor, gesehen zu werden: o Lord, das ist meine! Dieses Buch ist mein Armageddon. Ich gehe gerade durch den Schmerz und erzähle euch hier so viel von mir, dass es wehtut. Hinter dieser Angst steckt, dass wir uns angreifbar machen. Andere können sich über uns lustig machen, uns beschimpfen, uns ins Lächerliche ziehen. Das ist alles wahr – aber ist es wichtig? Ist es wirklich wichtig?

Ich bin ein Mensch, ich mache menschliche Erfahrungen: Schmerz, Angst, Scheitern. Ich lag am Boden, ich bin aufgestanden, ich hab Wodka zum Einschlafen getrunken, ich mache jetzt Yoga und liebe Salat. All das gehört zum Leben dazu – so oder ähnlich. Ich wurde belogen und verletzt, ich habe belogen und verletzt. Ich habe Verlust erlebt, Gewalt, Verrat, Sucht, Einsamkeit, hier bin ich. Still alive. Nur wenn wir uns zeigen, können wir andere Menschen berühren und durch unsere eigene Stärke inspirieren. Seid bitte immer ihr selbst, seid sichtbar, seid genau das, was ihr seid! Lebt eure Geschichte und zeigt euch. Ja, wir machen Fehler. Fehler machen ist normal. Und je mehr wir das normalisieren, desto besser können wir damit umgehen. Niemand hat je gesagt, dass wir perfekt sein müssen. All das sind Ängste, die uns nur davon abhalten zu leben, das wirkliche Leben zu er-leben! Wir werden Fehler machen, scheitern und Schmerz erfahren, wir werden uns verletzlich machen. Lasst euch bitte nicht davon abhalten zu tun, was ihr tun wollt! Die Person zu sein, die ihr seid, das Ziel zu verfolgen, das ihr verfolgen wollt, und den Traum zu leben, der in euch ist! Mut ist nicht, keine Angst zu haben, sondern es trotzdem zu tun. Es gibt den Spruch, dass wir nicht »jemand werden müssen« im Leben, wir sind schon die richtige Person. Der Trick ist nur, loszulassen, was wir nicht mehr brauchen. Erwartungen, Ängste, Regeln, Normen – all das ist nur in unseren Köpfen. Wir müssen uns nicht von unseren Ängsten rumschubsen lassen. Freiheit ist, so zu leben, wie wir wirklich wollen, das zu tun, was uns zum Strahlen bringt, ohne uns dabei von unseren Ängsten abhalten zu lassen. Freiheit ist auch: Nicht Opfer unserer eigenen Ängste zu sein. Die Ängste, die ihr loswerden wollt, müsst ihr nicht allein abwerfen. Überall gibt es Hilfe, fantastische Therapieansätze und Methoden oder tolle Coachs, die euch dabei helfen können. Holt euch Hilfe. Ihr seid nicht allein.

Fake it till you make it. So tun, als ob, funktioniert. Unser Körper und unser Geist kommunizieren miteinander. Wenn es uns gut geht, lächeln wir. Sind wir traurig, lassen wir die Schultern hängen. So weit, so normal. Aber andersrum funktioniert es tatsächlich auch. Lächeln wir – ohne Anlass – geht's uns danach auch besser. Der britische Psychologe Richard Wiseman hat in seinem Buch *Machen, nicht denken!* Studien und Experimente zusammengetragen, die zeigen, dass wir unser Wohlbefinden einfach selbst machen können. Wenn wir so tun, als würde es uns gut gehen, geht es uns direkt besser. Wenn wir gehen wie jemand, der selbstbewusst ist, werden wir selbstbewusster. Seine These ist, dass wir nicht so viel denken, sondern mehr tun sollen. Wir sollen das Leben, das wir führen wollen, erst mal führen, ohne es zu fühlen. Der Rest kommt dann schon von alleine.

Wenn wir uns einen liebevollen Umgang wünschen und so tun, als wären wir liebevoll, werden wir liebevoll. Jemand hat mir mal eine super Anekdote erzählt, die perfekt beschreibt, was ich meine: Ein Mann geht zu einem Therapeuten und sagt: »Ich will meine nervige Ehefrau verlassen! Aber vorher würde ich sie gerne maximal verletzen. Ich hasse sie, sie terrorisiert mich, nörgelt an mir rum, sie macht jeden Tag meines Leben zu einem Albtraum. Was kann ich tun?«

Sein Therapeut überlegt kurz und antwortet dann: »Sagen Sie ihr jeden Tag, dass Sie sie lieben. Sagen Sie ihr, dass sie die schönste Frau der Welt ist, klug, wundervoll und zauberhaft. Machen Sie das mehrere Wochen oder Monate lang, und dann – zack – verlassen Sie sie. Damit werden Sie ihr Herz brechen und sie wahnsinnig verletzen!«

»Oh! Das ist eine tolle Idee. Das werde ich machen.«

Der Mann kommt nie wieder zu dem Therapeuten. Monate später sehen die beiden sich zufällig auf einer Party. Der Therapeut fragt den Patienten: »Und, haben Sie Ihre schreckliche Frau verlassen?«

Der Patient ist völlig entrüstet und sagt konsterniert: »Sind Sie verrückt? Ich liebe meine Frau! Sie ist das wundervollste Wesen der Welt, liebevoll, schön und klug!«

Fake it till you make it!

Ich selbst habe auch schon erlebt, dass es funktioniert. Ich habe, wie gesagt, das Fachabitur Wirtschaft gemacht, keine Ahnung, warum, ehrlich gesagt. Irgendwer in meinem Umfeld meinte damals, das wäre eine gute Idee. Wirtschaft geht immer: »Dann verdienst du viel Geld!« Im Zuge dieses Fachabiturs musste ich ein Praktikum in einem Unternehmen machen. Ich habe mich – mit 18 – natürlich nicht um einen guten Praktikumsplatz gekümmert, sondern nur abgegriffen, was niemand sonst wollte, und bin bei einer Krankenkasse gelandet. Ich musste Ablage machen, Briefe frankieren und Auslandskrankenscheine per Hand ausfüllen. Damals brauchte man noch einen Zettel, um im Urlaub zu beweisen, dass man krankenversichert war. Ich habe all das gehasst. Leidenschaftlich gehasst! Ich habe gelitten, meine Körperhaltung hat gesagt: ICH WILL DAS NICHT! Meine leidende Miene und die schleppenden Arbeitsabläufe haben es gezeigt. Ich war im maximalen Widerstand. Ich wollte der Welt zeigen, dass ich in einem Albtraum feststecke. Meine Arbeitszeit ging bis 16 Uhr, um 15 Uhr 51 war ich angezogen und bereit zu gehen. All das kam natürlich gar nicht gut an. Meine Vorgesetzte hat mich kritisiert, war genervt von mir, hat an mir rumgenörgelt. Ich hatte morgens Bauchschmerzen auf dem Weg zur Arbeit.

In der Mitte des Praktikums lagen die Sommerferien. In dieser Zeit habe ich das Buch »Sorge dich nicht, lebe!« von Dale Carnegie gelesen, ein Bestseller. Verlacht und trotzdem erfolgreich. Nach den Sommerferien bin ich anders ins Büro gegangen. Einerseits mit dem Gedanken, dass ich alles dafür tun werde, in Zukunft nicht in einer Krankenkasse zu arbeiten, andererseits mit dem festen Willen, die letzten sechs Monate meines Praktikums so erfolgreich wie möglich zu gestalten. Ich habe so getan, als wäre der Job cool, als hätte ich Spaß. Ich habe mir gesagt: Du lernst hier was fürs Leben! Ich habe anders mit mir selbst gesprochen und mir gesagt, dass alles eine Chance für Wachstum ist. Ich habe einfach so getan, als wäre alles geil. Und es hat funktioniert! Die Arbeit ging mir leichter von der Hand, die Zeit verging schneller, die Horror-Kollegin war netter. Die Bauchschmerzen hörten auf. »Frau Hielscher, ich weiß nicht, was Sie getan haben, aber Sie sind nicht wiederzuerkennen!«, hat sie gesagt. Ich war stolz auf mich! Die Arbeit hatte sich natürlich nicht über den Sommer hinweg geändert – ich hatte es. Plötzlich war ich stolz auf mich, ich hatte Wege gefunden, die Post so zu frankieren, dass ich effektiver wurde. Ich hatte überlegt, dass ich die Ablage so machte, damit jemand anders die Akten tatsächlich wiederfinden würde, wenn er sie suchte. Ich hatte der Ödnis Sinn verliehen. Ich hatte einfach so getan, mehr nicht. Mein Praktikum endete mit einem fulminanten Frühstück, das ich selbst organisiert hatte. Der Leiter der Abteilung hielt eine Lobrede auf mich, und ich hatte Selbstwirksamkeit de luxe praktiziert – in einem Job, den ich immer noch hasste. Was völlig irrelevant war. Ich hatte sechs Monate meines Lebens allein und ohne Hilfe in einen Schritt meines Lebens verwandelt, den ich nicht missen möchte. Einfach, weil ich so getan hatte, als ob.

Formuliert einen Zustand, den ihr euch wünscht, und lebt genau so. Tut so, als wärt ihr nicht einsam, tut so, als wärt ihr erfolgreich. Was tut eine erfolgreiche Person? Wie verhält sich jemand, der sich liebt? Was würde jemand tun, der in einer harmonischen Beziehung lebt? Wie ist jemand, der gesund und energetisch ist? Was tun diese Menschen? Wie verhalten sich Leute, die ihren Job lieben? Wie ist jemand, der glücklich mit sich selbst ist? Spielt dieses Leben – jeden Tag! Lebt das Leben, das ihr leben wollt, auch wenn nicht alle Parameter stimmen. Denn wenn wir warten, bis alles richtig ist, werden wir nie etwas tun – nie wird alles richtig sein. Denken ist eine Sache, es zu tun, ist noch viel kraftvoller! Was kann ich heute tun, um das Leben zu leben, das ich leben will? Wie kann ich die Beziehung leben, die ich leben will? Tut es. Und darauf aufbauend: Liebt!

Oft denken wir: »Ach würde mich doch jemand lieben!«

Oder: »Wie gern würde ich jemanden lieben!«

Aber wir müssen nicht warten, wir können einfach loslieben! Jetzt. Sofort. Wir alle sind liebende Wesen. Liebt euch selbst, sagt euch in den Spiegel, wie sehr ihr euch liebt. Überschüttet euch mit Liebe, Aufmerksamkeit und guten Worten. Tut euch etwas Gutes und zeigt euch eure Liebe, heiratet euch selbst, schreibt euch selbst einen Liebesbrief. Sagt zehn Mal am Tag: »Ich liebe mich selbst!« Liebt eure Nachbarin, die Omi im Supermarkt und den Kellner, gebt Trinkgeld, strahlt fremde Menschen auf der Straße an, macht ihnen Komplimente. Schenkt eurer Freundin etwas, schreibt eurem Kumpel, dass es toll ist, dass es ihn gibt. Schaut in den Himmel und liebt den Zug der Kraniche. Liebt das Leben und Spaghetti, den Duft des Meeres, das gute Buch und euer Sofa. Liebt einfach hemmungslos alles, was es in diesem wundervollen Leben zu lieben gibt. Riecht an Blumen, fühlt den Wind auf der Haut und liebt eure Sinne. Liebt Sonnenblumen und das, was ihr tut. Liebt diese Sekunde und die nächste. Und das Leben wird euch zurücklieben. Wartet nicht auf die Erlaubnis von jemandem, wartet nicht auf eine Person: liebt einfach! Liebe steckt literweise in euch, ihr seid kiloweise Liebe. Ganz egal, ob ihr Single seid oder in einer schwierigen Beziehung steckt. Liebe ist sowieso da – Gründe zu lieben gibt es genug. Wenn wir uns dessen bewusst sind, können wir so viel lieben, dass uns jeden Tag das Herz überläuft. Dann können wir sie plötzlich sehen, riechen und schmecken, die Liebe. Fremde strahlen uns an, wir bekommen etwas geschenkt, jemand gibt uns Aufmerksamkeit oder bringt uns zum Lachen. Wir sind so viel Liebe, dass genug für alle da ist. Und niemand muss uns die Erlaubnis geben, zu lieben. Liebe ist nicht irgendwann alle, wenn wir zu viel davon verbrauchen. Liebe wird immer mehr, je mehr wir lieben. Und wie geht das? Seid dankbar, nichts ist selbstverständlich. Der Frieden in unserem Land, die Luft, die wir atmen, das frische Brötchen – alles ist ein Wunder und verdient Wertschätzung. Wie ihr noch besser auf diesem Weg vorankommt, zeigen euch die nächsten Seiten.

Weitere Fragen, die euch auf dem Weg zu euch selbst helfen können:

☐ Wie sieht mein perfekter Tag aus?
☐ Wo wache ich auf, wer ist da, was tue ich?

Beschreibt den Tag in bunten Farben ausführlich und denkt an die Visualisierung. ***Schmeckt*** euren perfekten Tag, ***fühlt*** ihn, ***hört*** ihn, ***riecht*** ihn.

☐ Wo und wie wohne ich?
☐ Wenn ich eine Superkraft hätte, welche wäre es?
☐ Was würde ich tun, wenn Geld keine Rolle spielen würde?

In dieser Frage liegt auch eine Menge Gold für euren Alltag, auch wenn das erst mal nicht so scheint, denn hey: Geld spielt eben eine Rolle, mehr dazu auch gleich noch ausführlicher. Einen Wald in Sachsen pflanzen? Ein Kosmetikstudio in Barcelona eröffnen? Eine Motorradwerkstatt im Haus meiner Eltern? Ein Kunstfestival in Südafrika organisieren? Oder: Einfach mal nichts machen.

Vielleicht ist das alles gar nicht so crazy, wie ihr denkt. Fangt an, repariert ein altes Motorrad im Hinterhof, guckt, wie hoch die Mieten für einen kleinen Laden in Barcelona sind, wir haben Internet. Lernt Künstler und Künstlerinnen aus Südafrika in eurem Ort kennen und connected euch. Ruft eine NGO an, die Bäume in Sachsen pflanzt, und erzählt von eurem Plan. Nicht, weil ihr sofort alles hinschmeißen, euer Leben verlassen und loslegen müsst. Sondern, um zu gucken, was das mit euch macht – völlig unverbindlich. Wie fühlt es sich an? Ist da ein Kribbeln oder nur Angst? Ist es vielleicht gar nicht so spannend? Was könnte das bedeuten?

Außerdem gibt es eine Menge Antworten, die leichter zu realisieren sind, als wir denken: An einem Fluss in Frankreich sitzen und Rosé trinken? Versucht, den nächsten Urlaub so zu organisieren, dass ihr in Frankreich an einem Fluss Rosé trinkt, und sei es nur für ein paar Tage. Macht das zu eurem Ziel und fragt euch: Was kann ich jeden Tag tun, damit das wahr wird? Geld sparen, Unterkünfte angucken, Rosé im Supermarkt kaufen, für die Vorfreude?

Ihr wisst schon: Jede Reise beginnt mit dem ersten Schritt. ***Macht den ersten Schritt!*** Jetzt!

- ☐ Was würde ich tun, wenn ich unendlich viel Zeit hätte?
- ☐ Wie kann ich das auch so realisieren?
- ☐ Was kann ich jeden Tag 10 Minuten lang tun, um mehr davon in mein Leben zu kriegen?
- ☐ Wo würde ich gerne leben und warum?
- ☐ Wer sind meine Vorbilder und warum?
- ☐ Was können, tun oder verkörpern sie, wonach ich mich sehne?
- ☐ Welche Themen finde ich spannend?
- ☐ Was habe ich durch meinen letzten »Fehler« gelernt?

Ich habe durch meinen letzten Fehler gelernt, mehr auf meine Intuition zu vertrauen. Projekte, bei denen man von Anfang an ein schlechtes Bauchgefühl hat, werden mit der Zeit nicht besser. Und jetzt ihr!

Vielleicht ***spielt*** ihr hier ein Spiel mit euch selbst:

Sechs Wochen.
Jeden Tag 20 Minuten.

Projekt 1: Ein Kochbuch schreiben.
Ihr sammelt Rezepte, macht mit eurem Handy Fotos der Gerichte, die ihr kocht, druckt alles zusammen aus, klebt es in eine Kladde oder illustriert es digital und habt nach sechs Wochen ein Weihnachtsgeschenk für die kochenden Familienmitglieder und Freunde.

Projekt 2: Wie kann ich jemandem eine Freude machen?
Tut das! Jetzt! Schreibt eine nette Nachricht, ladet jemanden zum Kaffee ein, helft jemandem beim Einrichten des Rechners, stellt zwei Menschen einander vor, die sich gut verstehen würden. Das macht euch glücklich, das macht die anderen glücklich und die Welt besser. Bäm.

Welche kleinen Dinge im Alltag machen mich glücklich?

Plant jeden Tag eines dieser Dinge ein und denkt dran: Es ist ein Spiel. Mich macht es glücklich, wenn meine Kinder am Wochenende morgens in mein Bett zum Kuscheln kommen. Ich liebe guten Salat, Süßigkeiten mit Erdnussbutter, Journaling, Musik hören, Stille und Lesen. Alles keine großen Dinge. ***Schreibt*** eine Liste und setzt jeden Tag etwas davon um. Das macht kaum Aufwand, hat aber einen riesigen Einfluss auf euer Wohlbefinden.

Wie würde ich gerne sein? ***Beschreibt*** euer ideales Lieblings-Ich. Wie seid ihr? Was tut ihr?

Schreibt euch selbst eine Geschichte. Echte Geschichten bewegen uns und bleiben in unserem limbischen System hängen. Wenn ihr schreibt: »Ich will großzügig, energiegeladen und gelassen sein«, fühlt ihr nicht, was das eigentlich bedeutet. Nur Geschichten helfen uns dabei, wirklich die Person zu werden, die wir sein wollen. Denn was heißt »gelassen«? Warum ist mir das wichtig, wie macht es meine Beziehung und mein Leben besser, wenn ich »gelassen« bin, was habe ich davon?

Im Buch *Tell me – wie Sie mit Storytelling überzeugen* von Thomas Pyczak habe ich die Geschichte von Jennifer Aaker gefunden. Die Sozialpsychologin hat 2013 ein Experiment mit ihren Studierenden gemacht. Jede*r war dazu aufgefordert, einen Pitch zu machen und innerhalb einer Minute seine Mitstudierenden von etwas zu überzeugen. Zwanzig Minuten später forderte sie sie auf, über die Pitches zu schreiben, an die sie sich noch erinnerten. »Am besten werden Pitches erinnert, die eine kleine Geschichte erzählen. Rein faktenbasierte Pitches dagegen – für die überwiegende Mehrheit der Studenten die Präsentationsform der Wahl – werden schlecht erinnert. (…) Geschichten«, erklärt Aaker, »lösen eine ganz andere Tätigkeit des Gehirns aus.«

Und wieder haben wir die Macht, unser Gehirn so zu benutzen, wie wir gerne wollen, weil wir wissen, worauf es anspringt.

Wie erzählen wir uns unsere Geschichte? Wir können zunächst fragen: Wie würde ich gerne öfter sein? Und wie kann die Story aussehen?

In dem folgenden Beispiel beschreibt Thomas, wie er ein gelassener Mensch wird, warum er das sein will und wie sich das konkret im Alltag zeigt:

»Die Kinder sind schon wieder ins Zimmer geplatzt, als ich Yoga machen wollte! Wieso kannst du sie nicht mal zwanzig Minuten alleine in Schach halten!?«, schreit meine Frau.

Ich spüre, wie ich wütend werde, weil die beiden ja vor dreißig Sekunden noch friedlich gespielt haben, woher sollte ich denn wissen, dass sie als Nächstes ins Schlafzimmer platzen würden? Ich fühle mich ungerecht behandelt und völlig zu Unrecht angeschrien. Aber ich lasse das einfach wie Wolken am Himmel an mir vorbeiziehen. Denn meine Wut hilft niemandem weiter. Ich unterdrücke sie nicht, ich lasse sie lediglich wieder los, meine Gefühle sind nur Besucher in meinem System. Sie kommen und sie gehen.

Ich sage: »Wir bauen jetzt die Eisenbahn zusammen auf, und du hast ab jetzt ganz sicher zwanzig Minuten Zeit für Yoga, versprochen.« Ich mache Apfelschnitze und setze mich mit den Kids auf den Teppich. Ich bin ein gelassener Mensch, ich liebe meine Frau und weiß, dass sie mich manchmal anschreit, weil sie oft überfordert ist. Sie braucht Zeit für sich.

Ich versuche, diese Beziehung mit Liebe und Geduld zu stärken. Immer wenn ich nicht zurückschreie, sondern liebevoll auf ihre Angriffe reagiere, zeige ich mir selbst und ihr, dass wir alle manchmal überreagieren.

Es fühlt sich herrlich an, wenn der Streit nicht eskaliert.

Ich spüre das in meinem Körper. Wut löst ganz andere Reaktionen aus als ein Lächeln. Es ist nicht nötig, auf die Angriffe aggressiv zu reagieren, das löst keinerlei Probleme. Ich möchte das nächste Mal am liebsten mit Humor reagieren, vielleicht kriege ich sie ja sogar zum Lachen.

Mit Gelassenheit wird sicher auch mein Bluthochdruck besser. Immer wenn ich joggen gehe, spüre ich, dass ich den Herausforderungen des Lebens besser gewachsen bin. Dumme Witze und Joggen sind also meine ersten beiden Instrumente, um mehr Gelassenheit in mein Leben einzuladen. Und natürlich, Gefühle einfach weiterziehen zu lassen.

Nach zwanzig Minuten kommt meine Frau aus dem Schlafzimmer. Ich sage zu ihr: »Willst du noch ein Bad nehmen? Ich stecke die Kinder ins Bett.« Sie strahlt und küsst mich dankbar und glücklich. Morgen gehe ich joggen.

Thomas hat sich eine eigene Heldengeschichte geschrieben. Er ist der gelassene Held, der dafür gesorgt hat, dass die Situation nicht eskaliert ist. Mehr noch, er hat in seiner Geschichte seiner Frau etwas Wundervolles geschenkt: Das Gefühl, gehört und gesehen zu werden. Das Gefühl, dass er sie und ihre Bedürfnisse ernst nimmt. Mit dieser kleinen Geschichte hat Thomas ganz neue Möglichkeiten der Reaktion für sich eröffnet, wenn er sonst eigentlich sofort zurückgebrüllt hätte: »Kann ich doch nix dafür! Schließ halt die Tür zu!«

Mit der Geschichte hat Thomas sein limbisches System angeregt, die guten Gefühle sorgen dafür, dass er sich an seine eigene Geschichte erinnern wird. Gleichzeitig hat er neue neuronale Verknüpfungen in seinem Gehirn erschaffen. Ihr wisst schon: Neuroplastizität. Selbst wenn er das nächste Mal noch sauer wird und zurückschreit, weiß er, dass das nur eine von vielen Möglichkeiten ist zu reagieren. Nicht die einzige. Eine andere Möglichkeit hat er ja immerhin schon mal aufgeschrieben. Irgendwann wird sie wahrscheinlich, so ähnlich, wahr werden, und Thomas ist mehr zu der Person geworden, die er gerne sein will. Er hat mit seinen selbst geschriebenen Geschichten seine Beziehung und sein Leben aktiv gestaltet und sich nicht von impulsiven Gefühlen rumschubsen lassen. Und abgesehen davon, dass Thomas auf diese Art mehr zu dem Menschen wird, der er sein will, wird das garantiert die Qualität seiner Beziehung ändern.

☐ Wie will ich sein, wenn das nächste Mal etwas nicht nach Plan verläuft?

Wieder eine Fitnessstudio-Geschichte von mir, die wunderbar illustriert, was ich meine. Eine Frau in der Umkleidekabine zieht sich neben mir um und schnaubt vor Wut: »Jetzt habe ich mich ganz umsonst umgezogen! Ärgerlich ist das!«

Ich gucke sie fragend an. »Mein Yoga-Kurs ist ausgefallen! Ich hatte mir extra von der Arbeit dafür freigenommen!«

Ich verstehe, dass das blöd ist. Aber.

Wenn wir an das Kapitel zum Thema Wahrnehmung denken, wissen wir, dass diese Frau für wenige Sekunden ihre Wahrnehmung ändern könnte. Dieser Shift würde ihren Cortisolspiegel senken und ihren Herzschlag verlangsamen, wäre also gut für ihren Blutdruck, ihr Herz und das Immunsystem. Ein kleines Durchatmen und Andersdenken könnte, die Wahrscheinlichkeit für einen Herzinfarkt senken, vor allem, wenn sie es sich zur Gewohnheit macht. Von der aktuellen Laune und der Lebensqualität einmal abgesehen.

Sie könnte daran denken, dass die Yogalehrerin ihren Job liebt, wenn sie also nicht da ist, ist etwas passiert. Die Lehrerin ist ja nicht nicht gekommen, um diese Frau zu ärgern. Vielleicht hat sie Corona, ihre Oma ist gestorben oder ihr Kind ist krank. Hier ein paar völlig willkürliche Vorschläge von mir, mit welchen Gedanken diese Frau ihren Cortisolspiegel unter Kontrolle kriegen könnte. Von euch natürlich bis ins Unendliche erweiterbar:

Hoffentlich ist der Yogalehrerin nichts passiert.
Mir geht's gut, ich bin gesund, yeah!
Ich hab mir freigenommen von der Arbeit.
Ich habe eine freie Stunde!

Ich mach ein bisschen Stretching auf einer Matte,
dann habe ich trotzdem etwas Gutes
für meinen Körper getan.
Ich probiere mal diese Rudermaschine aus,
das sieht nach Spaß aus.
Ich trinke jetzt an der Bar einen grünen Smoothie und
höre einen Podcast.
Ob Hanteltraining wohl was für mich ist?
Ich geh in die Sauna, eine Stunde Wellness nur für mich,
herrlich!
Hab ich nicht noch eine kostenlose Stunde
bei dem Personal Trainer?
Hier ist doch so eine schöne Terrasse,
auf der man liegen kann.
Jetzt geh ich mir ein Buch kaufen.

Und so weiter und so weiter.

Wir können jede Minute des Tages selbst entscheiden, wie wir auf die Gegebenheiten reagieren wollen. Diese Frau hat sich für Wut entschieden. Wenn wir in so einer Emotion stecken, brauchen wir nichts weiter als unseren Atem und eine kleine Pause. Fragt euch beim nächsten Mal: »Moment mal, ist das hier gerade alles WIRKLICH so schrecklich, wie ich denke?«

Mehr nicht. Atmen. Fragen. Warten, was kommt.

Wir können uns aber natürlich auch bewusst für Wut entscheiden. Manchmal will ich explizit auf jemanden wütend sein. Das ist dann ja auch völlig okay. Aber ich weiß, dass es meine Entscheidung ist. Nicht die der Yogalehrerin.

- ☐ Welcher Moment in meinem Leben hat mich stärker gemacht?
- ☐ Welche Ziele habe ich?

Formuliert fünf **Ziele** für euch.

Kleine Ziele, große Ziele, private oder berufliche, und setzt euch ein Datum. In den nächsten drei, sechs oder zwölf Monaten habe ich das erreicht. Skizziert verschiedene Wege, wie ihr eure Ziele erreichen könnt. Wie immer könnt ihr rumspinnen, euch Spiele ausdenken und Wege, euch selbst auszutricksen, um zu erreichen, was ihr wollt. Denn euer Gehirn will immer und immer mehr von dem, was es schon kennt. Hier einige Beispiele:

- **Ich will mehr Energie im Alltag haben.**
  Wie erreiche ich das?

  - **Früher schlafen gehen.**
    Wie erreiche ich das?
    Dafür könnte ich das Telefon früher aus der Hand legen abends. Ich könnte es immer in die Küche legen und dann ohne Telefon ins Bett gehen. Dort würde ich, statt im Internet herumzusurfen, ein Buch lesen, mich mit meinem Partner unterhalten oder mir Notizen über den Tag machen. Dann würde ich ohne Display besser spüren, wann ich müde bin, und automatisch früher einschlafen.

  - **Ich will mehr Bewegung im Alltag.**
    Wie erreiche ich das?
    Ich laufe morgen die letzten zwei U-Bahn-Stationen zur Arbeit. Oder ich hole mir eine Trainings–App und verabrede mich zum Walken. Sofort morgen früh.

  - **Gesünder essen.**
    Wie erreiche ich das?
    Ich schreibe mir morgen früh erst mal auf, was ich ger-

ne Gesundes esse. Dann kaufe ich das ein und mache mir jeden Tag einen gesunden Snack …

- **Ich will einen besseren Überblick über meine Finanzen haben.**
  Wie erreiche ich das?
  Ich sortiere morgen zwanzig Minuten lang meine herumfliegenden Papiere bei Musik und Kaffee, ganz gemütlich. Ich verschaffe mir übermorgen einen Überblick über meine Einnahmen und Ausgaben. Ich höre einen Finanz-Podcast auf dem Weg zur Arbeit. Ich spreche mit einem guten Freund über seine Altersvorsorge und frage ihn, wie er das macht.

Der Psychologe Dr. John Bargh schreibt in seinem Buch *Vor dem Denken – wie das Unbewusste uns steuert*: »Unsere Ziele und Bedürfnisse machen uns auch empfänglicher für Informationen, die dazu beitragen können, dass wir diese Ziele erreichen und diese Bedürfnisse befriedigen. (…) Ihr Unbewusstes erkennt Ihre wichtigen Ziele daran, wie oft Sie bewusst an sie denken und wie viel Zeit und Mühe Sie für sie aufwenden.«

Wir können unser Gehirn also im Wortsinne mit Aufträgen füttern und ernten dann, (fast) automatisch, das Ergebnis. Formuliert Ziele, denkt über Wege zum Ziel nach, beschäftigt euch bewusst mit eurem Ziel, und euer Unterbewusstsein wird Antworten und Lösungen finden. Das Geheimnis dabei ist aber, nicht zu verbissen am Ziel zu kleben, sonst stecken wir wieder in der »Wenn-dann«-Falle: »WENN ich mehr Energie habe, DANN wird es mir gut gehen.« Nein.

Sorgt dafür, dass ihr euch JETZT wohlfühlt, nicht erst, wenn ihr euer Ziel erreicht habt. Diese Erlösung, »wenn dies oder jenes eintrifft, werde ich endlich glücklich sein«, ist ein Märchen. Entweder ihr seid jetzt glücklich mit dem, was ist, oder nie. Freude und Wohlbefinden auf die Zukunft zu verschieben garantiert, dass ihr nie glücklich sein werdet. Und Glücklichsein bedeutet nicht, dass man den ganzen Tag strahlt. Es bedeutet Zufriedenheit und Sinnempfinden, im Jetzt sein, schmecken, riechen, fühlen, sehen.

Ich fliege mittlerweile wie Biene Maja von Blume zu Blume, von einem Ziel zum nächsten. Es macht Spaß, und es ist letztlich auch nicht schlimm, wenn ich ein Ziel mal nicht erreiche. Ich bin ja sowieso glücklich mit meinem Leben, so wie es ist. Paradoxerweise sorgt genau das dafür, dass ich fast alle Ziele erreiche, weil es Spaß macht und keine Mühsal ist. So kann ich meinen Handlungsrahmen immer neu anpassen: Was ist denn, wenn ich mich selbstständig mache? Ob das wohl klappt? Ich könnte ja mal gucken, wie man Geld nachhaltig anlegen kann. Ich würde irgendwann gerne einen Wald pflanzen oder ein Moor kaufen, um es zu schützen – ob das geht? Ich weiß es nicht, aber warum nicht?

Für welche zehn Dinge bin ich heute **dankbar?**

Das schreibe ich fast jeden Tag auf. Es funktioniert, dieses Dankbarkeitstagebuch, von dem immer alle sprechen. Mein Gehirn ist dadurch fest und stabil auf Dankbarkeit trainiert. Dankbarkeit macht Unglücklichsein ungleich schwerer. Die Stoiker sagen, dass man seinen Geist trainieren und so andere Perspektiven auf das Leben einnehmen kann. Eine dieser Übungen sieht vor, sich den ganzen Tag über alles zu freuen, was wir haben. Ein Glas, um daraus zu trinken, ein Bett, um darin zu schlafen, ein Brot, um es zu essen. Dankbarkeitstagebücher sind also keine kapitalistische Erfindung von Self-care-Zubehör-Herstellern. Und Dankbarkeit zu üben ist kein neumodischer Kram. Wir Menschen wissen schon sehr lange, dass Dankbarkeit für das, was wir haben, glücklich macht. Wir haben es eben nur vergessen, weil wir als Menschheit zu lange damit beschäftigt waren, immer mehr haben zu wollen.

Eine weitere Übung der Stoiker ist, sich zu vergegenwärtigen, dass wir alles, was wir lieben, bald verlieren werden. Das klingt grausam und ja, das tut weh. Aber es ist ja tatsächlich wahr. Unser Partner, unsere Partnerin wird sterben. Punkt. Und wie der Sexualtherapeut David Schnarch in einem seiner Bücher mal so schön gesagt hat: »Er oder sie wird dann nicht da sein, um uns am Grab die Hand zu halten.« Wollen wir uns jetzt wirklich darüber streiten, wer recht hat? Ist es wirklich nötig, der »Mächtigere« in der Beziehung zu sein, »die Oberhand« zu gewinnen oder »nicht das Gesicht zu verlieren«? Ist das alles wirklich der Punkt im Leben?

HABT SPASS!

Das Ganze hier soll kein Job werden, nichts wozu man sich zwingen muss, keine lästige Aufgabe, die man noch zu erledigen hat. Ich als Hedonistin sage: habt Spaß!

Ohne Spaß macht man es ja sowieso nicht. Deswegen gehe ich auch nicht joggen, ich hasse es! Verabredet euch mit euch selbst, macht schöne Musik an, damit euer limbisches System gekitzelt wird. Macht euch eine Me-Time-Playlist, oder legt Violinenmusik auf, egal was, Hauptsache, es ist schön. Ich hatte damals immer feste Zeiten für mich. Drei Mal die Woche, mindestens, habe ich die Kinder ins Bett gebracht und den Abend dann mit mir allein verbracht. Instagram oder »Friends« bei Netflix gucken war in dieser Zeit verboten. Mein Date mit mir bestand aus Musik, meditieren und Tagebuch schreiben. Ich hab mir immer ein oder zwei der oben genannten Fragen genommen und sie dann ausführlich beantwortet.

Ihr könnt aber auch eine andere Art von Date mit euch planen, Kerzenschein, Yoga, dann Sauna, dann die Fragen per Audio-Memo aufnehmen. Oder ihr geht in eine Kneipe oder ein Café mit eurem Tagebuch. Setzt euch in den Park oder auf den Balkon, an den Kamin oder was auch immer ihr zur Verfügung habt. Ich liege dabei einfach nur im Bett. Hauptsache, ihr seid allein. Das ist ganz wichtig, damit ihr euch nicht emotional mit anderen Menschen beschäftigt.

Ihr könnt eure eigenen Dates mit euch erfinden und mir davon berichten. Ich bin gespannt. Wie gesagt, das hier ist kein Kurs oder Workshop, das hier sind lediglich Ideen von mir.

Erschafft selbst wunderbare Momente mit euch!

Damit zeigt ihr euch selbst, dass ihr euch wichtig seid.

Wir alle wollen Wertschätzung in unserem Leben, von unseren Partnern, Kollegen, unseren Eltern. Wir wollen als Vater und Mutter, als Partner und Partnerin und als Mitarbeiterin oder Mitarbeiter gesehen und gewürdigt werden. Wir wollen Lob und Anerkennung. Das führt dazu, dass wir in der Kaffeeküche über unsere Chefs lästern, wenn wir diese Anerkennung nicht bekommen, oder wir uns bei Freunden über unsere Partner beschweren, die uns nicht ausreichend zu schätzen wissen.

Viele von uns laufen den ganzen Tag durch die Welt, auf der Suche nach Wertschätzung. Sieh mich! Sag mir, dass ich wertvoll bin! Zeig mir, dass ich das gut gemacht habe! Lob mich! Bezahle mich ausreichend! Bin ich schön? Bekomme ich für dieses Foto genug Herzen? Das ist völlig normal, Wertschätzung ist wundervoll, tut gut und entspannt unsere

Seele. Wir sind soziale Wesen, wir wollen mit anderen interagieren und in Beziehung treten. Aber am meisten Spaß macht es, kein Gefangener dieses Mangelgefühls mehr zu sein, sich davon frei zu machen. Indem wir uns die Wertschätzung, nach der wir so sehr dürsten, einfach selbst geben.

Wir können uns jeden Tag, wenn wir wollen, sogar jede Stunde oder jede Minute selbst mit Anerkennung überschütten, uns darin baden und uns damit nähren. Wir können eigene Wertschätzungspartys für uns schmeißen und sind dann nicht mehr davon abhängig, dass jemand anders liefert, schon gar nicht unser*e Partner*in. Auch für unsere **Wertschätzungsorgien** können wir uns alles Mögliche einfallen lassen. Zum Beispiel natürlich wieder ***schreiben***:

- ☐ Was ist mir heute gut gelungen?
- ☐ Was kann ich besonders gut?
- ☐ Was habe ich heute getan, obwohl ich absolut keinen Bock drauf hatte?
- ☐ Was habe ich schon alles in meinem Leben geschafft?

Diese Schreibübung kann besonders beeindruckende Ergebnisse liefern, weil wir uns eigentlich nie die Zeit dafür nehmen, mal zu schauen, was wir alles schon gerockt haben. Schule, Ausbildung, Studium, Job, Führerschein, Kinder, Alltag, saubere Wäsche, Steuer, Freundschaften, Tiramisu … Wir haben meistens ein Wahnsinnsleben auf die Beine gestellt, ohne es zu merken. Trotzdem gehen wir mit schlechtem Gewissen ins Bett, weil wir heute DIE eine Sache NICHT geschafft haben, danke, Negativity Bias! Tatsächlich sind wir aber die Helden und Heldinnen unseres Lebens. Fragt euch:

Worauf bin ich besonders stolz?

Was ist mir wahnsinnig **schwer**gefallen und habe ich trotzdem geschafft?

☐ Wofür werde ich oft gelobt?
☐ Was bringe ich ein in die Beziehung?
☐ Wie mache ich das Leben für meine Mitmenschen schöner?
☐ Inwiefern habe ich mich tatsächlich so verhalten, wie ich es gerne möchte?

Schreibt euch einen Brief, in dem ihr euch selbst ausführlich schildert, was ihr an euch schätzt. ***Sagt*** euch in den Spiegel, was ihr schön an euch findet.

Setzt euch eine Erinnerung in eurem Handy, und immer, wenn es piept, denkt darüber nach, was ihr heute schon wieder alles geschafft habt: Streit schlichten, Orga, Mitdenken, den Überblick behalten, Einkaufen, Geduld haben – alles ist beachtenswert.

Da wir ja die Kunst der Konditionierung kennen, können wir uns mit dieser Übung wundervoll selbst dazu kriegen, uns endlich die Wertschätzung entgegenzubringen, die wir brauchen. Man sagt, dass es 66 Tage dauert, um eine neue Gewohnheit zu etablieren. Das hat die Psychologin Phillippa Lally vom University College in London 2009 mit ihren Studien herausgefunden. Ihr könnt also zum Beispiel zwei Monate lang jeden Abend aufschreiben, was ihr heute erreicht und geleistet habt, und euch dafür loben. Damit programmiert ihr die Autobahnen in eurem Gehirn auf »Wertschätzung«.

»Ich kann selbst neue Muster in meinem Gehirn etablieren«, hat mir der Neurobiologe Henning Beck so schön im Interview gesagt. Let's do that. Zusätzlich können wir uns aber auch Blumen kaufen, ein Stück Torte mit uns essen gehen oder uns einen Weißwein gönnen, was auch immer ihr euch von anderen wünscht: Gebt es euch selbst! Ladet euch zum Kaffee ein und sprecht in eurem Kopf mit euch, sagt euch, was ihr braucht: »Du hast heute, obwohl es so stressig war, einen kühlen Kopf bewahrt, toll! Das hast du richtig gut gemacht! Dafür gehen wir jetzt eine heiße Schokolade trinken. Ich möchte, dass es dir gut geht.«

Sprecht mit euch wie mit einem guten Freund oder einer guten Freundin, seid stolz! ***Seid*** liebevoll! ***Nährt*** euch mit Wertschätzung, ihr habt es verdient.

Es ist nicht die Aufgabe eures Partners oder eurer Partnerin, euch zur Prio Nummer eins in ihrem Leben zu machen. Ich weiß, wir wären das alle so gerne, weil dann jemand anders unseren Job übernehmen würde. Doch es ist unsere Aufgabe, uns zu lieben, unsere Grenzen zu setzen, zu formulieren, was wir brauchen, und es uns zu holen. Es ist unsere Aufgabe zu sehen, was wir können, und uns zu loben, gut zu uns zu sein, uns wichtig und ernst zu nehmen, jeden Tag für unsere Freude zu sorgen. Wir selbst sind dafür verantwortlich, ob wir glücklich sind oder nicht, niemand sonst. Wir sind für unsere Wahrnehmung der Welt zuständig, für unsere Handlungen, für die Zeit, die wir verbringen, und die Dinge, die wir mit unserer Zeit machen. Kümmert euch um euch, und wenn ihr dann so in Freude, Spaß und Selbstliebe badet, will ein anderer Mensch mit euch zusammen sein, er will mit dieser zauberhaften, fröhlichen Person, die so strahlt, Zeit verbringen. Mein Lebensmensch hat am Anfang unserer Beziehung mal gesagt: »Wenn du wüsstest, wie viel Zeit ich mit dir verbringen will, hättest du Angst.« Hatte ich nicht.

Der französische Philosoph Charles Pépin schreibt in seinem ganz zauberhaften Buch *Sich selbst vertrauen – kleine Philosophie der Zuversicht*: »Wir brauchen konkrete Erfahrungen, klare Fähigkeiten und reale Erfolge, Vertrauen zu uns selbst zu fassen. Darum müssen wir unsere Erfolge feiern, und seien sie auch noch so unbedeutend: Sie sind Etappen auf dem Weg des vollen Selbstvertrauens.«

Feiert euch, feiert eure Erfolge, eure Werke, eure Kraft, Energie und Liebe, die ihr in die Welt bringt. Zelebriert eure Existenz und all die guten Dinge, die ihr täglich erschafft. Der nächste Profi-Schritt ist dann, anderen Anerkennung, Aufmerksamkeit und ***Wertschätzung*** zu ***geben***. Da wir alle danach dürsten, ist es das schönste Geschenk, das wir jemandem machen können. Sagt eurem Lieblingskollegen, dass ihr gerne mit ihm zusammenarbeitet, bedankt euch bei der Bibliothekarin, gebt Trinkgeld, schreibt eurer Schwester, dass es schön ist, dass es sie gibt. Sagt eurem Partner, was ihr an ihm schätzt und wofür ihr dankbar seid. Egal, was es ist, ihr werdet die Augen der Menschen in eurem Umfeld zum Strahlen bringen!

Auch das kann wieder ein Spiel werden: ***Verschenkt*** eine Wertschätzung pro Tag. Der Kellner, die Tante per WhatsApp, das Kind, der Partner, die Pförtnerin, jede*r ist mal dran.

All diese Wertschätzung wird ihren Weg zurück zu euch finden. Das ist dann aber nur noch die Kirsche auf der Sahne. Denn die Sahne habt ihr ja schon selbst geschlagen, ihr schätzt euch, ihr wisst, was ihr jeden Tag leistet, ihr wisst um euren Wert. Stellt euch mal vor, jetzt kommt noch von euren Mitmenschen was obendrauf. Plötzlich sind wir keine Ertrinkenden mehr, die andere um Wasser anbetteln müssen, sondern wir geben der Welt Wertschätzung, weil wir so viel davon haben.

Eins noch, weil die Überschrift hier ja auch »Habt Spaß« ist: ***Lacht!*** Lacht um euer Leben! Lachen ist tatsächlich gesund, das Internet ist voll von Studien und Artikeln zu diesem Thema. Kinder lachen etwa 400-mal am Tag, sagt man, Erwachsene etwa 15-mal. Beim Lachen senkt sich das Stresshormon Cortisol im Körper, das Glückshormon Serotonin wird ausgeschüttet, das Schmerzempfinden verringert sich, das Immunsystem wird gestärkt, Lachen belüftet die Bronchien und bringt mehr Sauerstoff in den Organismus. Wir können selbst entscheiden, wie wichtig uns Lachen im Alltag ist, wir können Humor zu einer Priorität machen, unseren Fokus darauf richten. Unsere neurologischen Pfade auf Lustigkeit trainieren. Auch wenn das Leben mies und die Welt ungerecht ist. Wenn wir nicht lachen, wird die Welt nicht besser, sondern schlechter.

MORGENROUTINE

Was soll das? Ich will das nicht! Ich will schlafen!

Ich gebe es zu, ich habe mich lange gegen eine Morgenroutine gewehrt. Ich mag eigentlich bis zur letzten Sekunde schlafen und gehe dann entweder in ein Radiostudio, zu nachtschlafender Zeit, um eine Morgensendung zu moderieren, oder ich peitsche – rein metaphorisch natürlich! – meine Kinder, damit die ihre Zähne zu putzen, sich anziehen und wirklich zur Schule gehen. Beides keine guten Voraussetzungen für eine ausgiebige Morgenroutine. Trotzdem habe ich es geschafft, eine zu etablieren, und es ist fantastisch! Die Menschen haben recht: Still und fokussiert in den Tag zu starten ist unbezahlbar! Ich bin konzentrierter, mehr bei mir, ich schaffe mehr, mir geht es einfach besser, und ich fühle mich nicht mehr von den Ereignissen des Tages rumgeschubst. Ich habe das Gefühl, selbst den Tag zu gestalten. Es muss gar nicht lange dauern, es muss nicht aufwendig sein, es muss nicht komplex sein! Wenn wir uns einfach, nach dem Aufstehen, ein paar Minuten für uns nehmen, reicht das schon.

An den Tagen, an denen ich um vier Uhr morgens aufstehe, weil ich um fünf im Radiostudio sein will, sieht meine Morgenroutine ganz simpel aus: Ich trinke zwei Gläser Wasser mit Zitrone, das hydriert meinen Körper nach den Stunden des Schlafes, in denen er kein Wasser bekommen hat. Wasser macht wach, ist gut fürs Gehirn und gibt Energie. Ich fahre 20 Minuten mit dem Fahrrad zur Arbeit. Die Bewegung ist eine Sauerstoffdusche fürs Gehirn. Sport am Morgen macht uns konzentrierter und effektiver. Und: Sport macht gute Laune. Auf dem Rad höre ich ein cooles Hörbuch zur Inspiration. Ich schreibe, im Sender angekommen (sagt's nicht meinen Chefs), 10 Minuten lang in mein Journal. Ihr könnt euch auch eures schnappen und jeden Morgen selbst ausgedachte Fragen beantworten, zum Beispiel:

Was will ich heute alles schaffen? ***Schreibt*** nicht zu viel auf! Drei wichtige To-dos reichen völlig aus. Sonst setzen wir uns nur wieder unnötig selbst unter Druck und produzieren Stress statt Stolz.

Für welche drei Dinge bin ich heute dankbar?

- ☐ Welche eine Sache begeistert mich heute?
- ☐ Was will ich heute lernen?
- ☐ Wie kann ich heute jemandem helfen?

Mir hilft mein **Journal,** fokussiert zu bleiben, es ist kurz und knapp, nur ein paar Fragen. Aber ich weiß jeden Tag, an welchem Ziel ich heute arbeiten werde. Wenn ich bei den Kindern bin, sieht's etwa 40 Minuten lang so aus:

2 Gläser Wasser mit Zitrone.
Journal schreiben mit Kaffee.
10 Minuten Meditieren, 5 Minuten Yoga.
Kinder wecken, und los geht der Wahnsinn.

Das ist alles kein Hexenwerk, das ist nicht unschaffbar, aber der Effekt ist unglaublich! Wirklich, glaubt mir, mein Leben ist völlig anders als vor der Morgenroutine. Durch diese paar Minuten am Morgen habe ich so viel mehr das Gefühl, ich zu sein. Auch sind Instagram und Mails checken morgens natürlich strikt verboten! Das könnte mir massiv den Morgen verderben. Eine blöde Mail, und der Spaß ist gelaufen. Da müssen wir auch mal streng mit uns sein. Es geht ja darum, eben nicht der Außenwelt ausgeliefert zu sein, sondern ganz bei uns zu bleiben. Und den Tag so zu starten, wie wir das wollen, auch mit den Gefühlen, die wir fühlen wollen, und den Gedanken, die wir denken wollen. Dazu kann ich euch das Buch *Miracle Morning: Die Stunde, die alles verändert* von Hal Elrod empfehlen.

GELD

Kein Gegenstand der Welt löst so viele negative Reaktionen aus wie Geld. ***Vervollständigt*** mal diese Sätze für euch:

- ☐ Geld ist ...
- ☐ Geld bedeutet für mich ...

Machen wir uns nichts vor, wenn wir kein Geld haben, können wir nicht entspannt existieren, meditieren oder Sex haben. Wer richtige Geldsorgen hat, ist emotional so damit beschäftigt, dass keine Energie für etwas anderes bleibt. Wenn wir nicht wissen, wie wir nächsten Monat die Miete zahlen sollen, sind wir nicht glücklich. Wir können nicht sagen: »Ich will, dass du glücklich bist!«, weil wir es selbst nicht sind. Deswegen müssen wir uns mit dem Thema Geld beschäftigen. Und dabei geht es gar nicht nur um die ganz großen Sorgen, also so etwas wie 50 000 Euro Schulden bei der Bank, es geht auch um: »Am Ende des Monats bin ich pleite.«

Oder: »Ich habe keinerlei Altersvorsorge!«

Oder: »Ich will mich darum nicht kümmern!«

Diese Zustände stressen latent und sorgen dafür, dass wir nicht frei sind. Gerade wir, liebe Frauen, haben diesen Zustand meistens (auch!) selbst mit hergestellt. Ich weiß, Gender Pay Gap, Frauen kriegen immer noch weniger für die gleiche Arbeit. Das müssen wir schnellstens ändern! Laut einer Umfrage der Unternehmensberatung McKinsey fordern Frauen im Schnitt 11 500 Euro weniger Einstiegsgehalt als die Männer, obwohl sie die gleichen Qualifikationen haben. Es ist, als hätten wir regelrecht Angst vor Geld! Darüber habe ich auch in meinem Podcast »Kopf über Herz« mit der Wirtschaftswissenschaftlerin Dani Parthum gesprochen, sie coached Frauen zum Thema Finanzen. Dass wir Frauen uns nicht mit Geld beschäftigen wollen, sagt sie, hat vor allem damit zu tun, dass wir früher quasi zum Vermögen des Mannes dazugehört haben. »Zwischen Mann und Frau war immer diese Machtstellung durch die Gesetze, und die Frau stand immer in der Macht unter dem Mann, und das manifestiert sich natürlich auch im Geld, auch in unserer heutigen Gesellschaft.«

Sie hat von Frauen erzählt, die gesagt haben: »Ich will lieber mit meinen Enkeln spielen, als mich um Geld zu kümmern.« Als könne man das eine nicht tun, wenn man das andere tut. Es hat ja wohl noch nie jemand gesagt: »Ich kann nicht duschen, weil ich aufs Klo gehen muss.« Unsere Priorität ist die Familie, der Partner, Gutes tun, anderen helfen. Das ist auch alles schön, aber das geht wesentlich besser mit Geld als ohne. Wir alle haben – mehr oder weniger stark – Programmierungen aus der Vergangenheit, die wir mit uns rumschleppen, die uns auf die Füße fallen, wenn es um Geld geht:

Geld wächst nicht auf Bäumen
Geld ist die Wurzel allen Übels
Geld verdirbt den Charakter
Geld macht nicht glücklich
Geld stinkt
Reiche sind arrogante Arschlöcher
Geld ist schmutzig
Wer viel Geld hat, hat bestimmt betrogen
Oder, mein Favorit: Geld ODER Liebe,
man kann nicht beides haben.

Das ist die schlimmste Vorstellung, wenn ich mich entscheiden muss, dann nehme ich immer die Liebe! Was sind wir romantisch! Aber wir müssen uns nicht entscheiden! Das ist ein Märchen, es ist Unsinn! Niemand sagt: »Also, wenn du ETFs hast, eine Riesterrente und angelegtes Geld in Aktien, wird leider niemals der richtige Partner oder die richtige Partnerin für dich dabei sein, sorry!« Für viele Männer sind Liebe und Geld dagegen im Kopf verknüpft miteinander: »Wenn ich lieben will, eine Frau und eine Familie haben will, dann brauche ich dafür Geld.« Der Versorger-Instinkt.

Es gibt noch ein paar weitere Legenden, die uns dabei im Wege stehen, auch nur an Geld zu denken, so hat Armut offenbar etwas Edles, bei Frauen. Arme Männer sind Loser. Beides ist Quatsch. Wir sind Welle und Teilchen, wir können glücklich lieben und uns aktiv um unser Geld kümmern. Wenn wir hundert Euro auf dem Konto vergammeln lassen, anstatt es sinnvoll anzulegen, wird dadurch auch nicht die perfekte Beziehung anklopfen. Es gibt keinen Zusammenhang! Welch befreiender Gedanke. Geld bedeutet Freiheit, Zeit für den Partner oder die Partnerin, Zeit für Kreativität und die Kinder. Geld macht uns im Kopf und im Alltag frei. Geld macht Macht. Und Geld, mit dem machen, was wir lieben, ist der ultimative Thrill. Es gibt sie da draußen schon, Gott sei Dank, die Frauen, die ihre Stimme gefunden haben, die laut sind, die kämpfen, die Geld einfordern, sich starkmachen. Ein Hoch auf all diese Frauen, die wissen, dass wir ohne Macht und Geld auf der Stelle treten! Bescheidenheit ist keine Zier mehr. Und war es nie, wir sollten das nur denken. Nur wenn wir unsere individuelle Kraft, Macht und Fähigkeit entdecken, können wir diese Welt für alle Lebewesen lebenswerter machen.

Agnes lebt in Scheidung und hat drei Kinder. Sie und ihr Partner haben das Wechselwochen-Modell gewählt, die Kinder leben eine Woche bei ihr und eine Woche bei ihm. Er hat das große Haus in der Vorstadt behalten, weil es seins ist und weil Agnes es nicht wollte. Sie hat jetzt allerdings für viel Geld eine große Wohnung mieten müssen, damit die drei Kinder alle zwei Wochen genug Platz bei ihr haben.

Agnes ist lange mit den Kindern zu Hause geblieben, weswegen sie jetzt in einem schlechter bezahlten Job arbeitet, um wieder reinzukommen. Da sie das Wechselwochen-Modell leben, bekommt Agnes auch kaum Geld von ihrem Mann, er kümmert sich ja. Agnes hat einen neuen Freund, der relativ gut verdient. Sie selbst ist allerdings immer kurz vor Monatsende pleite. Ihr Geld reicht gerade so zum Überleben. Manchmal leiht sie sich Geld von ihrer Mutter oder ihrem neuen Partner. Er lädt sie auch in den Urlaub ein, sie selbst könnte sich Urlaub nicht leisten. Das sorgt dafür, dass Agnes Stress hat, ihr Nervensystem ist permanent damit beschäftigt, Angst zu haben: vor der Zukunft, vor dem Monatsende und vor unerwarteten Ausgaben. Adrenalin und vor allem das Stresshormon Cortisol sind konstant hoch. Wenn der Cortisolspiegel über einen langen Zeitraum hoch bleibt, können wir Herzprobleme bekommen, Bluthochdruck, und das Immunsystem wird geschwächt.

Der Stress und die Angst sorgen dafür, dass sich Agnes permanent angegriffen fühlt. Da ihr Nervensystem ihr ja signalisiert, dass sie in Gefahr lebt. Das wirkt sich auch auf ihre zwischenmenschlichen Beziehungen aus. Vor allem natürlich zu ihrem Partner.

Er sagt: »Ich hab uns ein Hotel am Lago Maggiore gebucht!«

Sie hört: »Du hast kein Geld für so etwas, ich muss das wieder alleine bezahlen.«

Und obwohl sie natürlich dankbar ist, steigen, trotz der Aussicht auf Urlaub der Stress und das schlechte Gewissen. Agnes fühlt sich unterlegen, hilflos und abhängig. Die beiden streiten sich oft über Kleinigkeiten oder das große Ganze, sie verstricken sich in fruchtlose Diskussionen über ihre Beziehung und darüber, wie sie leben wollen.

Da Agnes ja sowieso kein Geld hat, kann sie auch keine Pläne schmieden oder Träume träumen. Vielleicht von einer großen gemeinsamen Wohnung oder einem Haus in Spanien. Nichts davon scheint erreichbar. Ihr System sagt nur: Halte den Kopf über Wasser, überlebe! Agnes ist im sogenannten Überlebensmodus. Bis sie irgendwann selbst entscheidet, das zu ändern. Sie kündigt. Ohne etwas Neues zu haben. Einfach, weil sie aus dem Job muss, der ihr die Energie raubt, ihr kaum Geld einbringt und sie in ein Großraumbüro einsperrt, in dem der Elektrosmog so stark ist, dass man meint, ihn anfassen zu können. Trotz Angst, Sorge und Unruhe beschließt sie, etwas anderes machen zu wollen. Ein paar Wochen später erfährt sie von einem freien Job und bekommt ihn.

Der neue Job ist nicht ihr Lebensziel, bringt aber endlich genug Geld ein, um den Cortisolspiegel zu senken. Sie kann jetzt Geld zur Seite legen, ihren Kindern einen Computer für die Schulaufgaben kaufen und das erste Mal seit Jahren ein bisschen runterkommen. Wenn die Waschmaschine jetzt kaputtgeht, ist das nicht das Armageddon. Das wiederum sorgt dafür, dass sie sich besser fühlt, selbstwirksam, nicht mehr hilflos. Die Tatsache, dass sie ohne Hilfe ihre Rechnungen zahlen kann, stärkt ihr Selbstbewusstsein und lässt sie entspannen. Sagt ihr Freund jetzt: »Ich hab uns ein Hotel am Lago Maggiore gebucht!«

Sagt sie nun: »Fein, ich zahl den Tank!«

Die Diskussionen und Streits werden weniger, ihr Immunsystem kann sich erholen. Hätte Agnes nicht gekündigt, hätte sich nichts geändert, der andere Job wäre nicht an sie herangetragen worden. Viele Menschen haben Angst, dass sie die Beschäftigung mit Finanzen zu einem anderen Menschen macht, einem Menschen, dem Geld wichtiger ist als alles andere. Wir werden nicht zum *Wolf of Wall Street*, nur weil wir unsere Altersarmut abwenden. Und wenn wir es schlau anstellen, sogar mehr. Es geht um Empowerment, Verantwortung, Freude am Entdecken und Lernen. Es geht ums Wachsen, neue Perspektiven, um Dopamin und darum, in allen Bereichen des Lebens zu sagen: Ich bin es mir wert! Ja, es war früher unweiblich, sich mit Geld zu beschäftigen, es gehört nicht zu den »urweiblichen« Tugenden, Geld vermehren zu wollen. Aber Frauen durften früher auch keine Hosen tragen, times are changing, und wenn Frauen weiterhin sagen: Für das Geld ist mein Mann zuständig, mit Aktien kenne ich mich nicht aus, ich kann nicht mit Geld umgehen, Geld ist mir nicht wichtig – dann verharren wir in unserer Unmündigkeit, in der Opferrolle, in der Hilflosigkeit. Dann machen die Männer weiterhin das Geld und behalten es auch. Nichtwissen und Nichthandeln machen nicht nur abhängig, sondern auch unsicher, hilflos und unsexy. Simone de Beauvoir war Existenzialistin, sie sagte also wie ihr Partner Sartre, dass wir zur Freiheit verurteilt sind. Das heißt, wir müssen Dinge entscheiden, auch, wenn wir mal nicht wollen. Kein Gott wird die Verantwortung für unser Leben übernehmen, geschweige denn für unseren Kontostand.

Beantwortet euch mal folgende Fragen:

- ☐ Was denke ich über Geld?
- ☐ Was habe ich von meiner Familie über Geld gelernt?
- ☐ Was denke ich über Menschen mit viel Geld?

Wenn ihr reiche Menschen per se blöd findet, werden euch diese Autobahnen im Kopf immer unterbewusst daran hindern, finanziell erfolgreich zu sein. Denn wollen wir so werden wie Leute, die wir verachten? Natürlich nicht! Wir wollen liebenswert sein, deswegen können wir nicht reich sein oder »genug« Geld haben. Das sagt uns zumindest dann unsere alte Programmierung. Aber wir haben ja die Macht, diese zu ändern. Ich hatte mein Leben lang Angst vor Geld. Mein Vater hat immer gesagt, er wolle nie viel Geld haben, weil er befürchtete, ich würde dann gekidnappt werden. Klingt irgendwie lächerlich, aber er hatte diese Angst tatsächlich. Deswegen ist in meinem Kopf hängen geblieben: Wenn ich Geld habe, lebe ich gefährlich! Das ging so weit, dass ich mir immer wieder selbst erzählt habe, dass Geld wirklich das Letzte ist, was ich haben will. Irgendwann ist mir das aufgefallen, und ich habe einfach aufgehört, Geld mit Angst zu verbinden. Geld ist für mich jetzt: Freiheit, Unabhängigkeit, Kreativität, Zeit, ein Bereich, in dem ich lernen kann, und ein Abenteuer. Dazu ist auch wichtig:

Kenne ich meine Ausgaben und Einnahmen?

- ☐ Wie habe ich Geld in der Vergangenheit behandelt?
- ☐ Wie viel Geld hätte ich gern jeden Monat?
- ☐ Welche Möglichkeiten gibt es, Geld zu verdienen?

Alles zählt: Erbschaft, Hausrat verkaufen, Straßenmusiker werden, Nebenjobs annehmen, Influencer oder Bloggerin werden, eine Firma gründen, Ghostwriter werden, eine neue Eissorte erfinden, eine App programmieren, die Lösung fürs Energieproblem finden, alles, was euch einfällt.

- ☐ Wie viel Geld will ich im Alter haben? Und was muss ich dafür tun?
- ☐ Wie viel Geld brauche ich im Monat, um entspannt und glücklich zu sein? (Denkt an euren Cortisolspiegel!)
- ☐ Was kann ich tun, damit mir das Thema Spaß macht?
- ☐ Wie kann ich meine ersten hundert Euro anlegen, statt sie für Klamotten oder Elektrokram auszugeben?
- ☐ Was würde ich Gutes in der Welt bewirken, wenn ich eine Million Euro hätte?
- ☐ Wer hätte noch etwas davon, wenn ich wohlhabend wäre?

Es gibt Podcasts, Hörbücher, YouTube-Channel und Workshops. Die Welt ist auch hier wieder voll mit wunderbarer Inspiration. Auch zum Thema nachhaltig investieren.

Ich habe das erste Mal das Gefühl, einen Überblick über meine Finanzen zu haben, und keine Angst mehr davor, mich im Alter ausschließlich von *Ja!*-Toastbrot ernähren zu müssen. Da ist sie wieder, die Selbstwirksamkeit, von der ich ständig rede. Ich habe mich selbst aus dem »Ich kenne mich damit nicht aus«-Gefängnis befreit. Die Beschäftigung mit meinen Finanzen ist für mich ein radikaler feministischer Akt. Dani Parthum und Simone de Beauvoir haben mich dazu inspiriert. Mittlerweile finde ich es sexy und bin stolz drauf: Ja, ich lese Bücher über Geld! Und: Nein, ich schäme mich nicht dafür! Viele Menschen sind immer noch der Meinung, es gehört sich nicht für Frauen, finanziell unabhängig oder erfolgreich zu sein, es sei unanständig und nicht weiblich. Das zeigt das sogenannte Heidi-Howard-Experiment, von dem die Co-Geschäftsführerin von Facebook, Sheryl Sandberg, in ihrem Buch *Lean in: Frauen und der Wille zum Erfolg* berichtet. Der echte und sehr erfolgreiche Lebenslauf einer gewissen Heidi Roizin wurde in der Studie der Harvard Business School einer Gruppe von Studenten vorgelegt. Eine zweite Gruppe erhielt den identischen Lebenslauf, diesmal wurde der Name geändert, er gehörte nun einem gewissen Howard. Fachlich bewerteten beide Gruppen den Lebenslauf gleich gut. Allerdings wurde Howard von den Testpersonen als ein netter Typ eingeschätzt, jemand, mit dem man gerne mal ein Bier trinken würde. Heidi dagegen wurde als unsympathisch wahrgenommen, egoistisch und karriereorientiert. Wenn zwei Menschen dasselbe tun, wird es noch lange nicht gleich bewertet.

Und da sind wir wieder bei der Wahrnehmung, die so viel wichtiger ist, als wir denken. Unsere Wahrnehmung und unsere Gedanken sind eben mitnichten nur von uns selbst erschaffen, sie sind ein großer Topf, in dem die Gedanken unserer Familie genauso liegen wie die Gedanken der Gesellschaft, in der wir leben, und die Gedanken unserer Großeltern. Wir können und müssen all das nicht von heute auf morgen abschalten, ändern oder umpolen. Aber wir können es erst mal ***wahrnehmen*** und ***reflektieren***:

- ☐ Will ich so denken?
- ☐ Hilft mir das weiter in meinem Leben?
- ☐ Bringt mich das näher zu dem Leben, das ich wirklich führen will?
- ☐ Gibt mir der Gedanke Kraft, Energie und Spaß oder hemmt er mich, macht mir schlechte Laune und steht mir im Weg?

Frauen sollen mütterlich sein, liebevoll, rücksichtsvoll, bescheiden und zurückhaltend. Männer erfolgsorientiert, mutig, risikobereit, sie sollen Geld verdienen wollen und eine gewisse Macht erstreben. Bundeskanzlerin Merkel hat den Spitznamen »Mutti« bekommen, Gerhard Schröder oder Adenauer hat niemand »Vati« genannt. Denkt ihr auch manchmal:

»Diese Karriere-Bitch!« – »Geldgeile Frau!« – »Wozu hat sie eigentlich Kinder, wenn sie arbeiten geht?« – »Die denkt nur ans Geld!« – »Das ist so eine herzlose Business-Frau?«

Solche Dinge denken nicht nur Männer, die Angst haben, dass ihre Frau sie nicht genug bemuttert und bekocht, wenn sie tut, was sie liebt. So denken auch viele Frauen über andere Frauen. Wenn wir schlecht über eine Frau denken, die erfolgreich ist, können wir selbst nicht erfolgreich werden. Weil wir ja nicht so sein wollen wie sie. Unser Gehirn wird auf diese Weise alles tun, um auf keinen Fall selbst erfolgreich zu werden. Denn wir müssen uns ja abgrenzen, wir müssen anders sein als DIESE Frau. Also erfolglos. Die Frau, über die wir urteilen, interessiert das im Zweifel gar nicht, was wir über sie denken, aber wir selbst träufeln Gift in unser System mit diesen Gedanken. Wir selbst halten uns davon ab, einfach zu tun, was wir mit Freude und – hoffentlich! – Erfolg tun wollen. Was Erfolg ist, bestimmen dabei natürlich wir. ***Schreibt*** es auf:

- ☐ Was ist Erfolg für euch?
- ☐ Wie sieht es aus, wenn ihr erfolgreich seid?
- ☐ Was tut ihr dann, wie viele Stunden am Tag?
- ☐ Was macht ihr danach? Mit wem?
- ☐ Wie viel Zeit habt ihr für euch?
- ☐ Wie viel Geld habt ihr und wie wohnt ihr?
- ☐ Was ist euer persönlicher Erfolg?

Wir können überhaupt nur erfolgreich im Leben werden, wenn wir unseren eigenen Erfolg definieren, aber auch Erfolg ist, wie alles, Ansichtssache. Ich habe bis jetzt etwa zwanzig selbst gemalte Bilder verkauft. Für mich ist das ein voller Erfolg. Als ich angefangen habe zu malen, hätte ich nie gedacht, dass auch nur ein einziger Mensch auf dieser Welt Geld für das ausgibt, was ich male. Mit Mitte zwanzig habe ich in einer Kneipe einen alten Schulfreund getroffen, der mit seiner kleinen Band von Kneipe zu Kneipe gezogen ist. Sie haben gesungen und hatten danach rund 20 Euro pro Location im Hut. Die Freundin, mit der ich da war, sagte: »Na, die sind ja nicht besonders erfolgreich.« Ich dachte: Moment mal, er tut, was er liebt, und hat als Student in ein paar Tagen die Miete für sein WG-Zimmer zusammen. Ich fand das wahnsinnig erfolgreich.

Wenn ihr sagt, Erfolg ist ein Ferrari, Bundeskanzler werden, Vorstandschefin oder 30 000 Euro pro DJ-Auftritt, geil. Dann habt ihr konkrete Ziele. Aber solange ihr nicht wisst, was Erfolg für euch persönlich bedeutet, werdet ihr nie erfolgreich sein können. Wir können auch etwas weiter unten ansetzen, wenn das Wort »Erfolg« irgendwie Unbehagen bei euch auslöst.

- ☐ Was ist denn mit einem »guten Leben«?
- ☐ Wie sieht das für euch aus?

Die Psychologin Stefanie Stahl schreibt in ihrem Buch *So stärken Sie Ihr Selbstwertgefühl*, dass viele Menschen glauben, ein gutes Leben und alles, was damit einhergeht, nicht zu verdienen. Sie glauben, sie dürften keinen Genuss haben. Entweder, weil sie sich selbst nicht für gut genug halten, oder weil es anderen Menschen auf der Welt ja auch schlecht geht. Und genau dafür brauchen wir Geld. Um zu fühlen, dass alles in Ordnung ist und wir nicht verhungern werden. Um keine Angst zu haben, um zu entspannen. Seit ich mich mehr mit meinen Finanzen beschäftige, kann ich viel mehr Geld spenden und fühle mich damit total wohl. Ich kann monatlich an die Organisationen Geld überweisen, die Dinge machen, die mir am Herzen liegen. In meinem Fall sind das Umweltschutz und Menschenrechte. »Das macht die doch nur, damit sie sich besser fühlt!« Richtig, genau deswegen. Habt Geld, damit es euch besser geht, dann wird es auch der Welt besser gehen.

SEX

Indem du dich liebst, liebt das Leben dich zurück.
– Kamal Ravikant

Wisst ihr eigentlich, auf was ihr im Bett steht? In der Serie *Sex education* bei Netflix gibt es eine zauberhafte Folge, in der eine junge Frau immer schmutzige Sachen sagt beim Sex und eine astreine Performance hinlegt. Irgendwann wird sie gefragt, ob ihr das eigentlich Spaß macht, und sie weiß es nicht. Sie hat keine Ahnung, ob es das ist, was sie will. Sie hat einfach noch nie darüber nachgedacht. Daraufhin sehen wir sie masturbieren, sich mit sich selbst beschäftigen, sie experimentiert mit ihrem Körper und kann danach zu ihrem Partner sagen: »Mach bitte das, das gefällt mir.« Ich weiß, es ist eine Serie. Trotzdem. Auch Sex passiert oft und lange im Autopilot-Modus. Wir machen es einfach. Am Anfang einer Beziehung oft und leidenschaftlich und irgendwann dann – »So ist das eben!« – eher automatisch. Deterministischer Sex. Viele sind auch der Meinung, Sex wäre einfach ein Grundbedürfnis, das es irgendwie zu stillen gilt wie Hunger oder Durst. Trotzdem essen wir im Alter noch genauso leidenschaftlich wie mit zwanzig. Beim Kopulieren sieht das anders aus. Warum ist das so? Vor allem natürlich, weil wir das denken. Ihr erinnert euch an den Placeboeffekt: Unser Geist ist sehr mächtig. Und wenn wir hören, lesen und lernen, dass Sex im Alter einfach uninteressant wird, werden wir genau das ungefiltert aufnehmen und leben. Wir fühlen es dann tatsächlich, wir stellen es nicht infrage. Wir übernehmen den Wirklichkeitsentwurf von Menschen, die im Alter keinen Sex mehr wollen, ohne uns zu fragen, ob wir vielleicht doch noch Bock hätten. An dieser Stelle würde ich gerne meinen Lieblings-Sexualtherapeuten David Schnarch zitieren, der nämlich nicht der Meinung ist, dass Sex eine natürliche Funktion ist. Ja, ich habe einen Lieblings-Sexualtherapeuten – jede*r hat so seine Hobbys. Er schreibt in seinem Buch *Intimität und Verlangen: Sexuelle Leidenschaft in dauerhaften Beziehungen*: »Zu glauben, Sex sei eine natürliche Funktion, erzeugt Probleme geradezu, weil sie das sexuelle Verlangen als unpersönlich hinstellt.«

Er vertritt die Auffassung, dass unser sexuelles Verlangen vor allem in Zusammenhang steht mit unserem Antrieb, uns als Person weiterzuentwickeln und zu erhalten. Er schreibt: »Wie Sie sich selbst sehen, wie Ihr Partner Sie behandelt und wie Sie glauben, dass Ihr Partner Sie sieht, all dies beeinflusst sehr stark Ihr sexuelles Verlangen. Das Ringen um sexuelles Verlangen und Selbstsicht ist in Liebesbeziehungen eng verbunden. Ihr Selbstempfinden prägt Ihr sexuelles Verlangen. (…) Auch wenn die Hormone in Ihnen tosen und Sie geil sind wie der Leibhaftige, vermag eine einzige herabsetzende Äußerung Ihres Partners das, was sich gerade anbahnte, augenblicklich zu zerstören.«

Das heißt also, sexuelles Verlangen ist nicht einfach biologisch da oder eben nicht. Unsere Seele und unsere Wahrnehmung von uns selbst spielen in jedem Fall eine sehr große

Rolle. Und all das, worüber wir hier gesprochen haben: Wahrnehmung, Denken, Sprache, Sport, Meditation, Selbstwirksamkeit und Bewusstheit stärken die Selbstwahrnehmung. Je bewusster wir uns selbst wahrnehmen, je mehr wir im Moment sind, genießen und einfach sein können, desto besser wird unser Sex. Ab in die nächste Runde ***Schreiben:***

- ☐ Was gefällt euch im Bett?
- ☐ Was würdet ihr gern ausprobieren? Warum habt ihr es noch nicht getan?
- ☐ Wollt ihr vielleicht gerade gar keinen Sex? Und wenn ja, warum? Ist das schlimm oder ist das dann halt eben so?
- ☐ Welches ist euer geheimster Sex-Traum?

Ich dachte jahrelang, dass ich nie mit einer Frau schlafen könne, weil ich ja nun Mutter sei und in einem heteronormativen Konstrukt lebe. Dieser Zusammenhang erschließt sich mir jetzt im Nachhinein absolut nicht. Aber daran sieht man mal, wie verquer und unsinnig unsere Gedanken manchmal sind. Wir dürfen uns nicht immer glauben. Mittlerweile habe ich es mehrfach getan, und die Erde hat sich nicht aufgetan und mich verschluckt. Ich bin einfach mehr ich selbst geworden.

- ☐ Wie könnt ihr eure Sexfantasie verwirklichen?
- ☐ Was fehlt euch in eurem Sexleben?
- ☐ Leidenschaft, Nähe, Verbundenheit?
- ☐ Wie könnt ihr das, was euch im Bett fehlt, selbst für euch herstellen? Was liegt in eurer Macht, um wieder mehr Leidenschaft zu fühlen?
- ☐ Welche Möglichkeiten gibt es, das wieder mit eurem Partner zusammen herzustellen?
- ☐ Wie nehmt ihr euren eigenen Körper wahr? Liebt ihr euch, ertragt ihr euch oder hasst ihr euch?

David Schnarch schreibt, dass die Möglichkeiten, die Leidenschaft wiederaufleben zu lassen, zuallererst bei uns selbst liegen. Wenn wir uns integer und in uns selbst gut, stark und sicher fühlen, hat das einen Einfluss auf unser Sexualleben.

- ☐ Was könnt ihr selbst tun, um euch wohler in eurer Haut zu fühlen?
- ☐ Wie könnt ihr euch selbst neu entdecken, sehen und wahrnehmen?
- ☐ Wovor habt ihr Angst und warum? Wie könnt ihr selbst für euch sorgen, um mit dieser Angst umzugehen?
- ☐ Wie könnt ihr Neues ausprobieren und euren Horizont erweitern? (Vielleicht Tantra ausprobieren? Bondage oder mal einen Dreier? Wer weiß ...)
- ☐ Wie könnt ihr die besten Voraussetzungen für Verbundenheit beim Sex schaffen? (Vielleicht mit einem langen Gespräch vorher?)

Lasst die Augen auf beim Sex! Diesen Tipp habe ich auch von David Schnarch. Wenn wir ganz beieinander sind, wach, offen, da, entsteht eine andere Nähe, als wenn wir mit geschlossenen Augen aneinander rummachen. Sex ist mit so vielen Erwartungen verknüpft, dass es anscheinend immer schwerer wird, einfach eine gute entspannte Zeit miteinander dabei zu haben. Was ich aus meinen Gesprächen mit Sexualtherapeut*innen und aus vielen Büchern gelernt habe, ist immer das Gleiche: Wir müssen aufhören zu erwarten. Wieder mal.

Keinen Orgasmus, keinen Porno, keine Top-Performance. Fasst euch einfach an, berührt euch, guckt, ob es schön ist. Seid im Moment und genießt diese andere wundervolle Person, mit der ihr Zeit verbringen dürft. Es klingt wieder so banal und simpel, doch ich habe gelernt, dass es das ist. Denn wenn wir alles weglassen, was nicht funktioniert, was bleibt übrig? Zwei Menschen (oder mehr), die das Gleiche wollen, körperliche Nähe und Sinnlichkeit. Wie wir all das weglassen, was wir nicht brauchen, Zweifel, Ängste und Befürchtungen, steht hier in diesem Buch. Ich habe es geschafft, all das loszulassen, und zwar mit all den Gedanken und Übungen, von denen ich hier schreibe. Und ich arbeite weiter jeden Tag daran. Meditation, Stille, Beschäftigung mit mir selbst, das Annehmen und Sehen von Angst und: Selbstliebe.

Auch das ist kein Trend, den schöne Menschen mit dem perfekten Body bei Instagram erfunden haben. Wenn wir uns selbst ablehnen, können wir im Bett nicht loslassen, wir sind dann so sehr damit beschäftigt, uns zu hassen, dass keine echte Nähe möglich ist. Selbstliebe heißt nicht, uns immer schön und perfekt zu finden. Das ist unmöglich, und es zu versuchen ist Zeitverschwendung. Wir sehen alle manchmal scheiße aus, Punkt. Wir sind alle manchmal blöd, nervig, ätzend und riechen schlecht. Uns trotzdem zu lieben ist das, worauf es ankommt.

Die beiden Körperaktivistinnen Dr. Lindsay Kite und Dr. Lexie Kite schreiben auf ihrer Instagram-Seite *beauty_redefined*: »If you only love your body when you love how you look, that is not love. That is objectification.«

Das bringt es wunderbar auf den Punkt: Wenn wir unseren Körper nur lieben können, wenn wir lieben, wie er aussieht, ist das keine Liebe, sondern Objektifizierung. Wir behandeln uns dann wie Objekte und nehmen uns selbst damit die Menschenwürde. Ich habe so oft von Frauen im Netz gelesen, dass sie sich nicht lieben können, weil sie eben nicht schön aussehen würden. Junge Mädchen bekommen Anorexie, Bulimie, Depressionen und lassen sich mit neunzehn Jahren operieren. Männer pumpen sich im Fitnessstudio auf, trinken Proteinshakes und haben panische Angst davor, dass sie einen zu kleinen oder zu großen Penis haben.

Lieben wir unsere Familie nur, weil alle so schön aussehen? Unsere Partner, unsere Freunde oder unsere Babys? Frisch geschlüpfte Menschen sehen aus wie Nacktmulle, wenn wir immer so denken würden, würde niemand sein Baby lieben, die sehen furchtbar aus. Warum glauben wir, uns nur selbst lieben zu können, wenn wir »schön« sind? Ob ihr euch schön findet oder nicht, ist völlig irrelevant! Sich selbst lieben geht trotzdem. Wenn wir uns als Wunder aus Atomen, Molekülen, einem funktionierenden Herzen und einem faszinierenden Bewusstsein begreifen. Wir haben als Spermium gegen einige Hundert Millionen anderen Spermien den Wettlauf zum Ei unserer Mutter gewonnen, wir sind die krassesten aus der Gang gewesen. Das ist so ein unfassbares Wunder, dass wir allein deswegen jeden Tag begeistert aus dem Bett springen müssten. Wir sind kein Objekt, das auf eine bestimmte Art auszusehen hat. Wir sind ein Wunder, verdammt, und kein Designer-Stuhl!

Wenn wir das fühlen, beschimpfen wir uns nicht mehr wegen Dehnungsstreifen, einer Speckrolle, einem Pickel oder zu vielen oder zu wenig Haaren. Das sind wir, das ist unsere lebendige Haut, das ist unser Körper, das ist, wie wir eben aussehen. Und wir sind so viel mehr als das. Das Uninteressanteste an uns ist unser Körper. Habt ihr schon mal einen Nachruf gelesen, in dem stand: »Sein Penis war genau richtig groß!« oder: »Ihr Bauch war flach wie der eines H&M-Models, dafür haben wir sie sehr geliebt.« Who cares?!

Deswegen hier eine weitere Übung, mit der wir unser Gehirn trainieren können: ***Schreibt*** euren eigenen Nachruf. Kein Scherz, niemand von uns wird hier lebend rauskommen, der Tod ist nicht optional, er gehört zum Leben dazu:

- ☐ Wer wollt ihr dann gewesen sein?

- ☐ Wie sollen sich die Menschen an euch erinnern?
- ☐ Was soll von euch bleiben?

Unsere Sterblichkeit zu fühlen ist der einzige Weg, damit wir uns nicht jeden Tag mit unwichtigen Dingen aufhalten, uns nicht über Bullshit aufregen und unser Leben verschwenden.

Lasst uns unsere Körper bewegen, weil es gut für uns ist, für unsere körperliche und geistige Gesundheit, und uns dann den wirklich wichtigen Dingen des Lebens widmen: Verbundenheit, für andere da sein, sie lieben und Freude fühlen, Sonnenuntergänge, Begeisterung, Bananenbrot backen oder eine Draisine bauen. Was auch immer euch glücklich macht. Der Weg zur Selbstliebe ist der einzige Weg zu gutem, entspanntem Sex. Wenn wir die ganze Zeit denken: »Hoffentlich performe ich gut!« oder: »O Gott, meine linke Brust hängt komisch runter«, können wir keine Nähe erleben.

Dann sind wir nämlich in Gedanken bei uns und nicht bei der anderen Person. Das ist wie stressige Selbstbefriedigung mit einem anderen Menschen im Raum. Erst wenn wir uns selbst loslassen, uns sein lassen, wie wir sind, wenn wir aufhören, an uns selbst rumzunörgeln, sind wir offen für eine echte Begegnung mit einem anderen Menschen, einer anderen Seele und einem anderen Körper. Bis dahin sind wir performende Objekte, die »der Gesellschaft« auf den Leim gegangen sind. Aber das Schöne ist ja: Wir sind die Gesellschaft. Jede*r Einzelne von uns ist ein wichtiger Teil der Gesellschaft. Wir formen jeden Tag mit, wie wir alle denken. Wir können all diese grotesken Schönheitsideale mittragen und ihnen weiter hinterherrennen oder sagen: fuck you!

Ja, ich weiß, die Models, die Rap-Musik, die Serien und die Disney-Filme sind schuld. Natürlich haben die uns alle geprimed und konditioniert. Aber wir wissen ja jetzt, wie das geht, und können uns neu konditionieren. Die Konditionierungen haben nur Macht über uns, wenn wir ihnen diese Macht geben. Unsere Hilflosigkeit, mit dem Input umzugehen, der täglich auf uns einprasselt, macht uns krank und unglücklich. Wenn wir es schaffen, all das wegzulassen, uns davon frei zu machen und den eigenen Kompass in uns zu finden, hat all das keine Macht mehr.

Ich folge zum Beispiel nur noch Menschen auf Social Media, die mich inspirieren, die mir ein gutes Gefühl geben, die mich zum Lachen bringen und die mir zeigen, dass die Welt bunt und wundervoll ist. Ich folge Transmenschen während ihrer Operation, ich schaue Frauen dabei zu, wie sie ihre Cellulitis, sich und das Leben feiern. Ich sehe wunderbar tanzende schwule Männer, »behinderte« Menschen, Frauen, die sich die Haare an den Beinen wachsen lassen, und Mütter, die sich und das bigotte Leben in der westlichen Welt auf die Schippe nehmen. Es gibt so zauberhafte, kluge, warmherzige Influencer und Influencerinnen da draußen, die mit dem, was sie tun, für ein neues Denken sorgen.

Die Psychologin Main Huong Nguyen, mit der ich zusammen den Podcast »Achtsam« moderiere, hat einmal so schön gesagt: »Unser Geist braucht einen Bodyguard.« Wir müssen dieser Bodyguard für unseren Geist sein, wir müssen aufpassen, wer oder was reinkommt, und eine harte Türpolitik haben. Sonst sind wir dem geistigen Rotz da draußen hilflos ausgeliefert, und es wird sich nie etwas ändern. Und das Schöne ist – Welle und Teilchen –, natürlich dürfen wir uns jederzeit schön finden, schön fühlen und alles dafür tun. Die Zeit, die ich dafür aufwende, mich einzucremen, meine Haut zu pflegen oder meine Haare zu kämmen, geht wahrscheinlich nicht von der Zeit ab, in der ich mich sonst mit dem Verfassen von philosophischen Theaterstücken oder dem Studium der Menschenrechtskonvention befassen würde.

Ich kann schlau sein und mich um meinen Körper kümmern, beides ist völlig okay. Das neue Denken beinhaltet auch in diesem Feld, selbst zu entscheiden.

Schreibt auf, welche Körperteile ihr an euch liebt. Augen? Nase? Mund? Füße, Ohren, Oberarme?

☐ Was findet ihr an euch sexy?

☐ In welchem Outfit fühlt ihr euch wohl und zu Hause?

Auch Selbstliebe ist ein Spiel und kein Job. Wir können jeden Tag selbst dafür sorgen, dass wir uns ein bisschen wohler in unserer Haut fühlen als gestern noch. Alles, was wir tun, um uns selbst ein bisschen mehr anzunehmen oder eines Tages sogar zu lieben, hilft unserer Partnerschaft und macht unseren Sex besser, schöner und wertvoller. Sex ist zunächst einmal Begegnung, Nähe, Leidenschaft, Freude und Berührung. Findet euren eigenen Kompass, und ihr werdet eure eigene Sexualität finden, wie sie zu euch passt. Es ist unsere Verantwortung, unsere Macht, unsere Freude.

Sex sorgt übrigens auch dafür, dass der Körper das Bindungshormon Oxytocin ausstößt. Je mehr Oxytocin, desto enger ist die Verbindung zu unserem Partner. Wenn wir also lange keinen Sex haben, wegen Stress, Schlafmangel, Kinder und Nonstop-Serien-Schauen, haben wir auch weniger Oxytocin im Körper. Aber Oxytocin kann man auch mit Schmusen, Kuscheln und In-den-Arm-nehmen auslösen. Falls es mal ganz stressig ist und ihr gar keine Lust auf einen Akt habt: Fasst euch trotzdem an!

ROCK 'N' ROLL

Was Rock 'n' Roll ist in unserem Leben, bestimmen wir! Wir können singen, hochseefischen, Bungee springen, nähen, lesen, reiten, schwimmen oder Bäume pflanzen. Hauptsache, wir tun etwas. Seid es euch selbst wert, für euer Dopamin zu sorgen:

- ☐ Was lässt mein Herz höher schlagen?
- ☐ Wobei vergesse ich die Zeit?

Dass Kreativität und etwas Eigenes zu erschaffen tatsächlich glücklich macht, hat auch eine kleine Studie aus Neuseeland bewiesen. Die Wissenschaftler haben 658 Freiwillige gebeten, 13 Tage lang aufzuschreiben, wie sie sich im Laufe des Tages gefühlt haben. Die Auswertung hat gezeigt, dass sie sich besser fühlten, je mehr sie sich kreativ betätigten. Das ist ja keine große Überraschung, jede*r kennt das gute Gefühl, das sich einstellt, wenn wir etwas selbst gemacht haben. Wir sind stolz: ein leckeres Abendessen, die Deko für den Kindergeburtstag, ein Bild gemalt, einen Schrank gebaut oder ein Beet gepflanzt. Wir Menschen wollen erschaffen und nicht einer Tätigkeit nachgehen, zu der wir keinen Bezug haben. Ich kenne Redakteure, die in ihrer Freizeit Möbel bauen, Geschäftsführer, die mit ihren eigenen Händen Netzwerkkabel ziehen, Tänzerinnen, die Kinderkleidung nähen, Projektmanagerinnen, die Häuser renovieren, und Schriftsteller, die auch als Bäcker arbeiten. Wir wollen uns ausdrücken und etwas mit unseren Händen herstellen.

»Du hast Schätze in dir, ganz besondere Schätze. Diese Schätze ans Licht zu holen macht Arbeit, braucht Vertrauen und Fokus, Mut und Stunden der Hingabe. Die Uhr tickt, und die Welt dreht sich, und wir haben einfach keine Zeit, zu klein zu denken.« Elizabeth Gilbert in ihrem Buch *Big Magic: Nimm dein Leben in die Hand, und es wird dir gelingen*.

Die meisten von uns haben allerdings Angst davor, kreativ zu sein. Denn wenn ich offen sage: »Ich bin kreativ«, und dann mache ich etwas, das nicht besonders kreativ ist, kann man mir das vorwerfen. Es ist die Angst vorm Scheitern, die

Angst, abgelehnt zu werden, nicht »gut genug« oder sichtbar zu sein, die uns oft abhält zu tun, was wir wollen und was uns guttun würde. Der Neurowissenschaftler, Science Slammer und Autor Henning Beck hat mir dazu gesagt: »Wir sind alle schon kreativ. Das Gehirn versucht immer wieder neue Wege zu finden. Allerdings werden wir häufig in unserer Kreativität ausgebremst, zum Beispiel durch Denkmuster und Denkschablonen, Rituale und Gewohnheiten. Die allermeisten Abläufe in unserem Leben sind eben sehr regelmäßig und gleichförmig. Und wenn wir uns darin einmal eingegrooved haben, kommen wir da nur schwer raus, dann müssen wir mit Gewalt wieder irgendwelche Techniken einüben, um wieder kreativ zu sein. Aber eigentlich ist das nur die Suppe, die du dir selber eingebrockt hast.«

Deswegen werde ich nicht müde zu betonen: ***Lernt Neues!*** Geht andere Wege, lernt verschiedene Menschen kennen, bereichert euer Leben aktiv mit neuen Fertigkeiten, neuen Büchern, Gedanken und Sichtweisen. Tut, was ihr schon immer tun wolltet, und tut etwas, von dem ihr noch nicht mal wusstet, dass es das gibt. Schaut am Wegesrand nach Ungewohntem, hört mal andere Musik, kauft euch ein Magazin übers Angeln, obwohl ihr noch nie geangelt habt. Strickt, baut, installiert, programmiert! Wenn man dann merkt, dass es nichts für einen ist, kann man ja wieder damit aufhören. Mein Ausflug in die Welt des Strickens war wenig erfolgreich. Mein damaliger Freund hat einen viel zu kurzen dunkelgrünen Wolllappen geschenkt bekommen, der eigentlich ein Schal sein sollte. Jedes Kind ist kreativ, alle Kinder malen, tanzen, erschaffen sich Welten, fantasieren. Gestern habe ich ein Kind gesehen, das in der Fußgängerzone lauthals gesungen hat. Wie wir anderen das wohl finden, war dem Kind total egal, es sah so glücklich aus. Aber irgendwann fangen wir an, uns für uns zu schämen, uns zu verstecken. Wir fangen an, immer das Gleiche zu tun, Geld zu verdienen und uns die Abenteuer und Wunder abzugewöhnen. Wir nennen es Erwachsenwerden. Doch es sollte uns nicht davon abhalten, uns zu ***fragen:***

- ☐ Was kann ich als Nächstes lernen?
- ☐ Mit welchen Menschen will ich mich umgeben? Mit wem mehr Zeit verbringen?
- ☐ Welche alten Glaubenssätze muss ich loslassen, um das zu tun, was mir wirklich Spaß macht?
- ☐ Was kann ich tun, um anderen zu helfen?
- ☐ Was habe ich zu geben? Wie kann ich etwas beitragen?
- ☐ Wie kann ich jemandem helfen?

Gute Beziehungen zu anderen Menschen machen glücklich und gesund. Wenn wir anderen helfen, für sie da sind, ihnen zuhören, ihnen das Gefühl geben, wertvoll und geliebt zu sein, werden wir selbst länger und besser leben.

Die Forschungsergebnisse der »Grant Glueck Study« der Harvard University belegen das. Die Wissenschaftler*innen haben über einen Zeitraum von 75 Jahren die Leben von 724 Männern untersucht. Jedes Jahr haben sie gefragt: Wie geht es dir? Was macht die Gesundheit? Die Arbeit? Das Privatleben? Fühlst du dich wohl in deiner Beziehung? Sie haben ihre Gehirne gescannt, sie checkten ihre Gesundheit und nahmen Gespräche von ihnen mit Verwandten und Partnern auf Video auf. Das ist eine besonders beeindruckende Studie, weil sie so selten ist, meistens verlassen Probanden eine solche Studie irgendwann oder die Gelder dafür werden gestrichen. Aber diese Studie wurde weitergeführt, jedes Jahr, seit 1938. (Weil es 1938 war, haben sie nur Männer genommen, die Frauen kamen erst später dazu). Die eine Hälfte der Probanden waren Harvard-Absolventen, die andere eine Gruppe von Jungs aus dem ärmsten Viertel Bostons. Und was ist dabei herausgekommen – nach 75 Jahren Arbeit?

Gute Beziehungen zu anderen Menschen machen uns glücklich und gesund: wer bessere Beziehungen zu Familie, Freunden, Nachbarn, Bekannten und Kollegen hat, ist gesünder und lebt länger als einsame Menschen. Es geht nicht darum, einfach viele Menschen um sich zu haben. Wichtig ist die Qualität der Beziehungen. Ehen zum Beispiel, in denen viel gestritten wird oder in denen die Menschen aneinander vorbeileben, schweigen oder in Konkurrenz stehen, sind schlecht für unsere Gesundheit. Schlechter, als sich zu trennen.

Gute, stabile und bereichernde Beziehungen geben uns die Kraft, auch Krisen, Krankheiten und Probleme besser zu meistern. Sie machen uns resilienter. Beziehungen, in denen wir das Gefühl haben, uns auf den anderen verlassen zu können, geborgen und gehalten zu sein, schützen auch unser Gehirn. Menschen, die im Alter von fünfzig Jahren von engen und gesunden Beziehungen berichtet haben, hatten mit achtzig ein besseres Gedächtnis und waren geistig fitter. Sich für gesunde und gute Beziehungen einzusetzen, Zeit in andere Menschen zu investieren, zu sagen: »Schön, dass es dich gibt!«, oder: »Danke, dass du in meinem Leben bist!«, ist der größte Rock 'n' Roll, den es gibt auf der Welt.

Wir haben am Anfang des Buchs schon besprochen, dass es lebensbedrohlich für uns Menschen ist, ausgeschlossen zu werden. Unser Gehirn schlägt Alarm, es geht uns schlecht, Stresshormone werden ausgeschüttet, damit verschlechtert sich unser Immunsystem. Einsamkeit macht krank. Aber um es einmal andersherum zu formulieren: Gute Beziehungen und das Gefühl von Verbundenheit machen glücklich. Und: Glückliche Menschen sind gesünder. Weder Glück noch Gesundheit noch Verbundenheit sind einfach da oder nicht.

Es ist jeden Tag unsere Entscheidung, all diese Dinge aktiv in unser Leben zu holen. Wie freundlich sind wir? Wie aufmerksam? Gucken wir beim Gespräch auf unser Telefon oder unserem Gegenüber in die Augen? Gehen wir raus und sind offen für neue Leute, oder haben wir uns dazu entschieden, sie zu hassen? Verbundenheit können wir sogar ganz allein im stillen Kämmerlein mit der sogenannten Metta-Meditation üben, die ich bereits erwähnt habe. Welche Auswirkungen diese spezielle Meditation der liebenden Güte auf uns hat, untersucht auch die Neurowissenschaftlerin und Psychologin Prof. Dr. Tania Singer. Ihre Studien haben ergeben, dass wir mit der Metta-Meditation unser Mitgefühl stärken, das heißt, wir fühlen – liebevoll – mit anderen Menschen mit, wir fühlen uns ihnen verbunden. So lernt unser Gehirn, dass wir alle das Gleiche wollen: Liebe, Glück und Gesundheit. Die Metta-Meditation sorgt dafür, dass wir uns nicht mehr als getrennt voneinander sehen, sondern als miteinander verbunden. Denn genau das sind wir. Wir haben es nur manchmal vergessen. Verbundenheit und gute Beziehungen sind nicht unerreichbar. Wenn wir Neuroplastizität ernst nehmen, wissen wir, dass alles »erschaffbar« ist.

Kapitel 14

UND JETZT KÖNNEN WIR DIE WELT RETTEN

Stellt euch vor, ihr wacht morgens auf und seid dankbar. Dankbar für die Luft, die ihr atmet, die Person, die neben euch liegt, und die Tatsache, dass ihr am Leben seid. Stellt euch vor, ihr freut euch auf den Tag, der vor euch liegt. Ihr wisst, dass ihr heute auch Dinge tun werdet, bei denen euch nicht rosa Einhörner aus den Ohren fliegen, aber das ist okay. Es ist nicht »alles gut«, weil nie wirklich alles gut ist. Aber das macht nichts. Ihr fühlt, dass das hier das Leben ist. Ihr habt etwas, für das es sich lohnt, fit und gesund zu sein, einen Baum zu umarmen, zum Sport zu gehen und eine Tomate zu essen. Ihr fühlt Liebe. Liebe fürs Leben.

Stellt euch vor, ihr habt gestern etwas getan, wovor ihr früher noch Angst hattet. Ihr habt es trotzdem getan und lebt noch. Um ehrlich zu sein, fühlt ihr euch sogar gut, weil ihr stolz auf euch seid. Stellt euch vor, ihr habt eurem Partner gesagt, was ihr euch vorher nie getraut habt zu sagen. Jetzt wird es eine Weile vielleicht schwer sein, aber ihr seid dadurch in dieser Beziehung ein bisschen mehr die Person geworden, die ihr wirklich seid, und nicht mehr ein Abziehbild dessen, was euer Partner gerne hätte. Ihr seid nicht mehr »Schatz«, sondern ein Mensch. We can do hard things.

Stellt euch vor, ihr habt etwas geändert, erschaffen, erdacht oder gebaut. Stellt euch vor, ihr tut immer öfter das, was ihr wirklich tun wollt. Ihr habt Dinge weggelassen, die euch nicht guttun. Ihr habt Nein gesagt, weil ihr wisst, dass ein Ja euer Leben vergiftet. Das war nicht leicht. Oder ihr habt stattdessen Ja gesagt zu etwas, das euch wichtig ist und euer Leben bereichert, auch das war nicht einfach, aber ihr habt es trotzdem getan.

Stellt euch vor, ihr fühlt, was euch wirklich wichtig ist im Leben, und nehmt eure Träume ernst. Die sind ja nicht ohne Grund da, die Träume. Sie wollen euch etwas mitteilen. Ihr seid glücklich und wollt, dass euer Partner es auch ist, weil ihr wisst, dass alles andere egal ist. Stellt euch vor, ihr lebt in einer Beziehung, die euch Kraft und Inspiration gibt, in der beide abwaschen, sich kümmern und lieben. Oder alle Beteiligten, weil Beziehung und Familie mehr ist als zwei Personen. Stellt euch vor, ihr lasst euren Partner genauso existieren, wie sie oder er eben ist. Wenn sie den Müll nicht runtergebracht hat, dann vielleicht, weil ein Notfall dazwischenkam, und nicht, weil sie faul und ignorant ist. Der Müll wird irgendwann weggebracht werden.

Wir sind ein Haufen Atome, mit einem Bewusstsein, was immer das auch bedeutet. Soweit wir wissen, sind wir die einzige Spezies weit und breit, die all diese Gedanken denkt, all diese Dinge erschaffen kann und Worte hat wie »süße Melancholie«. Unsere Gefühlswelt ist vielschichtiger als alles, was auf dem Mars existiert. Unser Gehirn und das Universum sind gleichermaßen komplex. Wir wissen so viel und gleichzeitig so wenig.

Wir denken oft, wir wüssten alles und es wäre doch alles klar. Tatsächlich müssen – nein, dürfen – wir noch so viel lernen. Auch über die Menschen in unserem Leben, die wir glauben zu kennen. Vor allem müssen wir lernen, dass es keine Gewissheit gibt. Was heute wahr ist, könnte schon morgen falsch sein. Wissenschaft stellt Fragen. Hoffentlich die richtigen. Aber manchmal eben auch die falschen, weil auch die Wissenschaft von Menschen gemacht ist. Genauso wie künstliche Intelligenz, der Bau von Flughäfen oder die Corona-Politik. Wir können alles immer besser machen. Zusammen. Wenn wir uns gegenseitig zuhören und keine Mauern um uns bauen, um unser Gesicht zu wahren. Es geht am Ende des Tages nie darum, recht zu haben. Wenn wir ein wachstumsorientiertes Selbstbild haben, können wir verlieren, lernen, aufstehen, kooperieren und besser werden. Scham verliert ihre Macht über uns. Es ist nicht wichtig, ob wir etwas falsch gemacht haben, die Frage ist: Wie wollen wir es beim nächsten Mal machen?

Es gibt keine Instanz, die die eine Wahrheit kennt. Wir können jetzt aufhören, gegeneinander zu kämpfen, uns zu beschuldigen, zu beschimpfen, und stattdessen endlich miteinander kooperieren. In unseren Beziehungen, mit unseren Partnern und weltweit.

Stellt euch vor, sieben Milliarden Menschen versuchen, Lösungen zu finden, experimentieren, erfinden, denken, haben Ideen und helfen anderen. Weil alle satt sind und sicher. Das mag naiv klingen und weltfremd, so be it: »I have a dream!«

Nur zusammen können wir die Klimakatastrophe abschwächen, für eine Abwendung ist es wahrscheinlich schon zu spät. Wir können aktuell rund 82,1 Milliarden Nutztiere ernähren, um sie zu essen. Aber 811 Millionen Menschen hungern auf diesem Planeten. Wenn wir keine gemeinsamen Lösungen finden, werden wir gar keine Lösungen finden. Das gilt für uns als Individuen, unsere Familien, unsere Partnerschaften und die internationale Politik.

Stellt euch vor, wir führen keinen Krieg mehr gegen uns selbst, sondern lassen uns sein, wie wir sind, akzeptieren, ja, lieben uns sogar selbst. Veränderung, richtige Veränderung, ist nur auf der Basis von Liebe möglich. Wenn wir besser werden wollen, während wir uns verachten und verurteilen, ist das Lernen ein Krieg gegen uns selbst. Erst wenn wir uns wirklich lieben, ist Wachstum ein Spiel, ein Abenteuer. So können wir jeden Tag besser werden, ohne zu denken, vorher »schlecht« oder »falsch« gewesen zu sein. Konkurrenzdenken macht uns nicht glücklich. Wer im Streit gewinnt, ist der Liebe egal. Alte Muster und Regeln, Denkschablonen und Angst bestimmen nicht mehr unser Handeln und Denken. Meistens haben wir beide recht, und niemand hat Schuld.

Wir haben die Kraft, die Socken aufzuheben, aber keine Lust mehr, deswegen zu streiten. Weil die Zeit dafür zu knapp ist, wir das wissen und noch so viel mehr vorhaben im Leben. Unsere kleine, enge Wahrnehmungswelt sorgt nicht mehr für Machtkämpfe. In dem Augenblick, in dem ihr all das fühlt, werden sich eure Beziehungen ändern. Das ist keine Zauberei, sondern die Kraft der Gelassenheit, Begeisterung und der Kooperation.

Wenn wir die Komplexität der Welt auszuhalten lernen, statt an ihr kaputtzugehen, haben wir die Gelassenheit, die unsere Erde und unsere Beziehungen gerade brauchen.

Stellt euch vor, Demut ist kein altmodisches Wort, das die Kirche erfunden hat, um die Menschen kleinzuhalten, sondern ein Gefühl von Ehrfurcht und Staunen, von Neugierde und Dankbarkeit. Für all die Wunder, die uns umgeben, all die Menschlichkeit, die Freude und den Spaß, der möglich ist. Die Musik, die Kunst, die Literatur, alles, was unser limbisches System kitzelt und uns als Menschen lebendig macht.

Stellt euch vor, wir sind so zufrieden mit dem, was ist, mit dem, was wir haben, dass wir aufhören, sinnlos mehr haben zu wollen, weil alles bereits in uns ist. Das, was im Außen nicht stimmt, gestalten wir mit Freude aus unserem Herzen heraus. Die Langeweile und die Leblosigkeit in uns sind der Zufriedenheit gewichen, wir fühlen, dass wir genug haben.

Genug Liebe für uns selbst. Genug Freude aus uns heraus. Genug Liebe zu den Menschen in unserem Umfeld.

Wir brauchen nicht immer noch mehr Ablenkung von uns. Wir müssen nicht mehr hassen, um uns zu spüren. Oder vor uns selbst weglaufen, sondern können innehalten und sein. Mit allem, was ist: Schmerz, Freude, Angst und Liebe. Mit dem Menschsein an sich.

Denn wir haben gelernt, mit uns zu sein. Wir müssen uns keine Stromschläge mehr aus Langeweile geben. Weil wir fühlen, dass Leere und Stille ihren Platz in unserem Leben haben dürfen. Weil wir fühlen, dass das einzig Wichtige unsere Beziehung zu uns selbst und zu anderen ist. Das, was wirklich zählt. Menschsein ist Abenteuer aus sich heraus.

Die Gier-Wirtschaft wird sich etwas anderes ausdenken müssen, wenn wir uns plötzlich selbst lieben, keine Ablenkung mehr von uns selbst brauchen und keine Langeweile mehr verspüren. Gemeinsam aufs Meer schauen, im Wald baden, ein Buch lesen, eine Idee haben, etwas bauen, erfinden, pflanzen, die Augen schließen und nachdenken. Was wäre, wenn unsere Kinder in der Schule lernen würden, zu sein und zu denken, statt zu erreichen? Wenn es ein Schulfach im Existieren gäbe, Atmen, Beobachten und Erfinden? Was wäre, wenn wir lernen würden, uns zu lieben, statt zu kaufen, um zu sein?

Wir können den Traum ändern. Der alte Traum vom »Mehr haben« ist ausgeträumt, er heilt uns nicht, und er bringt niemandem Erlösung. Nur das »Jetzt« und das »Hier« können Erlösung bringen, wenn wir hier und jetzt Ideen für eine neue Zukunft haben.

Stellt euch vor, ihr seid glücklich. Einfach so.

QUELLENVERZEICHNIS

Teil 1

Wenn wir nicht an einen Eisbären denken sollen, denken wir erst recht an einen Eisbären: Winerman, Lea: Suppressing the ›white bears‹, in: *Monitor on Psychology*, Vol. 42 (9), 2011.

Warum Taxifahrer mehr graue Zellen haben: Woollett, Katherine; Maguire, Eleanor A.: Acquiring »the Knowledge« of London's Layout Drives Structural Brain Changes, in: *Current Biology*, Vol. 21 (24), S. 2109–2114, 2011.

Paulsen, Roland: Die große Angst. Warum wir uns mehr Sorgen machen als je eine Gesellschaft zuvor, München 2021.

Laurel-Yanny-Experiment: URL: https://www.youtube.com/watch?-v=7X_WvGAhMlQ (abgerufen am 05. 11. 2021).

Moers, Walter: Die 13 ½ Leben des Käpt'n Blaubär, München 2019.

Wie Vögel den ultravioletten Urin von Mäusen wahrnehmen: Deutschlandfunk Nova. Beitrag vom 23. Dezember 2015. URL: https://www.deutschlandfunknova.de/beitrag/ultraviolettes-licht-leuchtender-urin (abgerufen am 26. 11. 2021).

Elefanten und Infraschall: Deutschlandfunk Nova. Beitrag vom 04. Juli 2018. URL: https://www.deutschlandfunknova.de/beitrag/tiersprache-elefanten-kommunizieren-ueber-infraschall (abgerufen am 26. 11. 2021).

Wie Fliegen die Welt sehen: Max-Planck-Gesellschaft, Aus den Instituten, Neurobiologie, 09. Januar 2020. URL: https://www.mpg.de/14335530/wie-fliegen-die-welt-sehen (abgerufen am 16. 11. 2021).

Kaku, Michio: Die Physik des Bewusstseins. Über die Zukunft des Geistes, Reinbek bei Hamburg 2015, S. 91.

Das Gorilla-Experiment: Simons, Daniel J., Chabris, Christopher F.: Gorillas in our midst: sustained inattentional blindness for dynamic events, in: *Perception*, Vol. 28, S. 1059–1074, 1999. URL:

https://www.youtube.com/watch?v=vJG698U2Mvo (abgerufen am 16.11.2021).

Die Gummihand Illusion: in: *spektrumdirekt – Die Woche,* Heidelberg. 25. Februar 2011, S. 20. URL: https://www.spektrum.de/news/probanden-glauben-sie-haetten-dritten-arm/1064783 (abgerufen am 16.11.2021).

Gates, Bill: https://beruhmte-zitate.de/zitate/1976096-bill-gates-schlagzeilen-fuhren-uns-in-gewisser-weise-in-die-i/ siehe auch: Headlines, in a way, are what mislead you because bad news is headline, and gradual improvement is not. https://www.brainyquote.com/quotes/bill_gates_626040 (abgerufen am 16.11.2021).

Hartmann, Martin: Vertrauen – Die unsichtbare Macht, Frankfurt a. M. 2020.

Gespräch mit Dr. Matthias Berking über Emotionsverarbeitung. Original Audible-Podcast: Kopf über Herz – Der wissenschaftliche Beziehungsratgeber. Staffel 1.

Eisenberger, Naomi I.; Lieberman, Matthew D.; Williams, Kipling D.: Does Rejection Hurt? An fMRI Study of Social Exclusion, in: *Science,* Vol. 302 (5642), S. 290–292, 2003.

Bargh, John: Vor dem Denken. Wie das Unbewusste uns steuert, München 2017, S. 58 ff.

Michalsen, Andreas: Heilen mit der Kraft der Natur, Frankfurt 2020.

Bock, Petra: Mindfuck. Warum wir uns selbst sabotieren und was wir dagegen tun können, München 2011.

Hielscher, Diane: Podcast »Achtsam«: URL: https://www.deutschlandfunknova.de/podcasts/download/achtsam-mit-main-huong-und-diane.

Löhmer, Cornelia; Standhardt, Rüdiger: MBSR – Die Kunst, das ganze Leben zu umarmen, Stuttgart 2014. Der Abdruck der Geschichte vom Farmer und seinem Pferd erfolgte mit freundlicher Genehmigung des Klett Cotta Verlags, Stuttgart, S. 58 f.

Teil 2

Bargh, John: Vor dem Denken. Wie das Unbewusste uns steuert, München 2017.

»Sekten & Kulte – im Namen des Bösen«: Podcastreihe bei Spotify, Folge »Heaven's Gate« (Teil 2), 2020.

Gehirn & Geist, Magazin für Psychologie, Hirnforschung und Medizin. 5/2020, S. 66–73.

Konditionierung und Glück: Seligman, Martin E. P.; Steen, Tracy A.; Park, Nansook; Peterson, Christopher: Positive Psychology Progress: Empirical Validation of Interventions, in: *American Psychologist,* Vol. 60 (5), S. 410–21, 2005.

Stahl, Stefanie: So stärken Sie Ihr Selbstwertgefühl, München 2020.

Swart, Tara: Die Quelle. Wie unser Denken unser Schicksal beeinflusst, München 2019.

Langer, Ellen: Counter-Clockwise. Mindful Health and the Power of Possiblity, London 2010.

BBC-Serie, The Young Ones (2010): URL: https://www.bbc.co.uk/programmes/b00ttrqq.

Skye Neville und das Plastikspielzeug.

URL: https://sz-magazin.sueddeutsche.de/die-loesung-fuer-alles/skye-neville-interview-plastikmuell-90102 (abgerufen am 23. 11. 2021).

Esch, Tobias: Die Neurobiologie des Glücks. Wie die Positive Psychologie die Medizin verändert, Stuttgart 2017.

Bernhardt, Klaus: Panikattacken und andere Angststörungen loswerden. Wie die Hirnforschung hilft, Angst und Panik für immer zu besiegen. 17. Aufl. überarb. Neuausgabe, München 2017.

Bock, Petra: Der entstörte Mensch. Wie wir uns und die Welt verändern, München 2020.

Knapp, Natalie: Der Quantensprung des Denkens. Was wir von der modernen Physik lernen können, 6. Aufl., Reinbek bei Hamburg 2016.

Heisenberg, Werner: Quantentheorie und Philosophie, Leipzig 1986.

Lebenssinn und Selbstkontrolle schützen gegen Stress: Schnell, Tatjana; Krampe, Henning: Meaning in Life and Self-Control Buffer Stress in Times of COVID-19, in: *Front. Psychiatry,* 11:582352, 2020.

Rovelli, Carlo: Die Wirklichkeit ist nicht so, wie sie scheint. Eine Reise in die Quantengravitation, Reinbek bei Hamburg 2016.

Podcast »Kopf über Herz – der wissenschaftliche Beziehungsratgeber« bei Audible, Folge 6 »Atome sind wichtig für die Liebe«.

Harris, Annaka: Das Bewusstsein. Annäherung an ein Mysterium, München 2020.

Wittgenstein, Ludwig: Die Grenzen meiner Sprache bedeuten die Grenzen meiner Welt. Schriften 1. Tractatus logico-philisophicus. Tagebücher 1914–1916. Philosophische Untersuchungen. © Suhrkamp Verlag Frankfurt am Main 1960. Alle Rechte bei und vorbehalten durch Suhrkamp Verlag Berlin.

Gümüsay, Kübra: Sprache und Sein, Berlin 2020.

Meditieren lässt die Amygdala schrumpfen und sorgt so für weniger starke negative Emotionen: Gotink, Rinske A.; Vernooij, Meike W.; Ikram, Mohammed Arfan; Niessen, Wiro J.; Krestin, Gabriel P.; Hofman, Albert; Tiemeier, Henning; Hunink, M. G. Myriam: Meditation and yoga practice are associated with smaller right amygdala volume. The Rotterdam Study, in: *Brain Imaging and Behavior,* Vol. 12, S. 1631–39, 2018.

Yang, Larry: Meditationspraxis ist keine passive, luxuriöse Nabelschau für Menschen, die der Härte unserer komplexen Welt entfliehen möchten. Bei Achtsamkeit und Meditation geht es darum, uns tiefgreifend zu verändern, um selbst die Veränderung zu sein, die diese Welt braucht. © Treleaven, David: Traumasensitive Achtsamkeit, Arbor Verlag 2019, S. 57, www.arbor-verlag.de.

Esch, Tobias: Der Selbstheilungscode. Die Neurobiologie von Gesundheit und Zufriedenheit, Weinheim 2017.

Menschen verpassen sich lieber Stromstöße, als 15 Minuten mit sich allein zu sein: Wilson, Timothy D.; Reinhard, David A.; Westgate, Erin C.; Gilbert, Daniel T.; Ellerbeck, Nicole; Hahn, Cheryl; Brown,

Casey L.; Shaked, Ali: Just think: The Challenges of the Disengaged Mind, in: *Science*, Vol. 345 (6192), S. 75–77, 2014.

Dyer, Wayne W.: Ändere deine Gedanken – und dein Leben ändert sich: Die lebendige Weisheit des Tao, München 2008.

Swift, Jonathan: Was nützt die Freiheit des Denkens, wenn sie nicht zur Freiheit des Handelns führt. Satyrische und ernsthafte Schriften, Band 4. © Orell Füssli Verlag, Zürich 1760.

Umfrage zum Fernsehkonsum in Deutschland: Statista GmbH: Tägliche Sehdauer der Deutschen in Minuten nach Altersgruppen (23.03.2020). URL: https://de.statista.com/statistik/daten/studie/2913/umfrage/fernsehkonsum-der-deutschen-in-minuten-nach-altersgruppen/ (abgerufen am 01. Dezember 2021).

Prof. Dr. Froböse warnt vor »Bewegungsmangel-Pandemie«: URL: https://www.dfb.de/news/detail/froboese-wir-erleben-eine-bewegungsmangel-pandemie-226585/ (abgerufen am 02. 12. 2021)

Robbins, Mel: Die 5-Sekunden-Regel: Wenn du bis 5 zählen kannst, kannst du auch dein Leben verändern, Stuttgart 2018.

Was Flow ist: URL: https://www.ted.com/talks/mihaly_csikszent mihalyi_flow_the_secret_to_happiness, Videoaufzeichnung von TED2004, Februar 2004. (Abgerufen am 18. 11. 2021).

Zu viel Freizeit ist auch nicht gut: Sharif, Marissa A.; Mogilner, Cassie; Hershfield, Hal E.: Having too little or too much time is linked to lower subjective well-being, in: *Journal of Personality and Social Psychology*, Vol. 121 (4), S. 933–47, 2021.

Cover und Samples von Kanon in D von Johann Pachelbel: URL: https://www.whosampled.com/Johann-Pachelbel/Canon-in-D-Major/sampled/.

Esch, Tobias: Mehr Nichts!, München 2021.

Musik lindert Schmerzen: Deutsche Musiktherapeutische Gesellschaft e. V. (DMtG), Berlin. URL: https://www.musiktherapie.de/arbeitsfelder/schmerz/ (abgerufen am 02. 12. 2021).

Altenmüller, Eckart: Vom Neandertal in die Philharmonie: Warum der Mensch ohne Musik nicht leben kann, Heidelberg 2018.

Teil 3

Zahlen über Yoga: URL: https://www.yoga.de/yoga-als-beruf/yoga-in-zahlen/yoga-in-zahlen-2018/.

Vogels, Rebecca: Erzähl dein Leben neu. Wie Storytelling dir zeigt, wer du wirklich bist, München 2020.

Doyle, Glennon: Ungezähmt, Hamburg 2020.

Orths, Markus: Max, München 2020.

Dweck, Carol: Selbstbild. Wie unser Denken Erfolge und Niederlagen bewirkt, München 2017.

»Fünf Säulen der Vernunft« in: *Gehirn & Geist, Magazin für Psychologie, Hirnforschung und Medizin,* Dossier 05/2020. S. 12–19.

Wiseman, Richard: Machen, nicht denken! Die radikal einfache Idee, die Ihr Leben verändert; Frankfurt a. M. 2016.

66 Tage, um eine Gewohnheit zu ändern: Lally, Philippa; van Jaarsfeld, Cornelia H. M.; Potts, Henry W. W.; Wardle, Jane: How are habits formed: Modelling habit formation in the real world, in: *European Journal of Social Psychology,* Vol. 40 (6), S. 998–1009, 2010.

Pyczak, Thomas: Tell me! Wie Sie mit Storytelling überzeugen, Bonn 2017.

Pépin, Charles: Sich selbst vertrauen. Kleine Philosophie der Zuversicht, München 2019, S. 48

Elrod, Hal: Miracle Morning: Die Stunde, die alles verändert, München 2016.

Frauen wollen weniger Geld als Männer: McKinsey & Company: Umfrage: Top-Studentinnen fordern 11 500 Euro weniger Gehalt als männliche Toptalente. Pressemitteilung v. 14. Oktober 2020. URL: https://www.mckinsey.de/news/presse/2020-10-14-top-studentinnen-fordern-11500-euro-weniger-gehalt-als-mannliche-toptalente# (abgerufen am 02. 12. 2021).

Beauvoir, Simone de: Das andere Geschlecht, Reinbek bei Hamburg 2000.

Sandberg, Sheryl: Lean in. Frauen und der Wille zum Erfolg, Berlin 2015.

Ravikant, Kamal: Indem du dich liebst, liebt das Leben dich zurück / As you love yourself, life loves you back. from: Love Yourself Like Your Life Depends on It by Kamal Ravikant. Copyright © 2020 by Kamal Ravikant. Used by permission of HarperCollins Publishers.

Schnarch, David: Intimität und Verlangen. Sexuelle Leidenschaft in dauerhaften Beziehungen, 8. Aufl., Stuttgart 2017.

Kite, Dres. Lindsay und Lexie: URL: https://www.instagram.com/p/CRy_OCXLNz7/ Eintrag vom 26. Juli 2021. (abgerufen am 26. 11. 2021).

Kreativität macht glücklich: Conner, Tamlin S.; DeYoung, Colin G.; Silvia, Paul J.: Everyday creative activity as a path to flourishing, in: *The Journal of Positive Psychology,* Vol. 13 (2), S. 181–189, 2018.

Gilbert, Elizabeth: Big Magic. Nimm dein Leben in die Hand und es wird dir gelingen, Frankfurt a. M. 2017.

Helfen und gute Beziehungen machen glücklich: Harvard Medical School: Grant & Glueck Study of Adult Development. Harvard Second Generation Study. URL: https://www.adultdevelopmentstudy.org/grantandglueckstudy (abgerufen am 07. 12. 21).

TED Talk zu der Grant-Studie der Harvard University: The Harvard Gazette. 11. April 2017.

URL: https://news.harvard.edu/gazette/story/2017/04/over-nearly-80-years-harvard-study-has-been-showing-how-to-live-a-healthy-and-happy-life/.

Metta Meditation für mehr Verbundenheit und Mitgefühl: Max-Planck-Institut für Kognitions- und Neurowissenschaften. Meditation als Mitgefühlstraining. Durch Veränderungen im Gehirn kann Meditation das Mitgefühl stärken. Pressemitteilung vom 01. Juli 2012. URL: https://www.cbs.mpg.de/meditation-mitgefuehl (abgerufen am 02. 12. 2021), siehe auch: Klimecki, Olga M.; Leiberg, Susanne; Lamm, Claus; Singer, Tania: Functional Neural Plasticity and Associated Changes in Positive Affect after Compassion Training, in: *Cerebral Cortex,* Vol. 23 (7), S. 1552–61, 2012.

Weltweite Anzahl von ausgewählten Haus- und Nutztieren im Jahr 2010: Statista GmbH. URL: https://de.statista.com/statistik/daten/studie/182114/umfrage/weltweiter-haus--und-nutztierbestand/ siehe dazu auch: Umweltfragen.de: Massentierhaltung. Anzahl von Nutztieren weltweit. Aktualisiert am 30. 12. 2020.

URL: https://umwelt-fragen.de/anzahl-von-nutztieren-weltweit/ (abgerufen am 07. 12. 21).

Wie viele Menschen hungern: https://www.welthungerhilfe.de/hunger/.

DANK

Ich danke vor allem meinem Lebensmenschen, Chris, ohne den dieses Buch so nicht möglich gewesen wäre. Ich danke dir für deinen Input, deine Inspiration, deine Begeisterung und deine Zeit. Leben mit dir bedeutet Lernen, Begeisterung, Wachstum, Abenteuer und tausend Wunder jeden Tag. Ich liebe dich, und ich will, dass du glücklich bist.

Ich danke meinen Freundinnen, die sich mit mir freuen und mich so lieben, wie ich bin. Danke, Wiebke, Karli, Lisa, Lena, Caro und Laura.

Danke an meine beiden tollen Jungs, die sich so sehr gefreut haben, dass Mama ein Buch schreibt.

Viel Liebe auch an meine neuen Schwiegereltern Uschi und Gerd, ihr seid die besten Patchwork-Großeltern, die sich meine Kinder vorstellen können. Danke, dass es euch gibt und ihr Liebe und Freude in unser Leben bringt.

Danke, Carsten, dass all das so möglich ist. Du bist ein toller Papa und ein guter Freund.

Danke an meine Agentin Rosi Kern, die mein Konzept von Anfang an verstanden und an mich und meinen Weg geglaubt hat.

Ich danke Maria Hellstern und Denise Schweida vom Droemer Knaur Verlag, die das Buch ermöglicht haben, und auch dem ganzen Verlagsteam, das sich unermüdlich für mein Buch eingesetzt und mich unterstützt hat.

Vielen Dank an Antje Nissen, die das Buch liebevoll lektoriert hat und meinen Humor versteht.

Ich danke allen meinen Leser*innen und hoffe, dass ihr euch und euer Leben so entdecken könnt, wie es für euch das Beste ist.